ACCESO GRATIS ***a la Lectura en la Nube***

Para visualizar el libro electrónico en la nube de lectura envíe junto a su nombre y apellidos una fotografía del código de barras situado en la contraportada del libro y otra del ticket de compra a la dirección:

ebooktirant@tirant.com

En un máximo de 72 horas laborales le enviaremos el código de acceso con sus instrucciones.

LOS ASUNTOS PÚBLICOS A REFLEXIÓN: UNA VISIÓN MULTIDISCIPLINARIA

Procedimiento de selección de originales, ver página web:
www.tirant.net/index.php/editorial/procedimiento-de-seleccion-de-originales

LOS ASUNTOS PÚBLICOS A REFLEXIÓN: UNA VISIÓN MULTIDISCIPLINARIA

COORDINADORAS:
ANA GUADALUPE OLVERA ARELLANO
ARIANNA SÁNCHEZ ESPINOSA

UNIVERSIDAD DE COLIMA

tirant lo blanch
Ciudad de México, 2025

En caso de erratas y actualizaciones, la Editorial Tirant lo Blanch publicará la pertinente corrección en la página web www.tirant.com.

© TIRANT LO BLANCH
DISTRIBUYE: TIRANT LO BLANCH MÉXICO
Av. Tamaulipas 150, Oficina 502
Hipódromo, Cuauhtémoc, CP 06100, Ciudad de México
Telf: +52 1 55 65502317
infomex@tirant.com
www.tirant.com/mex/
ISBN: 978-84-1095-008-5

Si tiene alguna queja o sugerencia, envíenos un mail a: *atencioncliente@tirant.com.* En caso de no ser atendida su sugerencia, por favor, lea en *www.tirant.net/index.php/empresa/politicas-de-empresa* nuestro procedimiento de quejas.

Responsabilidad Social Corporativa: http://www.tirant.net/Docs/RSCTirant.pdf

Índice

TERCERA PARTE. PROTECCIÓN DE DATOS PERSONALES

CUARTA PARTE. RENDICIÓN DE CUENTAS Y FISCALIZACIÓN

Agradecimientos

ANA GUADALUPE OLVERA ARELLANO
ARIANNA SÁNCHEZ ESPINOSA

A las UdeC y la UdeG por ser el espacio académico que nos permite expresar nuestras ideas a través de la generación de conocimiento que contribuya a una mejor sociedad, más reflexiva y participativa en los asuntos públicos.

Queremos manifestar un especial agradecimiento a cada autor y autora que confiaron en la coordinación de la obra y nos brindaron sus conocimientos y experiencias a través de sus contribuciones, su participación le da vida a esta importante obra.

También deseamos agradecer a David González Gutiérrez, que realizó una primera maquetación de la publicación a ruego de Rigoberto Silva Robles, Coordinador de la Maestría en Transparencia y Protección de Datos de la Universidad de Guadalajara, quien nos brindó las facilidades necesarias para llevar a buen puerto esta meta conjunta.

No olvidamos una mención especial para nuestra querida Cinthya Lizbeth Avila Valencia, gran amiga y profesional cuya ayuda invaluable y gestoría hizo posible que esta primera colaboración cobrara vida.

Prólogo

ARIANNA SÁNCHEZ ESPINOSA

Plantear un análisis reflexivo sobre los asuntos públicos desde una mirada multidisciplinaria representa un reto interesante que se desarrolla de manera sistemática y exhaustiva en esta obra, cuyos autores presentan sus visiones bajo un análisis objetivo en el que se refleja su vasta experiencia en las temáticas que se abordan y cuyo alcance supera el ejercicio académico y científico para situarse en la acción participativa.

Encontramos en estos textos la construcción de una ciudadanía efectiva, responsable e informada que sea capaz de formar sociedades más justas y equitativas, representa una tarea en la que todas las personas, desde nuestros ámbitos de incidencia y acción, tenemos que tomar y ejercer con responsabilidad. Para que esto sea realidad, debemos asumirnos como agentes de cambio en la expresión colectiva, que tiene su origen en la individualidad y que implica una cultura de ciudadanía para la consecución del bienestar global sostenible.

Tomar consciencia sobre el poder del pueblo implica una reconfiguración del ciudadano como protagonista del modelo democrático y su espacio ha tomado un interés público. Los asuntos públicos entonces, se presentan como un espacio común en el que convergen los asuntos del gobierno y de la ciudadanía.

En esta idea de ciudadanía social, la transparencia y el acceso a la información fomentan mayor responsabilidad en la toma de decisiones y una participación más activa y plural en las acciones que repercuten en las sociedades presentes y futuras, contemplando decisiones de carácter ambiental, rendición de cuentas y confianza en las instituciones.

En esta obra, los derechos humanos se presentan en un sistema vivo, como interdependientes y en algunos casos transversales, para propiciar condiciones de igualdad entre todas las personas y en este sentido, su promoción y protección son fundamentales, sobre todo para las democracias en construcción.

Destacamos, además, la relevancia que en esta obra se brinda al Gobierno abierto, en el que se propicia la crítica y la deliberación pública para evitar la opacidad gubernamental previniendo actos de corrupción o de violencia de género y construyendo una ética pública en un modelo de cogobierno o cogestión en la toma de decisiones.

Por otra parte, la obra expone el gran desafío en la protección de datos personales, para evitar ser presas del uso y distribución ilícitos, susceptibles de las organizaciones delincuenciales, sobre todo en el creciente desarrollo tecnológico y la importancia de la ciberseguridad, representando un riesgo en el ejercicio de los derechos humanos.

Resulta interesante la interrelación de los componentes de la "novedad democrática" que radica en el gobierno abierto, la gobernanza y la transparencia, cuyos principios se entrelazan entre la estructura estatal y la sociedad, volviendo a destacar el espacio público en el que coexisten ambas esferas en una idea de democracia inacabada que también reconfigura la cultura de la ciudadanía, como una simbiosis vital.

En el desarrollo de la obra, atrae el ejercicio dialógico que se desprende entre las diferentes contribuciones de la obra, cuyas ideas se entrelazan y complementan para brindar al lector una panorama exhaustivo, novedoso, multidisciplinar, sistemático y claro sobre la relevancia del análisis y reflexión constante de los asuntos públicos, cuyo ámbito de acción no se restringe al Estado, sino que se extienden en forma de redes a la sociedad a través de la conciencia ciudadana y de una idea de democracia que siempre están en constante transformación adaptándose a la realidad dinámica y compleja considerando una visión de un futuro sostenible.

PRIMERA PARTE. ACCESO A LA INFORMACIÓN Y TRANSPARENCIA

Acceso a la Información Ambiental y el Acuerdo de Escazú

TANYA ALMANZAR MURGUÍA
Sistema de Universidad Virtual de la Universidad de Guadalajara
tanya.almanzar@udgvirtual.udg.mx

INTRODUCCIÓN

Si bien es cierto que en México la legislación en materia de derecho de acceso a la información pública está considerada entre las más garantistas del mundo, no obstante, lo anterior, aún existen áreas de oportunidad específicas en la publicación y difusión de información de interés, como la información ambiental, que debe transparentarse a la sociedad.

La información ambiental va tomando cada vez mayor relevancia, no solo por su inminente vinculación con el derecho a la vida y la salud, sino porque conforme se agudiza el cambio climático, nos enfrentamos a una inaplazable escasez de recursos naturales, un claro ejemplo de ello es la agudización de la sequía en México, de la cual se da cuenta gracias al monitoreo constante que realiza la Comisión Nacional del Agua sumado a las imágenes satelitales de la NASA que en abril de 2020 demostraron alrededor del 24% de las principales presas del país cuentan con menos del 20% de sus reservas (CONAGUA, 2021).

La ratificación de México al Acuerdo de Escazú, en su carácter vinculante establece obligaciones concretas para los estados en lo relativo a los derechos de acceso a la información, participación y justicia ambiental, abre la oportunidad en nuestro país para fortalecer esos derechos. El debate que expone el presente capítulo se centra en identificar las áreas de oportunidad existentes en el acceso efectivo de la información ambiental, con la premisa de que sin información completa y de fácil acceso las personas no pueden identificar las decisiones que los afecten, lo que en consecuencia afecta los derechos de participación y justicia.

Primeramente, en razón de que la participación de las personas sin información no influirá en la toma de decisiones de las instituciones y además, sin conocimiento de las responsabilidades que tienen las autoridades y cuáles son los derechos de las personas, se impide el acceso a la justicia. Aunado a lo anterior, es importante recordar que el propio acuerdo de Escazú establece que la implementación de éste conlleva a un compromiso de los países a mejorar en una interpretación más favorable el pleno goce y respeto de los derechos de acceso (entre los que se consideran los de la información, la participación y la justicia).

Las decisiones de las autoridades en el uso y administración de los recursos naturales tienen costos, sociales, ambientales y humanos; por lo que se analizó el estado que guarda la publicación de la información ambiental correspondiente a las obligaciones de transparencia a cargo del gobierno federal, específicamente de la Secretaría del Medio Ambiente y Recursos Naturales (SEMARNAT) y cómo publica esta información, considerando que se trata de una dependencia importante por ser cabeza de sector de las autoridades ambientales.

Con este ejercicio se pretende identificar las áreas de oportunidad que existentes en la mejora de la calidad de la información fundamental aprovechando la coyuntura que implica la entrada en vigor este año (2021) del Acuerdo de Escazú, mismo que sido ratificado por México, lo que le obliga a realizar las adecuaciones necesarias en favor de una mayor garantía de los derechos de acceso a la información, participación y justicia ambiental, este análisis se centra en el primer derecho.

EL ACCESO A LA INFORMACIÓN HASTA EL ACUERDO DE ESCAZÚ

El reconocimiento internacional de la problemática vinculada al deterioro del medio ambiente no es nueva; entre los antecedentes más importantes se encuentra la Declaración de la Conferencia de las Naciones Unidas sobre el Medio Humano, aprobada en Estocolmo el 16 de junio de 1972 dónde se establecieron los fundamentos internacionales que determinaron el derecho de las personas a vivir en un medio ambiente adecuado y, a la vez, reconoce la corresponsabilidad del ser humano de proteger y mejorar el medio ambiente de las generaciones presentes y futuras, con este reconocimiento se admite la necesidad de la participación pública de las personas en la toma de decisiones de carácter ambiental, sobre todo en aquéllas con alta probabilidad de repercusión negativa o afectaciones.

La reafirmación de la Declaración de Estocolmo se dio veinte años después, en el marco de la Conferencia de las Naciones Unidas sobre el Medio Ambiente y el Desarrollo, conocida como la Cumbre de la Tierra de Río celebrada en 1992, entre las aportaciones de la Declaración de Río destaca el reconocimiento de los tres derechos de acceso (información, participación y justicia) en temas ambientales. Además, la Cumbre de Río, hasta ese momento la iniciativa internacional más importante, dio origen a varios instrumentos internacionales vigentes hoy en día, algunos jurídicamente vinculantes como la Convención Marco de las Naciones Unidas sobre Cambio Climático (CMNUCC) de la cual se desprenden el Protocolo de Kioto y el Acuerdo de París.

Si bien, la Declaración de Río tiene como objetivos impulsar la preservación del medio ambiente, la protección a la salud y un desarrollo sostenible a través de la delimitación de responsabilidades de los Estados también impulsa a los Estados a fortalecer la cooperación entre ellos. La declaración se compone de 27 principios, para efectos de nuestra discusión, nos centraremos en el Principio 10 de la declaración, donde se reconocen los derechos de acceso a la información, participación y justicia, como requisitos indispensables que permitirán a las personas involucrarse en la agenda sostenible; el principio, establece que:

> El mejor modo de tratar las cuestiones ambientales es con la participación de todos los ciudadanos interesados, en el nivel que corresponda. En el plano nacional, toda persona deberá tener acceso adecuado a la información sobre el medio ambiente de que dispongan las autoridades públicas, incluida la información sobre los materiales y las actividades que encierren peligro en sus comunidades, así como la oportunidad de participar en los procesos de adopción de decisiones. Los Estados deberán facilitar y fomentar la sensibilización y la participación de la población poniendo la información a disposición de todos. Deberá proporcionarse acceso efectivo a los procedimientos judiciales y administrativos, entre éstos el resarcimiento de daños y los recursos pertinentes. (ONU, 1992).

El enfoque de la declaración de Río sirvió como antecedente para nuevos convenios y acuerdos que integrarían el componente de la participación, la justicia y la información como elementos indivisibles de la preservación y protección del medio ambiente. Entre los primeros acuerdos regionales se encuentra el Convenio de Aarhus, aprobado en 1998 en Europa, que buscaba garantizar el ejercicio de los derechos de acceso a la información, participación del público en la toma de decisiones y el acceso a la justicia en materia de medio ambiente, este acuerdo entró en vigor en el año 2001. Posteriormente, en 2010 el Programa de las Naciones Unidas para el Medio Ambiente, desarrolló las Directrices para la Elaboración de Legislación Nacional sobre el Acceso a la Información, Participación y Justica en Temas Ambientales, conocido como las Directrices de Bali (UNEP, 2010).

Estos antecedentes fueron esenciales para que, en el año 2010, la sociedad civil latinoamericana iniciara una campaña regional reclamando a sus gobiernos un eventual instrumento regional sobre el Principio 10 (Severino, 2020). Derivado de esa iniciativa, los Gobiernos de Chile y Costa Rica convocaron a los gobiernos de la región, en el marco de la Conferencia de Naciones Unidas sobre Desarrollo Sostenible celebrada en junio del 2012, a adherirse al proceso de creación de un instrumento de aplicación del Principio 10. La convocatoria inicial tuvo el apoyo de 10 países de la región gracias al cual, se impulsó en la Cumbre de Río +20 la *Declaración sobre la aplicación del principio 10 de la Declaración de Río sobre el Medio Ambiente y el Desarrollo.*

El proceso de elaboración del nuevo instrumento tomó seis años y contó con la participación de representantes de la sociedad civil latinoamericana, de los Gobiernos de los países de la región y el acompañamiento de la Comisión Económica para América Latina y Caribe (CEPAL) que desempeño el rol de secretaría técnica en el proceso. Durante los dos primeros años de trabajos las partes acordaron la hoja de ruta y en los cuatro años siguientes celebraron varias reuniones de negociación en las que participaron todas las partes.

Cabe destacar que en tanto se desarrollaba este proceso, en 2015 la ONU aprobó la *Agenda 2030 sobre el Desarrollo Sostenible* que contiene los Objetivos para el Desarrollo Sostenible (ODS), entre los diecisiete objetivos se encuentra el ODS 16 cuyo objetivo es la paz, justicia e instituciones sólidas. Entre las doce metas que conforman a este objetivo, se encuentra el garantizar el acceso público a la información, proteger las libertades fundamentales y crear en todos los niveles de gobierno instituciones eficaces y transparentes que rindan cuentas (ONU, 2015).

Finalmente, el Acuerdo *Regional sobre el Acceso a la Información, la Participación y el Acceso a la Justicia en Asuntos Ambientales en América Latina y el Caribe* se aprobó por los 24 países de la región el 4 de marzo de 2018 en la ciudad de Escazú de San José Costa Rica en la novena reunión del comité de negociación. Convirtiéndose en el instrumento más reciente de la región latinoamericana derivado de su entrada en vigor el pasado 22 de abril de 2021, el cual se compone 26 artículos.

Las obligaciones en materia de acceso a la información se disponen en los artículos 5 y 6 del Acuerdo. El artículo 5 establece lo relacionado al acceso, negación, elementos de entrega de la información y no menos importante, los mecanismos institucionales que permitan garantizar y vigilar el respecto al derecho de acceso a la información ambiental; con este artículo el Acuerdo sienta las bases que permiten garantizar un derecho de acceso a la información con un piso mínimo para todos los estados parte. No es sino en el artículo 6 del Acuerdo, donde se establece lo correspondiente al catálogo y particularidades de la publicación de la información ambiental, detallando que la misma deberá ser abierta, reutilizable, actualizada y accesible a las personas.

Los preceptos iniciales del Acuerdo se detallan el objetivo, definiciones, principios y disposiciones generales (artículos 1 al 4). En el resto de las disposiciones del Acuerdo se determinan las particularidades del derecho de acceso a la participación, artículo 7; derecho de acceso a la justicia, artículo 8; y de las medidas para garantizar la seguridad de los defensores ambientales, artículo 9. Mientras que lo relativo al fortalecimiento de capacidades, la cooperación, el intercambio de información y lo relativo al fondo de contribuciones que crearán los países, parte se detalla en los artículos 10 a 14. Lo relacionado al funcionamiento, toma de decisiones y enmiendas se puntualizan en los artículos 15 a 22. Destaca que el propio acuerdo establece en su artículo 23 que los estados parte no podrán formularse reservas al acuerdo.

De esta forma el Acuerdo como instrumento jurídico vinculante, es un tratado de derechos humanos que contribuye a la protección del medio ambiente al garantizar los derechos de acceso de las personas a la información que habilite su participación y que asegure la justicia en materia ambiental.

LA SITUACIÓN AMBIENTAL Y SU IMPORTANCIA

El perfeccionamiento de los instrumentos internacionales sin duda ha generado un impacto en el propio desarrollo y reconocimiento de los derechos en México. Desde el año 1999, con la adición del párrafo quinto al artículo 4° de la Constitución Política de los Estados Unidos Mexicanos, se reconoció el derecho a un medio ambiente sano para el desarrollo y bienestar de las personas (DOF, 1999). Este reconocimiento se vincula a la aceptación de que los elementos: agua, suelo, aire, mares, flora y fauna, inciden en la calidad de vida de las personas, más aún, porque todos ellos son indispensables para nuestra sobrevivencia. De igual forma, el reconocimiento del derecho a un medio ambiente sano está intrínsecamente vinculado al goce de otros derechos humanos como la vida, salud, alimentación y agua (CIDH, 2017).

Distintos informes provenientes desde la sociedad civil y las organizaciones internacionales han expuesto los efectos del cambio climático sobre la explotación de los recursos naturales, el impacto de la contaminación del aire, agua y la tierra, y los efectos de estos problemas para todos los habitantes de la tierra, ya que entre las consecuencias de no actuar en su reparación son inminentes las enfermedades, escasez de alimentos y desplazamientos de las personas. En el último informe de la organización WWF reveló que la biodiversidad en el mundo ha disminuido en un 60% en el periodo entre 1970 y 2014 (WWF, 2018) y que la causa de la pérdida está vinculada con actividades como la agroindustria, empresas extractivas y la pesca.

Otro de los problemas sustanciales que han documentado las organizaciones, es la situación de violencia que viven en los distintos países los defensores ambientales; un ejemplo de ello es el informe del Estado de Derecho Ambiental de las Naciones Unidas (ONU, 2019: 174) expone que entre los años 2002 y 2015 fueron asesinados en el mundo 908 defensores ambientales de 35 países, destaca que de ésta cifra, 47 personas eran defensores mexicanos; por su parte el reporte de Global Witness señala que tan solo en 2019 fueron asesinados en el mundo 212 defensores ambientales de los cuales, dos tercios de los asesinatos ocurrieron en América Latina (GW, 2020: 10).

Lo más alarmante de la situación es que en México las cifras de asesinatos y agresiones no ha dejado de crecer, pues de acuerdo a reportes de las organizaciones civiles de nuestro país en el año 2019 se contabilizaron 15 asesinatos de defensores ambientales mientras que en 2020 se registraron 18 (CEMDA, 2021: 27), otros informes apuntan a que los defensores asesinados en México durante el mismo periodo 2019-2020 fue de 45 personas (RED TDT, 2021: 6). Es importante reconocer que a nivel mundial las industrias asociadas a asesinatos de los defensores son principalmente la minería, seguido de la agroindustria y la explotación forestal.

Aunado a lo anterior, se suma el hecho de que de las 65 agresiones documentadas en 2020 por la organización civil Centro Mexicano de Derecho Ambiental, se estima que en el 40% de los casos de agresiones en contra de defensores ambientales están involucrados presuntos agentes del estado mexicano, mientras que en otro 40% de los casos se desconoce la autoría de las agresiones 18 (CEMDA, 2021: 30), conocer esta situación es de suma relevancia, puesto que la falta de garantías de seguridad inciden en la defensa de las comunidades y territorios, así como en participación de las personas en la toma de decisiones en materia ambiental, más aún cuando las agresiones y asesinatos quedan impunes, violando el derecho a la justicia al no existir un estado de derecho.

Estas tres problemáticas, la contaminación, el cambio climático y la violencia son en sí mismas desencadenantes de otros problemas que en consecuencia implican transgresiones los derechos intrínsecamente vinculados al ambiente saludable, la alimentación, la salud y la vida misma.

Son tres los derechos clave que permiten garantizar los derechos humanos: el derecho a la justicia, a la participación y a la libertad de expresión. Para poder **participar**, las personas necesitan **información pertinente** sobre la política o el proyecto propuestos y el proceso que lo sustenta. En los casos en que la información y la participación son insuficientes, es necesario que haya **acceso a la justicia**. En este sentido es el derecho a la información crucial para el ejercicio de los otros dos derechos.

EL ACCESO A LA INFORMACIÓN PÚBLICA EN MÉXICO

En México no se reconoció sino hasta el 06 de diciembre de 1977 el derecho a la información, cuando se adicionó un último párrafo al artículo 6° constitucional en el que se determinaba que el derecho a la información sería garantizado por el Estado. Inicialmente la modificación estaba orientada a la regulación de los medios de comunicación y no se identificó como un derecho fundamental en favor del gobernado sino hasta 1996, cuando la Suprema Corte de Justicia concluyó que el derecho a la información se vincula con el respeto a la verdad, convirtiéndolo en una garantía individual[1]. Estos antecedentes sumados al inicio de un gobierno de transición en el país fueron el campo propicio que permitió por primera vez reglamentar el derecho de acceso a la

---

1 La Suprema Corte de la Nación interpretó originalmente el artículo sexto constitucional como garantía de partidos políticos, ampliando posteriormente ese concepto a garantía individual y a la obligación del Estado a informar verazmente. Semanario Judicial de la Federación y su Gaceta, Tomo. XI, abril de 2000, pág. 72. Tesis: P. XLV/2000.

información pública con la aprobación de la primera ley federal en materia de transparencia.

De esta forma, en el año 2002 se publicó la Ley Federal de Transparencia y Acceso a la Información Pública Gubernamental; que reglamentó los procedimientos de acceso a la información y de impugnaciones para los particulares, los plazos de repuesta a las peticiones de información, el establecimiento de un catálogo de información fundamental que debería divulgarse en forma permanente, completa y actualizada; así como las funciones y facultades del órgano garante Instituto Federal de Acceso a la Información IFAI; y no menos importante, las obligaciones de las dependencias federales así como las sanciones en caso de incumplimiento de la norma.

Derivado de las disparidades existentes en el ejercicio del derecho de acceso a la información a causa de la diversidad de contenidos de las 28 leyes locales existentes en el país en 2006, a través de las cuales se garantizaba el derecho de acceso a la información de forma heterogénea, se hizo necesario modificar por segunda ocasión el artículo sexto Constitucional el 20 de julio de 2007.

La reforma estableció que toda información (en posesión de municipios y estados) es pública y sólo puede reservarse por un período definido; también se dispuso que no debía existir la necesidad de que los solicitantes acrediten su interés en la información solicitada. Además, se dispuso la obligación de preservar en archivos los documentos públicos y se decretó que las leyes deben establecer la forma en que se sancionará el incumplimiento de la norma, por lo que fue necesario reformar las distintas leyes estatales.

La tercer ocasión en la que se modificó el artículo sexto Constitucional, se promulgó el 7 de febrero 2014, dicha reforma has sido la más robusta hasta el momento, pues contiene la mayor cantidad de modificaciones en razón de que se añadieron al artículo los aspectos básicos del derecho de acceso a la información, como sus características, competencias, principios de actuación, la ampliación del catálogo de sujetos obligados y el reconocimiento de la autonomía constitucional del órgano garante, así como la definitividad de sus resoluciones y como la ampliación de sus capacidades y atribuciones, permitiéndole conocer y resolver asuntos en la materia que correspondan a cualquier autoridad.

Derivado de la reforma constitucional de 2014, se hizo necesario expedir una ley general en la materia, con la cual se homologó de forma definitiva el derecho de acceso a la información en todo el país, otra contribución de la ley general fue establecer la coordinación de los órganos garantes en la materia y las bases para la creación del Sistema Nacional de Transparencia y de la nueva herramienta a nivel nacional, la Plataforma Nacional de Transparencia (SNT), a través de la que se facilitaría el cumplimiento a los procedimientos, obligaciones y disposiciones que señala la norma; de esta forma se publicó el 04 de mayo de 2015 en el Diario Oficial de la Federación la Ley General de Transparencia y Acceso a la Información Pública.

LA INFORMACIÓN AMBIENTAL

La evolución normativa de nuestro país ha demostrado que es una necesidad contar con normas específicas que garanticen los derechos reconocidos en la Constitución, que permitan administrar, así como regular el uso y disfrute de los diferentes recursos, entre ellos los naturales, así como contar con instituciones especializadas. Este es el caso que presenta el sector ambiental que a nivel federal cuenta con ocho dependencias entre las que se dividen las facultades para gestionar y vigilar el buen uso de los recursos ambientales (figura 1).

Figura 1. Dependencias Federales del Sector Medio Ambiente.

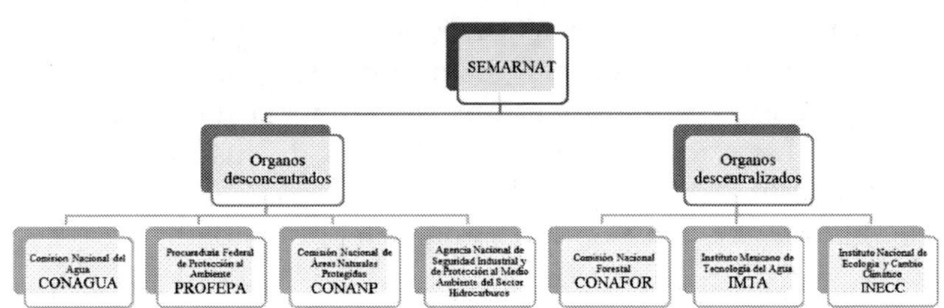

Elaboración propia

En este sentido, nos encontramos con el hecho de que en México existen al menos siete leyes generales que regulan distintos aspectos o recursos relacionados al ambiente. Para efectos de entender la complejidad del sector y derivado de que el propósito de este análisis se centra en el acceso a la información y su vinculación con el derecho a un medio ambiente sano. Se expondrán someramente algunas de las características de las legislaciones.

La Ley General del Equilibrio Ecológico y Protección al Ambiente cuenta entre sus objetivos, el preservar y proteger el medio ambiente y la biodiversidad, así como normar el aprovechamiento sustentable de los recursos naturales, posteriormente habría de agregarse como objetivo de esta legislación la garantía el derecho de toda persona a vivir en un medio ambiente sano, resultado del reconocimiento de ese mismo derecho en 1999 a nivel constitucional. Posteriormente, en el año 2012 se aprobó en México la Ley General de Cambio Climático, que también cuenta entre sus objetivos de garantizar el derecho de toda persona a vivir en un medio ambiente sano, regular las emisiones y gases de efecto invernadero, regular las acciones de mitigación y adaptación del cambio climático en cumplimiento al compromiso de nuestro país al acuerdo de París.

Además de esas dos legislaciones, existen en México otras normas de nivel general concernientes al ambiente y los recursos naturales entre las que se encuentra la Ley General de Pesca y Acuacultura Sustentables, la Ley General de Vida Silvestre, la Ley General para la Prevención y Gestión Integral de los Residuos, la Ley General de Bienes Nacionales, la Ley General de Desarrollo Forestal Sustentable. Asimismo, existen otras legislaciones ambientales entre las que se encuentran la Ley de Aguas Nacionales, Ley de Desarrollo Rural Sustentable, Ley de Bioseguridad de Organismos Genéticamente Modificados, Ley de Productos Orgánicos, Ley de Promoción y Desarrollo de los Bioenergéticos, Ley Federal de Responsabilidad Ambiental, y sus respectivos reglamentos.

Esta amplia gama de normativas y de instituciones generan diversos insumos informativos; por lo que todo este cúmulo de normas, dependencias e información, pueden crear confusión a las personas, en primera instancia para identificar qué dependencias son responsables de qué acciones, políticas, decisiones o simplemente de vigilar el cumplimiento de las normas. Y además, puede representar un desafío acceder a la información ambiental que dichas dependencias generan, ya que la misma es numerosa y diversa, sumando a esa complejidad el hecho de que la información se publica en distintos sitios web o repositorios, ya que al tratarse de información relativa al impacto ambiental, atmosfera, suelos, agua, recursos forestales, biodiversidad, mares y costas; más aún cuando esta información a su vez se asocia a la información de las industrias de la pesca, energía, minería, agricultura, ganadería, transporte, turismo, manejo de residuos, encontramos un universo de posibilidades (tabla 1).

Lo anterior sin contar que la mayor parte de estos sistemas prevén registros específicos como el Subsistema de Información del Inventario Nacional de Emisiones de Contaminantes, o en su caso, indicadores concretos como el Inventario Nacional de Emisiones de Contaminantes que a su vez la información se publica en sitios específicos, solo por mencionar un ejemplo.

Tabla 1. Repositorios o sitios web en los que se publica información ambiental del Gobierno Federal.

Nombre del Sistema	Dependencia	Normativa
Sistema Nacional de Información Ambiental y de Recursos Naturales (SNIARN)	Secretaría de Medio Ambiente y Recursos Naturales	Ley General del Equilibrio Ecológico y la Protección al Ambiente
Sistema Nacional de Áreas Naturales Protegidas (SNAP)	Comisión Nacional de Áreas Naturales Protegidas	Ley General del Equilibrio Ecológico y la Protección al Ambiente
Sistema de Información sobre el Cambio Climático	Instituto Nacional de Ecología y Cambio Climático–Instituto Nacional de Estadística y Geografía	Ley General de Cambio Climático
Sistema de Cuentas Nacionales	Instituto Nacional de Estadística y Geografía	Ley General del Equilibrio Ecológico y la Protección al Ambiente
Sistema Nacional de Información y Gestión Forestal	Comisión Nacional Forestal	Ley General de Desarrollo Forestal Sustentable
Sistema de Información Geográfica para la Evaluación del Impacto Ambiental (SIGEIA)	Secretaría de Medio Ambiente y Recursos Naturales	Ley General del Equilibrio Ecológico y la Protección al Ambiente

Elaboración Propia

ACCESO A LA INFORMACIÓN AMBIENTAL EN MÉXICO

La Corte Interamericana de Derechos Humanos, ha reconocido que existen dos grupos de derechos que se encuentran asociados al medio ambiente:

> i) los derechos cuyo disfrute es particularmente vulnerable a la degradación del medio ambiente, también identificados como derechos sustantivos (por ejemplo, los derechos a la vida, a la integridad personal, a la salud o a la propiedad), y ii) los derechos cuyo ejercicio respalda una mejor formulación de políticas ambientales, también identificados como derechos de procedimiento (tales como derechos a la libertad de expresión y asociación, a la información, a la participación en la toma de decisiones y a un recurso efectivo).(CIDH, 2017)

Como se mencionó previamente, no fue sino hasta 1977 cuando se reconoció en México a nivel constitucional el derecho de acceso a la información. A pesar de no existir en 1996 una norma específica que garantizara la ejecución del derecho de acceso a la información, ese año derivado de una reforma a la Ley General del Equilibrio Ecológico y Protección al Ambiente (promulgada en 1988), se incluyó un capítulo que reconoció el Derecho a la Información Ambiental su ejercicio y acceso; de igual forma, en la ley se incorporó la definición de información ambiental describiéndola como "cualquier información escrita, visual o en forma de base de datos, de que dispongan las autoridades ambientales en materia de agua, aire, suelo, flora, fauna y recursos naturales en general, así como sobre las actividades o medidas que les afectan o puedan afectarlos" (DOF, 1996. Art 159 bis 3).

Desde 2015, año en que se publicó la Ley General de Transparencia; la Ley General del Equilibrio Ecológico y Protección al Ambiente se ha reformado al menos en siete ocasiones, en los años 2021, 2018, 2017 y 2016. Sin embargo, esta Ley continúa manteniendo disposiciones que contravienen lo establecido en la Ley General de Transparencia, entre ellas el contenido del artículo 159 bis 3 que dispone en su tercer párrafo que toda solicitud deberá especificar los motivos de la petición y los solicitantes deberán identificarse con su nombre o razón social y domicilio. Otra de las disposiciones que aún cuentan con elementos que contravienen a la norma en materia de transparencia es el artículo 159 bis 5 en su segundo párrafo que establece la negativa ficta, lo que significa que en caso de que la autoridad no responda a la solicitud se entenderá resuelta como negativa para el solicitante.

El desarrollo de la normativa mexicana en materia de acceso a la información y la aprobación de la Ley General de Transparencia derivó en 2016 a la promulgación de una nueva Ley Federal de Transparencia y Acceso a la Información Pública en la que se incluye el acceso a información ambiental, al disponer en la fracción VII del artículo 69 como una obligación de transparencia del Poder Ejecutivo Federal la publicación de información relacionada con el ambiente y los recursos naturales. La fracción se compone de 15 obligaciones concretas, en las que se detalla la divulgación de información específica que debe mantenerse disponible y actualizada en todo momento.

Asimismo, con la construcción del Sistema Nacional de Transparencia y el Consejo Nacional del Sistema Nacional por sus siglas CONAIP, que se integra por los propios Comisionados de los distintos Órganos Garantes del país y los Comisionados del Instituto Nacional de Transparencia, Acceso a la Información y Protección de Datos Personales, se han aprobado distintos lineamientos que tienen como propósito establecer directrices que homologan el cumplimiento de las obligaciones establecidas en la Ley General de Transparencia. En particular, la CONAIP aprobó el 18 de marzo de 2016 los *Lineamientos para determinar los catálogos y publicación de información de interés público; y para la emisión y evaluación de políticas de transparencia proactiva* (DOF, 2016).

El capítulo II de estos lineamientos señalan que serán los sujetos obligados, es decir las dependencias, las que deben identificar si su propia información cumple los criterios para considerarse como información de interés público, dicho ejercicio debe realizarse una vez al año (DOF, 2018). El lineamiento séptimo señala que la información de interés público, para ser considerada así, debe cumplir con las siguientes características, primero ser beneficiosa o relevante para la sociedad por contribuir a reforzar el ejercicio de los derechos de las personas; segundo, porque resulte útil o relevante para conocer y entender las funciones que desempeñan las instituciones; y tercero, promueva la cultura de la transparencia, la rendición de cuentas a la sociedad y coadyuve al combate a la corrupción.

El primer paso para las dependencias es identificar si además de cumplir con las características anteriores, la información asiduamente se requiere a través de una solicitud de información, si existe una disposición concreta por la que se publica, o si tan solo, la dependencia determina que es importante. Segundo, la información se debe integrar a un grupo temático. Realizado lo anterior, deberá remitir al Órgano Garante el listado de información para la revisión de éste, para que se pronuncie respecto a si la información cumple con los atributos antes detallados. En caso afirmativo, la información se reconoce como una obligación de transparencia de la dependencia en el artículo 70 fracción XLVIII de la Ley General de Transparencia, misma que deberá estar disponible, en datos abiertos y actualizada tanto en el portal de transparencia como en la Plataforma Nacional, PNT.

A pesar de lo establecido en los Lineamientos, resulta contradictorio el hecho de que no es posible identificar de forma clara y fácil, primero, si las dependencias están llevando a cabo el ejercicio anual de identificar si cuentan o no con información de interés. Segundo, si la información que las dependencias publican en sus portales o en PNT como información de interés, ha cumplido con el proceso y requerimientos que prevén los lineamientos. Tercero, conocer el acuerdo del órgano garante con su resolución, es prácticamente imposible si las personas desconocen el número o nombre del acuerdo del pleno en específico o en su caso, no cuentan con la fecha exacta de la sesión en la que se aprobó; puntualizando que esta información tampoco la publica la dependencia que realizó el ejercicio de identificación.

El ejercicio de consulta de la publicación de las obligaciones de transparencia de la Secretaría del Medio Ambiente y Recursos Naturales (SEMARNAT), se realizó en dos partes. La primera, verificando qué información es la que se publica en la fracción XLVIII del artículo 70 de la Ley General de Transparencia que establece la obligación de publicar "cualquier otra información que sea de utilidad o se considere relevante, además de la que, con base en la información estadística, responda a las preguntas hechas con más frecuencia por el público" (LGTAIP, 2015). En este caso se identificó que la información de interés que ha publicado a lo largo de los últimos cinco años (2017-2021) es exactamente la misma, y corresponde a recursos electrónicos en los que se entrega información de trámites, la gaceta ecológica, la biblioteca digital y los mapas del Sistema de Información Geográfica para la Evaluación del Impacto Ambiental.

La segunda parte del ejercicio se centró específicamente en las obligaciones relativas a la fracción VII del artículo 69 de la Ley Federal de Transparencia, publicadas en la Plataforma Nacional De Transparencia. De los quince incisos específicos que componen la fracción VII solo se publica información de doce, dejando fuera lo relacionado a la disponibilidad media anual de aguas superficiales y subterráneas por región hidrológica (inciso e); el inventario nacional de plantas municipales de potabilización y tratamiento de aguas residuales (inciso f); y la dinámica de cambio de la vegetación forestal del país (inciso i).

Entre los hallazgos de la revisión de la información correspondiente a las doce fracciones del artículo 69 de la ley federal de transparencia, se identificó que en un tercio de las obligaciones no existe información por no ser competencia de la SEMARNAT y solo se señala el nombre de la dependencia responsable de generar dicha información. De las ocho obligaciones restantes, en dos de ellas la información no está actualizada pues en el inciso m) "Información estadística sobre los árboles históricos y notables del país" no se ha generado desde 1997, mientras que la del inciso o) "El índice de participación ciudadana, que contenga la categoría, ponderación, unidad de medida y año" no se ha creado desde 2018.

Otro caso, es la entrega de información parcial en las obligaciones de los incisos d[2] y g[3]. En el inciso d, se advierte que parte de la información es de competencia municipal y local; mientras que, en la segunda obligación, se explica que la información pertenece a un sistema interno que imposibilita entregar el hipervínculo a la información específica.

El resultado final del ejercicio arrojó que solo en una tercera parte de las obligaciones, es decir cuatro de doce, existe información mayormente completa, principalmente en el caso de la información relativa a las manifestaciones de impacto ambiental (inciso l) y el listado de plantaciones comerciales forestales (inciso k), pues en ambos casos, además del detalle geográfico de la información, se entrega el acceso al documento específico de cada autorización o evaluación a través de un hipervínculo.

Asociado a estos resultados, es importante explicar que la propia sociedad civil organizada ha demostrado a su vez que la transparencia de la información ambiental aún cuenta con diversas áreas de oportunidad. En este sentido, el Grupo de representantes y suplentes de la sociedad civil EITI México, que funge como parte del órgano de control y cumplimiento de la Iniciativa internacional del estándar del Extractive Industries Transparency Initiative EITI al que se suscribió México en el año 2017; han hecho de conocimiento que las diversas autoridades responsables del sector ambiental como la Secretaría de Medio Ambiente y Recursos Naturales, o del sector económico como Secretaría de Economía, fallan en publicar la información íntegra tanto de los propios proyectos extractivos autorizados en el

---

2 El listado estimado de residuos, por tipo, por volumen, por entidad federativa y por año.

3 El listado de zonas contaminadas, por tipo de contaminante y localización.

país, como lo relativo a la información vinculada con las empresas extractivas y mineras, menos aún, se publican los costos e impactos socioambientales de la extracción de recursos naturales.

Derivado de lo anterior, elaboraron en 2021 el Informe Sombra con este ejercicio encontraron que la información que publican las propias empresas del sector extractivo respecto de los proyectos que llevan a cabo en México no coincide con la información que las propias autoridades publican, la información publicada no cumple con entregarse en datos abiertos lo que impide la reutilización de la información y adicional a ello, existen diversas fuentes de información ya que en se publica la información en distintos sitios electrónicos (Pérez J., 2021).

CONCLUSIONES

Según lo ha establecido en distintas ocasiones la CIDH[4], los derechos de acceso a la información, participación y justicia están interrelacionados, puesto que para que las personas puedan participar en los procesos de toma de decisiones de forma efectiva y responsable es necesario que las personas accedan a la información, misma que debe cumplir con los principios de publicidad y transparencia. Mientras que el acceso a la justicia garantiza el disfrute de los dos derechos anteriores (información y participación).

Con el proyecto del Informe Sombra a cargo del Grupo de representantes y suplentes de la sociedad civil EITI México, se demuestra que los derechos de acceso a la información ambiental e incluso el de la participación, no se garantizan por el Estado mexicano tal y como se ha comprometido en los distintos tratados

---

4 Ver: Caso Claude Reyes y otros Vs. Chile, Estrategia Interamericana para la Promoción de la Participación Pública en la Toma de Decisiones sobre Desarrollo Sostenible y Opinión Consultiva OC-23/17.

internacionales entre ellos el propio Acuerdo de Escazú; ya que, al no contar con la información completa, de fácil acceso y reutilizable se vulneran los tres derechos de acceso. Si bien es cierto que el informe sombra del EITI es un ejemplo acotado del estatus que guarda la información ambiental de un sector concreto el de las industrias extractivas, asimismo, la presente investigación se centró en identificar el estado que guarda la información ambiental a cargo de la SEMARNAT en cumplimiento a las obligaciones de transparencia.

Tal y como se ha expuesto, la información es en todos los sentidos el insumo necesario que nos aporta los elementos para crear una masa crítica hacia las decisiones de los administradores de la cosa pública; pero, además, sin información la participación de la sociedad en la toma de decisiones puede manipularse o simplemente no tomarse en cuenta; y no menos importante, cuando estos dos derechos se ven vulnerados el derecho a la justicia resulta ser clave. Aunado a lo anterior, existe en nuestro país un factor que agrava más la urgente necesidad de contar con garantías a nuestros derechos, derivado de la situación de vulnerabilidad en la que se encuentran los defensores ambientales que son constantemente agredidos y asesinados.

Debido a los elementos aquí expuestos, se proponen las siguientes líneas de acción en pro de un marco garantista del derecho de acceso a la información, y en específico del relativo a la información ambiental:

Primero. Homologar lo establecido en materia de acceso a la información entre la Ley General de Transparencia y la Ley General de Equilibrio Ecológico y Protección al Ambiente referente a la negativa ficta (artículo 159 bis 5), pues debe aplicarse el principio pro-persona y aunque jerárquicamente ambas leyes están en el mismo nivel y si bien es cierto que, al contar con una ley especializada en la materia como la Ley General de Transparencia ésta es la que predomina en su aplicabilidad, no podemos tener normas que se contradigan. El mismo caso aplica en lo referente a lo establecido en _ párrafo del artículo 159 bis 3 en el que se dispone de que el solicitante debe señalar su interés en la información que solicita.

Segundo. Reconocer en la ley general de transparencia como obligación de transparencia como información fundamental la información ambiental, tal y como existe en la Ley Federal de Transparencia en la fracción VII del artículo 69, para lo cual es necesario reformar la ley general añadiendo un capítulo y artículo concreto, tal y como ya sucede con la información en materia energética del capítulo V artículo 83.

Tercero. Integrar en un solo sitio la publicación de la información ambiental, ya que si bien es cierto que cada una de las dependencias del sector ambiental y de recursos naturales cuentan con facultades y atribuciones concretas y se debe ceñir a lo establecido en sus normas también es cierto que los avances tecnológicos pueden permitirnos contar en México con la información ambiental de todas estas autoridades presentada de forma clara, bien organizada, accesible y reutilizable, en un solo lugar dónde cada responsable se encargue de publicar la información que le corresponde, con esto sobra aclarar que la propuesta no pretende que sea una sola dependencia la encargada de realizar la tarea de publicación, sino que habría de existir en el país un verdadero Sistema de Información Ambiental en el que se conjunte la información y que funcione para la propia coordinación de las autoridades. Tal y como se logró con el propio Sistema Nacional de Transparencia.

Los derechos humanos están más vivos que nunca, lo que nos obliga a analizar el estatus que guardan y en su caso continuar fortaleciéndolos. Más aún cuando hablamos del derecho de acceso a la información pública que en México es uno de los avanzados y reconocidos a nivel mundial y a pesar de ello, todavía puede ser mejor.

Referencias bibliográficas

Almanzar, T. (2016). "Las reformas constitucionales en materia de transparencia y acceso a la información en México. Nueva vía o dependencia a una trayectoria", en Gómez A. y Pineda P. (coords.). Calidad de la democracia en México, problemas y debates, México. Universidad de Guadalajara.

Centro Mexicano de Derecho Ambiental A.C. (2021). Informe sobre la situación de las personas defensoras de los derechos humanos ambientales en México, 2020. Centro Mexicano de Derecho Ambiental A.C. Consultado el 13 de junio de 2021, disponible en: https://agua.org.mx/wp-content/uploads/2021/04/informe_cemda_2021_vfinal.pdf

Comisión Económica para América Latina y Caribe (2012). Hoja de ruta del proceso de creación de un instrumento sobre la aplicación del Principio 10 en América Latina y el Caribe. Consultado el 12 de junio de 2021, disponible en: https://repositorio.cepal.org/bitstream/handle/11362/38727/S2012854_es.pdf?sequence=1&isAllowed=y

Comisión Económica para América Latina y Caribe (2018). Acuerdo Regional sobre el Acceso a la Información, la Participación Pública y el Acceso a la Justicia en Asuntos Ambientales en América Latina y el Caribe. Consultado el 10 de junio de 2021, disponible en: https://repositorio.cepal.org/bitstream/handle/11362/43595/1/S1800429_es.pdf

Comisión Nacional del Agua (2021). Presentación de Sequía. Conferencia de Prensa de 14 de abril de 2021. Consultado el 05 de junio de 2021, disponible en: https://www.gob.mx/cms/uploads/attachment/file/629223/CP_Presentaci_n_Sequ_a_Medios_14042021.pdf

Corte Interamericana de Derechos Humanos (2017). Opinión Consultiva OC-23/17 de 15 de noviembre de 2017. Consultado el 10 de junio de 2021, disponible en: https://www.corteidh.or.cr/docs/opiniones/seriea_23_esp.pdf

Decreto por el que se reforman y adicionan diversas disposiciones a la Ley General del Equilibrio Ecológico y la Protección al Ambiente (1996). Diario Oficial de la Federación, Publicada el 13 de diciembre de 1996, México.

Decreto por el que se reforman y adicionan diversas disposiciones de la Constitución Política de los Estados Unidos Mexicanos (1999). Diario Oficial de la Federación, Publicada el 28 de junio de 1999, México.

Decreto por el que se reforman y adicionan diversas disposiciones de la Constitución Política de los Estados Unidos Mexicanos, en materia de transparencia (2014). Diario Oficial de la Federación, Publicado el 7 de febrero de 2014, México.

Diario Oficial de la Federación (2016) Ley Federal de Transparencia y Acceso a la Información Pública. México. Consultado el 15 de junio de 2021, disponible en: http://www.dof.gob.mx/avisos/2493/SG_090516/SG_090516.html

Diario Oficial de la Federación (2016). ACUERDO del Consejo Nacional del Sistema Nacional de Transparencia, Acceso a la Información Pública y Protección de Datos Personales, por el que se aprueban los Lineamientos para determinar los catálogos y publicación de información de interés público; y para la emisión y evaluación de políticas de transparencia proactiva. Consejo Nacional del Sistema Nacional de Transparencia, Acceso a la Información Pública y Protección de Datos Personales. Consultado el 15 de junio de 2021, disponible en: http://www.dof.gob.mx/nota_detalle.php?codigo=5433279&fecha=15/04/2016

Diario Oficial de la Federación (2018). ACUERDO por el cual se aprueba la modificación de los numerales octavo, décimo primero, décimo quinto y décimo sexto de los Lineamientos para determinar los catálogos y publicación de información de interés público; y para la emisión y evaluación de políticas de transparencia proactiva. Consultado el 15 de junio de 2021, disponible en: http://www.dof.gob.mx/nota_detalle.php?codigo=5513940&fecha=21/02/2018

Escobedo, J. F. (2010). La invención de la transparencia, México. Miguel Ángel Porrúa.

Global Witness (2020). Defender el mañana. Crisis climática y amenazas contra las personas defensoras de la tierra y del medio ambiente. Consultado el 10 de junio de 2021, disponible en: https://www.globalwitness.org/documents/19941/Defending_Tomorrow_ES_low_res_-_July_2020.pdf

Guerrero, E. y Ramírez de Alba L. (2006). "La transparencia en México en el ámbito subnacional: una evaluación comparada de las leyes estatales", en López Ayllón, S. (coord.), Democracia, transparencia y constitución: Propuestas para un debate necesario, México. Instituto de Investigaciones Jurídicas, UNAM.

Jackson, P. (2013). De Estocolmo a Kioto: Breve historia del cambio climático. Crónica ONU de las Naciones Unidas. Recurso electrónico. Consultado el 11 de junio de 2021, en: https://www.un.org/es/chronicle/article/de-estocolmo-kyotobreve-historia-del-cambio-climatico

Ley Federal de Transparencia y Acceso a la Información Pública (2002). Diario Oficial de la Federación, Publicada el 11 de junio de 2002, México.

Ley General de Transparencia y Acceso a la Información Pública (2015). Diario Oficial de la Federación, Publicada el 04 de mayo de 2015, México.

Organización de las Naciones Unidas (2012). Declaración de Rio. Consultado el 10 de junio de 2021, disponible en:https://www.un.org/spanish/esa/sustdev/agenda21/riodeclaration.htm

Organización de las Naciones Unidas (2015). Objetivos para el Desarrollo Sostenible. Consultado el 15 de junio de 2021, disponible en: https://www.un.org/sustainabledevelopment/es/objetivos-de-desarrollo-sostenible/

Pérez Jiménez, S. (2021). Informe Sombra EITI-México: Avances y desafíos en la transparencia socioambiental. México, Recurso electrónico. Consultado el 01 de junio de 2021, en: https://transparenciaextractivas.org/informe-sombra-eiti-mexico/

Red Nacional de Organismos Civiles de Derechos Humanos, Todos los Derechos para todas y todos (2021). Informe *Semillas de Dignidad y Lucha. Situación de Personas Defensoras en México, 2019-2020.* Consultado el 12 de junio de 2021, disponible en: https://redtdt.org.mx/semillas-de-dignidad-y-lucha-situacion-de-personas-defensoras-en-mexico-2019-2020/

Severino, T. (2020). "Acuerdo de Escazú, una oportunidad para la gobernanza ambiental del siglo XXI en América Latina y el Caribe" en El poder social de la transparencia en la voz de la sociedad civil, publicado por el Instituto Nacional de Transparencia, Acceso a la Información Pública y Protección de Datos Personales. México.

United Nations Environment Programme (2010). Bali Guidelines. Consultado el 09 de junio de 2021, disponible en: https://www.google.com/url?sa=t&rct=j&q=&esrc=s&source=web&cd=&ved=2ahUKEwi9pevpgqrxAhUFKa0KHX2LBhEQFjAHegQIDRAE&url=https%3A%2F%2Fwedocs.unep.org%2Fbitstream%2Fhandle%2F20.500.11822%2F11201%2FUNEP%2520MGSB-SGBS%2520BALI%2520GUIDELINES-Spanish-Interactive.pdf%3Fsequence%3D2%26isAllowed%3Dy&usg=AOvVaw28zuCJXvi0Eue35tc9D11H

United Nations Environment Programme (2019). Environmental Rule Of Law: First Global Report. Consultado el 12 de junio de 2021, disponible en: https://wedocs.unep.org/handle/20.500.11822/27279

Velasco, A. Coord. (2018). Guía de herramientas y mecanismos de acceso a la información, participación y justicia en materia ambiental. Centro Mexicano de Derecho Ambiental A.C. Consultado el 11 de junio de 2021, en: https://www.cemda.org.mx/wp-content/uploads/2018/10/Gui%CC%81a-P10.pdf

World Wildlife Fund (2018). Informe Planeta Vivo. Consultado el 12 de junio de 2021, disponible en: http://awsassets.panda.org/downloads/informe_planeta_vivo_2018_wwf_mexico.pdf

Transparencia + integridad

CYNTHIA PATRICIA CANTERO PACHECO
Profesora de Asignatura
Centro Universitario de Ciencias Sociales y Humanidades (CUCSH)

INTRODUCCIÓN

A través de una evolución constante, el derecho de acceso a la información pública en México se ha posicionado de manera gradual en la vida pública del país. Hoy, podemos decir que este derecho es un eslabón indispensable en la promoción de la participación ciudadana activa; la base para una rendición de cuentas efectiva dentro de las instituciones públicas, así como un elemento clave que garantiza el ejercicio de otros derechos.

Todo esto, sin duda, gracias a los mecanismos legales y el amparo de la ley para el ejercicio de este derecho; pero ¿qué sería del derecho de acceso a la información pública sin la transparencia? Y es que, a menudo, estos dos conceptos son confundidos, a tal grado que suelen identificarse como si se trataran de una misma cosa; sin embargo, mientras uno representa -de forma muy general-, la obligación de las instituciones públicas para dar respuesta a los ciudadanos respecto a la información que solicitan, el otro, plasma la voluntad de esa apertura institucional con relación a la información que se hace pública para los ciudadanos; ambos, con independencia el uno del otro.

Por ello, la transparencia se ha vuelto un elemento esencial, ya que lleva implícitos los valores del servicio público, y que abona directamente a la generación de confianza entre las instituciones públicas y los ciudadanos, como elemento esencial de la rendición de cuentas y el combate a la corrupción.

Y desde su origen, y con una evolución de, prácticamente 18 años, el derecho de acceso a la información y la transparencia en México han buscado acercar el ejercicio público a los ciudadanos, propiciando su vigilancia y generando su eficacia, maduración y consolidación.

A propósito de la evolución de estos conceptos, vale recordar que el derecho a la información comenzó a forjarse en la reforma político-electoral promovida por el Presidente de la República José López Portillo, en el año de 1977, reforma en la que se adicionó al artículo 6° de la Constitución Política de los Estados Unidos Mexicanos (en lo sucesivo CPEUM), la oración "*El derecho a la información será garantizado por el Estado*".

A pesar de esta consideración normativa, la materialización del ejercicio de este derecho fue posible luego de un proceso de más de veinte años; en este lapso, las primeras interpretaciones de la Suprema Corte de Justicia de la Nación (SCJN) sobre la adición del derecho de acceso a la información en el artículo 6° constitucional, observaron una fuerte carga electoral. En la tesis aislada del año 1978, se señaló que "*El artículo 6o. constitucional vino a garantizar explícitamente el derecho a la información, que ya está implícito en todo sistema democrático, puesto que el voto de los ciudadanos tiene derecho a ser un voto informado y no un voto a ciegas.*"

En el mismo contexto, en el año 1996, la Corte determinó, esencialmente en lo que aquí interesa que

> [...] Tal derecho [el derecho a la información] es, por tanto, básico para el mejoramiento de una conciencia ciudadana que contribuirá a que ésta sea más enterada, lo cual es esencial para el progreso de nuestra sociedad. Si las autoridades públicas, elegidas o designadas para servir y defender a la sociedad, asumen ante ésta actitudes que permitan atribuirles conductas faltas de ética, al entregar a la comunidad una información manipulada, incompleta, condicionada a intereses de grupos o personas, que le vede la posibilidad de conocer la verdad para poder participar libremente en la formación de la voluntad general, incurren en violación grave a las garantías individuales.

Lo anterior, viene al caso debido al proceso electoral concurrente 2020-2021 en el Estado de Jalisco, mismo que formó parte del proceso electoral más grande en la historia de nuestro país, cuya adjetivación deviene del número de cargos públicos disputados a lo largo de toda la República Mexicana; a ello se suma el número de partidos políticos, tanto nacionales como locales, que participaron en la contienda.

De este modo, la oferta electoral se antoja la más amplia en la historia de nuestro país; y en el contexto político y social en el que nos encontramos, dados los avances normativos y tecnológicos que hacen cada vez más tangible la consulta de información por medios electrónicos, supondría también la posibilidad de acceder más fácilmente a la información de carácter público sobre los candidatos a un cargo de elección popular. Sin embargo, no es así. La información que debería hacerse pública de la forma más accesible posible, en la realidad dista mucho de cumplir con los atributos mínimos determinados por Ley para hacer efectiva tanto la transparencia de los partidos políticos, así como el derecho de acceso a la información pública de todas las personas.

Lo anterior, llama particularmente la atención debido a que, como se mencionó, las primeras aproximaciones o interpretaciones del derecho de acceso a la información en nuestro país, se dieron en un contexto electoral.

No obstante, aun cuando los partidos políticos son, precisamente, entidades de interés público, en tanto que tienen como fin promover la participación del pueblo en la vida democrática y, como organizaciones ciudadanas, hacer posible su acceso al ejercicio del poder público (CPEUM, art 41), son quienes más tardíamente fueron incorporados al régimen nacional de apertura institucional, apenas en el año 2014. En el Estado de Jalisco, la historia es diferente; los partidos políticos fueron considerados en la normatividad en materia de transparencia desde el año 2005, incluyendo una lista de información que, de oficio, debía hacerse pública.

El año 2014, resulta paradigmático para los estudiosos de la transparencia y del derecho de acceso a la información en México, derivado de la reforma al artículo 6° constitucional, a través de la cual fue posible homologar las bases y principios sobre el ejercicio de este derecho den todo el país; ya que, justamente, entre esas bases se encuentra el señalamiento, desde el orden constitucional, de los partidos políticos como sujetos obligados (DOF, 2014). Además, derivado de esta reforma fue emitida la Ley General de Transparencia y Acceso a la Información Pública (en lo sucesivo Ley General de Transparencia), que daría lugar a la conformación del Sistema Nacional de Transparencia, Acceso a la Información Pública y Protección de Datos Personales (en adelante SNT), cuya finalidad es "*coordinar y evaluar las acciones relativas a la política pública transversal de transparencia, acceso a la información y protección de datos personales*". (LGT, art. 28)

Derivado de la reforma constitucional y de la publicación de la Ley General de Transparencia en el año 2015, las constituciones y las leyes estatales en esta materia, fueron reformadas para homologar sus términos al orden general. Así, para el caso de los partidos políticos en Jalisco, al considerarse como sujetos obligados ya de manera previa, la reforma impactó mayormente en la información que quedarían obligados a publicar; aunque cabe recordar que la Ley General fue un "piso mínimo", con base en lo cual, los legisladores estatales determinaron un catálogo de información más amplio, y sobre el que se abundará más adelante.

Por otra parte, la reforma constitucional del 27 de mayo año 2015 (DOF, 2015), estableció las bases para la conformación de los sistemas anticorrupción nacional y locales en cada entidad federativa. Ambas reformas constitucionales (la 2014 y

2015) fueron cruciales para emitir, reformar y abrogar diversos ordenamientos jurídicos de cara a la construcción del Sistema Nacional Anticorrupción, así como de los sistemas locales en esta materia. La importancia de lo anterior radica en el hecho de que el SNT se entrelaza con el Sistema Nacional Anticorrupción y con el Sistema Nacional de Archivos[5], así como en las obligaciones que emanan del entramado normativo en materia de combate a la corrupción en correlación con las obligaciones en materia de transparencia de los partidos políticos.

INTERRELACIÓN DE LOS SISTEMAS DE TRANSPARENCIA Y ANTICORRUPCIÓN. TRANSPARENCIA Y RENDICIÓN DE CUENTAS

La interrelación de los sistemas nacionales de transparencia y anticorrupción no es casualidad. El registro y difusión de las actividades gubernamentales son partes esenciales del proceso de rendición de cuentas, y la rendición de cuentas forma parte de los mecanismos para prevenir y combatir la corrupción. A través de los mecanismos de transparencia y de acceso a la información las entidades de gobierno ponen a disposición de la sociedad la información que da cuenta del cumplimiento de sus funciones y atribuciones, y permite además el acceso a información de trámites y servicios en los que puede formar parte.

---

5 Es importante mencionar que, si bien el Sistema Nacional de Archivos no se entrelaza con la materia de fondo que aquí se analiza, resulta relevante su referencia debido a que el artículo 74, de la Ley General de Archivos, refiere la coordinación y funciones en este contexto, del Sistema Nacional de Archivos, el Sistema Nacional de Transparencia y el Sistema Nacional Anticorrupción (LGA, art. 74).

La transparencia se convierte en un ganar-ganar en la relación sociedad – gobierno, pues a través de la publicidad de las acciones de este último, se pone en marcha un mecanismo de rendición de cuentas que expone su gestión a la crítica y deliberación públicas, con lo que se eleva la probabilidad de detectar errores y, a su vez, de prevenirlos o corregirlos. Al final, lo que tendremos será gestión gubernamental de mejor calidad (Guerrero, 2008, p. 6). La transparencia permite una mejor supervisión del actuar de los servidores públicos, ayuda a prevenir y/o sancionar actos de corrupción y con ello la consecuencia inmediata es el mejoramiento de la eficiencia y el desempeño en el servicio público.

En ese mismo orden de ideas, la transparencia busca que tanto el gobierno como la ciudadanía sumen esfuerzos y colaboren a erradicar el mal manejo de los recursos públicos; por lo que esta tendrá éxito si se logra una mayor participación ciudadana, ya que es mediante su inclusión, que cobra sentido y rinden resultados los esfuerzos para evitar la opacidad gubernamental.

Por otra parte, la transparencia tiene el objetivo de transformar a las instituciones para que sean más éticas y profesionales, en razón de que contribuye a que "*las dependencias del gobierno no sean desviadas de sus objetivos públicos para servir a intereses privados*" (Vergara, 2008) y al no existir desvíos de los objetivos de las organizaciones, se obtiene más eficiencia y eficacia de las instituciones, su mejora continua y se dejan de lado los "objetivos personales" de los funcionarios públicos, y se previenen actos de corrupción.

Por otra parte, la rendición de cuentas, en una acepción sencilla, puede definirse como la aplicación de mecanismos mediante los cuales los servidores públicos responden por sus actos. En este sentido Andreas Schedler en su obra "¿Qué es la rendición de cuentas?" (Schedler, 2004:20), identifica cuatro dimensiones básicas de la rendición de cuentas: la primera es aquella en el cual, los actores brindan información acerca de sus decisiones (informativa); la segunda consiste en justificar por qué se tomaron dichas decisiones (explicativa) y; la tercera es básicamente el hecho de premiar o castigar a los actores por los resultados obtenidos sobre dichas decisiones (exigitiva); e identifica una cuarta dimensión, la cual consiste en tomar en cuenta las opiniones y conocimientos de los ciudadanos (receptiva).

Así, la transparencia como tal, se localiza dentro del primer aspecto de la rendición de cuentas, es decir en la parte informativa, donde encontramos la obligación puntual de los servidores públicos a dar a conocer sus actos y sus decisiones a la población.

Como refiere el Dr. Eduardo Guerrero en su obra "Para entender: la transparencia", *"Bentham es quien le otorga a la publicidad el significado que actualmente le atribuimos a la transparencia".* En su "Ensayo sobre tácticas políticas" (*Essay on Political Tactics*), publicado en 1791, Bentham argumenta que la publicidad confiere a la esfera gubernamental cuatro beneficios fundamentales (Guerrero, 2008, p. 18):

1. Contiene a los funcionarios públicos dentro de su obligación: al vigilar las acciones de los funcionarios del gobierno, la probabilidad de que éstos cometan actos de corrupción disminuye drásticamente. Un funcionario que se sabe vigilado es un funcionario que tiene a ponerse límite a sí mismo.

2. Fortalece la confianza de la ciudadanía y favorece su consentimiento en las decisiones y acciones del gobierno. Cuando tales acciones son públicas, dice Bentham, la ciudadanía "le devuelve duplicada al gobierno la confianza que éste muestra". Y un gobierno que cuenta con la confianza y la aprobación del público tiende a ser un gobierno fuerte y estable.

3. Proporciona a los electores la facultad de obrar con conocimiento de causa: La publicidad gubernamental permite que los ciudadanos interesados en los asuntos políticos cuenten con información relevante, ciudadanos enterados puedan razonar su voto antes de emitirlo. En cambio, cuando impera la opacidad en los asuntos gubernamentales, los votantes están condenados a ejercer el sufragio a favor de uno u otro partido o candidato "sin saber por qué y guiados por la casualidad o el antojo" dice Bentham entre más les interese a los ciudadanos conocer la conducta de los gobernantes, más les interesara también a los gobernantes conocer las preferencias de los ciudadanos.
4. Proporciona al gobierno la facultad de aprovecharse de las luces del público: Es decir, al transparentarse, el gobierno transfiere a la sociedad vasta información sobre su funcionamiento y sus actividades y, con ello, crea la posibilidad de que la misma sociedad, después de conocer y analizar la información que recibió, exprese opiniones y recomendaciones.

   De esta manera, la transparencia y el acceso a la información juegan un papel esencial en la construcción de gobiernos más abiertos al escrutinio público, capaces de fomentar una participación creciente de la sociedad en el diseño y evaluación de las políticas públicas gubernamentales y por lo tanto de una mayor rendición de cuentas pública.

La transparencia brinda confianza, certeza y convicción sobre las acciones de las entidades públicas y propicia la generación de acciones que tienen por objetivo primordial el de abatir la opacidad que genera corrupción y que contribuyen a la rendición de cuentas.

TRANSPARENCIA Y SISTEMA ANTICORRUPCIÓN

Como se mencionó, la transparencia y la rendición de cuentas son mecanismos que se relacionan y que contribuyen a combatir la corrupción. En este sentido, la reforma Constitucional del 15 de mayo del 2015, en materia de combate a la corrupción, dio lugar a la emisión y modificación de diversos ordenamientos jurídicos para la conformación del entramado normativo para combatir la corrupción.

En este nuevo orden normativo se encuentra la Ley General del Sistema Nacional Anticorrupción y la Ley General de Responsabilidades Administrativas, entre otras. En este marco, fue necesario que, al igual que sucedió con la reforma en materia de transparencia, cada uno de los estados ajustara el marco normativo a las nuevas disposiciones. En este orden, en Jalisco fueron emitidas la Ley del Sistema Anticorrupción del Estado de Jalisco y la Ley de Responsabilidades Políticas y Administrativas del Estado de Jalisco, las que, además, dan vida a la integración de las instancias que conforman el Sistema Estatal Anticorrupción.

De esta manera, en el diseño de los sistemas anticorrupción en nuestro país, se contempló como parte integral de sus instancias a los organismos garantes de transparencia, ya sea a través del Instituto Nacional de Transparencia, Acceso a la Información y Protección de Datos Personales (INAI), en la conformación del Sistema Nacional Anticorrupción, o a través de los organismos garantes locales en los sistemas anticorrupción de cada entidad federativa, como es el caso del Instituto de Transparencia, Información Pública y Protección de Datos Personales del Estado de Jalisco (ITEI).

Así, los sistemas anticorrupción tienen, entre otros objetivos, los de establecer mecanismos de coordinación entre los diversos órganos de combate a la corrupción en cada orden de gobierno; establecer las bases para la emisión de políticas públicas integrales en el combate a la corrupción, así como en la fiscalización y control de los recursos públicos; establecer las bases y políticas para la promoción, fomento y difusión de la cultura de integridad en el servicio público, así como de la rendición de cuentas, de la transparencia, de la fiscalización y del control de los recursos públicos, así como establecer acciones permanentes que aseguren la integridad y el comportamiento ético de los Servidores públicos, así como crear las bases mínimas para que todo órgano del Estado mexicano establezca políticas eficaces de ética pública y responsabilidad en el servicio público.

En este contexto, quedó establecida una obligación para todos los servidores públicos en el país, en cualquier orden de gobierno: la obligación de la presentación de las declaraciones patrimonial, de intereses y fiscal; que si bien, desde el año 1982, en el ámbito federal y estatal existía la obligación de los servidores públicos de registrar la evolución de su patrimonio así como declarar sus intereses, estas eran aplicable solo a las personas que ocupaban los cargos en los niveles más altos, además de que no existían mecanismos efectivos para la evaluación y, en su caso, sanción de las irregularidades sobre el patrimonio y los conflictos de intereses de los servidores públicos.

A diferencia del entramado normativo derogado, la normatividad vigente en materia de declaraciones de los servidores públicos establece mecanismos de evaluación, control y sanción sobre el contenido de las declaraciones patrimonial, de intereses y fiscal de los servidores públicos; además que, desde el año 2013 en Jalisco, y desde el 2015 a nivel federal, existe la posibilidad de conocer el contenido, al menos, de las declaraciones patrimoniales y de intereses en su versión pública.

Tal como se ha mencionado, estas declaraciones tienen como objetivo que las instituciones o áreas responsables dentro de las dependencias públicas, den seguimiento a la evolución patrimonial de los servidores públicos, en la búsqueda de indicios de actividades que supongan el crecimiento de los bienes de los servidores públicos acorde a sus percepciones, ya que un crecimiento desmedido, podría suponer el ejercicio de actividades ilícitas o, en términos de la Convención Interamericana contra la Corrupción (López 2003:36) "*cuando hay inconsistencias, es decir cuando el incremento del patrimonio de los funcionarios presenta valores sin justificación, entonces puede presumirse que estos se han enriquecido ilícitamente y, en consecuencia, ser procesados judicialmente bajo cargos de corrupción.*"

En el mismo sentido, la declaración de intereses permite evaluar los intereses de las y los servidores públicos con el objetivo de determinar la existencia de relaciones, actividades o circunstancias que pudieran interferir en el cumplimiento de la función pública desempeñada, en el ejercicio o asignación de los recursos públicos, así como la influencia de terceros en rubros; todo lo anterior con el objetivo de prevenir actos de corrupción.

Así, a la luz del mandato normativo señalado en el artículo 16, fracción XVIII, de la Ley de Transparencia y Acceso a la Información Pública del Estado de Jalisco y sus Municipios, que determina como información fundamental de los partidos políticos nacionales acreditados en el estado, de los partidos políticos con registro estatal, así como de los candidatos independientes "*El currículo con fotografía reciente de todos los precandidatos y candidatos a cargos de elección popular, con el cargo al que se postula, el distrito electoral y la entidad federativa; así como las versiones públicas de las declaraciones patrimonial y de intereses*" (LTAIPEJM, art. 16), en el Estado de Jalisco, confluyeron durante el proceso electoral concurrente 2020-2021, circunstancias particulares que llevaron a una integración armónica de la transparencia y el sistema anticorrupción.

La primera de estas circunstancias es la aprobación de la Política Estatal Anticorrupción de Jalisco (PEAJAL) el 26 de octubre del 2020, cuyo primer eje se refiere a la promoción de la integridad y la ética pública (SEAJAl, 2020). En este marco, el Comité de Participación Social como instancia integrante del Sistema Estatal Anticorrupción, aprobó probó proponer un esquema de trasparencia y rendición de cuentas a partidos políticos y personas que participen en las diversas candidaturas para el proceso electoral local; asimismo, aprobó invitar al ITEI, al Instituto Electoral y de Participación Ciudadana del Estado de Jalisco (IEPC) y a las organizaciones de la sociedad civil a sumarse a impulsar esta iniciativa, así como a los partidos políticos, adoptar y cumplir con la misma.

Por su parte, 23 de septiembre del 2019, el Comité Coordinador del Sistema Nacional Anticorrupción emitió los formatos de las declaraciones de situación patrimonial y de intereses, y expidió las normas e instructivo para su llenado y presentación; ello de cara a la implementación a lo largo de todo el país, de los sistemas electrónicos homologados e interconectados para la presentación de estas declaraciones, así como de la obligatoriedad de su presentación, para todas las personas servidoras públicas del país.

Al temor de lo anterior, el 05 de noviembre del 2020, el SNT aprobó la actualización de los formatos Lineamientos técnicos generales para la publicación, homologación y estandarización de la información de las obligaciones establecidas en el Título Quinto y en la fracción IV del artículo 31 de la Ley General de Transparencia, que deben de difundir los sujetos obligados en los portales de internet y en la Plataforma Nacional de Transparencia, así como de los criterios, tablas y formatos contenidos en los anexos de los propios lineamientos, derivados de las reformas y/o entrada en vigor de diversas normas generales; entre estas modificaciones se encuentran, por supuesto, las relativas y necesarias para el cumplimiento de publicación de la información en versión pública de las declaraciones patrimoniales de los servidores públicos, al tenor de lo dispuesto por el artículo el artículo 70, fracción XII de la Ley General de Transparencia (SNT, 2020).

A la par, se suma a estas circunstancias el hecho de que Transparencia Mexicana (TM) y el Instituto Mexicano para la Competitividad (IMCO), organizaciones que, en el año 2015, implementaron la primera plataforma para recabar, de los candidatos a un cargo de elección popular en el ámbito federal, sus declaraciones patrimoniales de intereses y fiscal, para el proceso electoral 2021, optaron por impulsar plataformas de para este fin, desde las entidades federativas (TM, 2020).

Derivado de lo anterior, en el mes de noviembre del 2020, el Comité de Participación Social del Sistema Estatal Anticorrupción del Estado de Jalisco, el ITEI, el IEPC y Transparencia Mexicana, instalaron un grupo de trabajo con el objetivo de implementar acciones para impulsar la integridad en el proceso electoral en Jalisco, facilitando el cumplimiento de las obligaciones en materia de transparencia consideradas en la legislación estatal, en relación con las declaraciones patrimonial y de intereses, y adicionalmente, de manera voluntaria su declaración fiscal, y propuestas para fortalecer la integridad.

INFORMACIÓN PARA LOS ELECTORES. INTEGRIDAD ELECTORAL

Como se señaló al inicio, luego de la larga travesía que surcó el derecho a la información, hoy no es concebible nuestro sistema democrático sin el voto informado y el derecho a la información como derechos inalienables de los ciudadanos; además, que la transparencia, hoy por hoy, es un requisito indispensable de todas las fases de los procesos de la democracia (Córdova, 2011): a) La elección de representantes; b) La representación en sí; c) La discusión de los asuntos que son sometidos a la decisión colectiva; y d) La decisión adoptada propiamente dicha.

Por lo que, debe primar en todas estas fases y en todos los actores que en ellas intervienen, el principio de máxima publicidad; es decir, que toda la información en posesión de todos los actores de la contienda sea pública, completa, oportuna y accesible, sujetándose de manera estricta al régimen de excepciones determinadas por las normas en la materia.

Así, los avances y consolidación de sistema de transparencia y rendición de cuentas en el país, permiten en la actualidad que a nivel federal y en todas las entidades federativas, los principales actores del quehacer democrático (a saber, las autoridades electorales, los partidos políticos, agrupaciones políticas y asociaciones civiles que postulen candidaturas independientes), se encuentren sujetos al cumplimiento de las obligaciones de transparencia y rendición de cuentas, lo que permite a la población conocer la forma en que ejercen los recursos públicos otorgados para el cumplimiento de su función, así como de la toma de decisiones.

En el caso particular de los partidos políticos, agrupaciones y asociaciones que impactan en la vida electoral de estado o del país, aunque por algún tiempo se haya interpretado que esta obligación de transparentar su actuar se debía única y exclusivamente a sus militantes y en cierta parte a sus simpatizantes, máxime porque, a nivel federal y en algunas entidades federativas los partidos políticos no eran considerados sujetos obligados al cumplimiento de las leyes de transparencia, como se antes se ha mencionado, a partir del año 2015, con la promulgación de la Ley General de Transparencia se eliminaron las disparidades en las entidades para que de manera generalizada la reglas en materia de transparencia les fueran aplicables.

En este contexto, la reforma del año 2014 al artículo 41 constitucional, fue crucial para lograr la apertura al escrutinio público de los partidos políticos; sobresale por la institucionalización de la transparencia y el ejercicio del derecho de acceso a la información de los partidos políticos, ya que estableció entre sus artículos transitorios, la obligación del Congreso de la Unión, de expedir la ley general de partidos en la que, entre otras cuestiones, quedaron regulados los lineamientos básicos para transparentar el uso de los recursos de los partidos políticos nacionales y locales. De esta manera, el Capítulo IV, del Título Segundo, de la Ley General de Partidos Políticos establece las obligaciones de los partidos políticos en materia de transparencia, precisando que las disposiciones señaladas son de carácter obligatorio para los partidos políticos "*sin perjuicio de lo dispuesto en la legislación en materia de transparencia*". (LGPP, art. 26, inciso x)

De esta forma, la discusión ya no se centra en si los partidos políticos son sujetos obligados; la carga de obligaciones que las propias leyes de transparencia o la ley general de partidos les imponen en relación con la publicación de información o del cumplimiento de los procedimientos administrativos para garantizar el acceso a la información de las personas a través de las solicitudes, están previstos por las propias leyes de la materia, y establecen los mecanismos para su cumplimiento, por lo que de manera generalizada es posible decir que en nuestro país tenemos procesos electorales transparentes y que sus actores, partidos políticos, candidatos independientes o autoridades electorales, ejercen sus funciones en un marco de legalidad y transparencia.

En esta tesitura, y bajo la estrecha relación que existe entre la transparencia y el combate a la corrupción, es preciso que se transite a la consolidación de ejercicios electorales íntegros; un concepto construido en el año 2012, que se define como "*elecciones basadas en los principios democráticos del sufragio universal y la igualdad política, tal como se reflejan en los acuerdos y normas internacionales, caracterizadas por una preparación y gestión profesionales, imparciales y transparentes a lo largo de todo el ciclo electoral*".

Bajo este concepto, y en un verdadero impulso a la integridad como mecanismo efectivo de combate a la corrupción fue que se diseñó la plataforma 3 de 3 Por la integridad (https://www.itei.org.mx/declaracion/), en la búsqueda por coadyuvar al cumplimiento de una obligación de Ley, y para que los precandidatos y candidatos de los distintos partidos políticos en el Estado de Jalisco, estuviesen en posibilidad de hacer pública su declaración de situación patrimonial, de intereses y, en un ejercicio voluntario, la declaración fiscal, así como sus propuestas pro-integridad.

Pero además la puesta en marcha de esta plataforma buscó constituirse como un espacio de contenido confiable sobre las y los aspirantes a una candidatura, incentivando el desarrollo de un proceso de apertura institucional en beneficio de la ciudadanía,

PLATAFORMA 3 DE 3: TRANSPARENCIA + INTEGRIDAD

¿Para qué sirve contar con la información de las y los candidatos a un cargo popular? En principio, para conocer a las y los postulantes; conocer a las personas que estarán en la boleta electoral, no solo de nombre, sino conocer su trayectoria, su patrimonio y sus intereses, todo ello se constituye como herramienta para contribuir al blindaje electoral, y eventualmente a prevenir y erradicar actos de corrupción. Conocer la información de los precandidatos y candidatos durante las campañas políticas y aún de manera previa, contribuye, además, a la construcción de confianza ciudadana, pues el cumplimiento de sus obligaciones en materia de transparencia nos da indicios del compromiso de las y los aspirantes para presentarse de frente a la ciudadanía y contribuir a la transparencia y la rendición de cuentas, así como a la integridad del proceso electoral.

La apertura de la información de candidatas y candidatos no garantiza por sí misma la posible elección de los mejores perfiles, pero es una herramienta que contribuye a que las personas conozcan a quienes acuden a su puerta a pedir su voto;

La iniciativa 3 de 3 Por la Integridad, cumplió su objetivo en el Estado de Jalisco y, además, fue posible extender sus alcances a otras entidades de la república; por ello, quienes resulta oportuno hacer un balance de cierre, y presentarla evaluación de los resultados obtenidos, de cara a las necesidades de información de los electores, así como del cumplimiento de la esta obligación por parte de las candidatas y los candidatos.

Como se mencionó en el estado de Jalisco, la Ley de Transparencia obliga a los precandidatos y candidatos, tanto de los partidos políticos estatales como de los partidos nacionales acreditados en el estado, a hacer públicas, únicamente, las declaraciones patrimonial y de intereses; por ello, el primer punto que podemos resaltar, es la disposición de los partidos políticos para sumarse a la iniciativa 3 de 3 Por la Integridad; esta disposición se vio reflejada en que de los trece partidos políticos que participaron en la contienda electoral en Jalisco, nueve de ellos establecieron como requisito en sus convocatorias la presentación de, al menos, una de estas declaraciones. Se trata de los siguientes partidos políticos: Partido Acción Nacional (PAN), Partido Revolucionario Institucional (PRI), Perdido de la Revolución Democrática (PRD), Partido del Trabajo (PT), Movimiento Ciudadano (MC), Movimiento de Regeneración Nacional (Morena), Futuro, Hagamos y Somos.

La adhesión por parte de los partidos políticos, además del compromiso de las y los precandidatos y candidatos, nos da como resultado que la plataforma 3 de 3 por la integridad, recibió las declaraciones de un total de 6,185 personas, pertenecientes a los siguientes organismos políticos:

Tabla 1. Elaboración propia con base en los datos publicados en la Plataforma 3 de 3 Por la integridad.

PARTIDO	DECLARACIONES	PORCENTAJE
PAN	1,188	19.2%
Morena	1,123	18.2%
Hagamos	919	14.9%
MC	900	14.6%
PVEM	553	8.9%
RSP	387	6.3%
PT	354	5.7%
Futuro	271	4.4%
Somos	232	3.8%
PRI	147	2.4%
PRD	79	1.3%
Candidatos Independientes	12	0.2%
Sin referencia a un partido	11	0.2%
FSxM	9	0.1%
PES	0	0.0
Total	**6,185**	**100.0**

Como ya mencionaba, en nuestro Estado solo es obligatoria la presentación de las declaraciones patrimonial y de intereses, por lo que la declaración fiscal y las propuestas de integridad fueron adicionales a lo que la Ley requiere y, por tanto, absolutamente voluntarias.

En este sentido, encontramos que las personas que presentaron sus declaraciones lo hicieron en la siguiente forma: el 56% de las personas publicó sus 3 declaraciones, así como sus propuestas para fortalecer la integridad; en el 17% de los casos, se optó por publicar solamente las 03 declaraciones (patrimonial, de intereses y fiscal), sin propuesta de integridad. El 6% de los registros cuenta con datos de 2 declaraciones (patrimonial y de intereses) y propuesta de integridad; en tanto que en el 21% de los casos solo se presentaron las 2 declaraciones que son obligatorias (patrimonial y de intereses). De lo anterior resalta que, el 79% de las personas que atendieron esta obligación, optaron por cumplir más allá del mínimo que la Ley les requiere, ya sea que hayan cumplido adicionalmente con la publicación de su declaración fiscal, sus propuestas de integridad, o ambas.

De esta manera, se cumplió con el objetivo principal de la plataforma, de ser una herramienta para facilitar la publicación de la información relativa a las declaraciones patrimoniales y de intereses; es decir, el 100% de las personas que atendieron esta obligación publicó ambas declaraciones. Además, 73% cumplió con publicar también su declaración fiscal, y solo se cumplió en un 62% con las propuestas de integridad; aunque cabe señalar que ESTOS números da cuenta del cumplimiento cuantitativo; el análisis cualitativo sobre los datos reportados o sobre las propuestas de integridad presentadas a través de esta plataforma, no se ha llevado a cabo aún.

Por otra parte, mencionar que el 50.9% de las declaraciones corresponden a mujeres, y el 49.1% a hombres; este dato nos permite ver reflejado el cumplimiento del principio de paridad, no solo en la información publicada en esta plataforma, sino en la aplicación de este principio por parte de los partidos políticos, lo cual, nos permite dar cuenta de la reivindicación de las mujeres en el espacio público.

En cuanto a la distribución geográfica del cumplimiento de esta obligación, encontramos registros de personas en los 125 municipios del Estado. Los diez municipios en los que hay más personas que presentaron sus declaraciones, son los siguientes:

Tabla 2. Elaboración propia con base en los datos publicados en la Plataforma 3 de 3 por la integridad.

MUNICIPIO	NÚMERO DE DECLARACIONES
Guadalajara	265
Zapopan	213
San Pedro Tlaquepaque	212
Tonalá	180
Acatic	159
Tlajomulco de Zúñiga	123
Tepatitlán de Morelos	109
Atotonilco El Alto	107
Zapotlán El Grande	99
Lagos de Moreno	94

En contra parte, para el municipio de Santa María del Oro, únicamente hubo una persona que cumplió con esta obligación; le siguen en menor cumplimiento las personas que aspiraron a un cargo público en Yahualica de González Gallo con 10 registros, San Gabriel con 11 y Valle de Juárez con 12 registros. De igual forma, se registraron precandidatos y/o candidatos en los 20 distritos que conforman el Estado de Jalisco.

En cuanto a la distribución de las declaraciones por cargo al que se aspiraba, encontramos lo siguiente:

Tabla 3. Elaboración propia con base en los datos publicados en la Plataforma 3 de 3 por la integridad.

PUESTO/CARGO ASPIRADO	% DE DECLARACIONES
Regidor	70%
Presidencia Municipal	20%
Diputación Mayoría Relativa	9%
Diputación Plurinominal	1%

Por último, en su conjunto, los registros de las declaraciones registradas en la Plataforma 3 de 3 por la integridad, representan el 78.5% en relación con el número de candidaturas propietarias postuladas en el Estado, que asciende a 7,792 (considerando candidatos a alcaldes, regidores y diputados locales por ambos principios), según los datos publicados en el tablero electoral del IEPC.

Por otra parte, no quiero dejar de mencionar que la Plataforma 3 de 3, fue diseñada completamente en el ITEI, sin invertir recursos adicionales; únicamente aprovechando el talento del personal y los recursos materiales ordinarios. Esta plataforma ésta fue cedida por el ITEI a TM, para formar parte de su Programa de Austeridad Inteligente, que tiene el objetivo de que las inversiones públicas alcancen el máximo potencial de uso al menor costo para el contribuyente.

En este marco, la plataforma fue transferida a 18 Entidades Federativas y al Comité de Participación Ciudadana del Sistema Nacional Anticorrupción, con la finalidad de que la iniciativa 3 de 3 Por la integridad fuera impulsa en dichas entidades y a nivel federal. De esta forma, la plataforma fue implementada para Candidatos a Diputados Federales, y en los estados de Baja California Sur, Campeche, Chiapas, Colima, Durango, Guanajuato, Guerrero, Morelos, Nayarit, Nuevo León, Oaxaca, Quintana Roo, San Luis Potosí, Sinaloa, Sonora, Tamaulipas, Tlaxcala, y Yucatán. En este contexto, las declaraciones presentadas en el Estado de Jalisco representaron el 81% del total de las declaraciones presentadas en el país, ya sea en la plataforma cedida por el ITEI o a través de plataformas similares.

CONCLUSIONES

Este primer ejercicio estatal de transparencia sobre las declaraciones patrimoniales de candidatas y candidatos puede considerase un éxito en razón del número de personas que participaron en este ejercicio. No obstante, la primera conclusión a la que podemos arribar es la necesidad de elevar el cumplimiento, ya que, si bien el nivel fue alto, el compromiso por parte de los aspirantes y de los partidos políticos hacía la ciudadanía debe ser llegar al 100% del cumplimiento, además de hacerlo con oportunidad, pues de acuerdo con los datos consultados hubo registros que quedaron publicados el día de la jornada electoral.

Por otra parte, se tendrá que fortalecer la difusión del conocimiento sobre la integridad pública, ya que como se deduce de los resultados del análisis de la información publicada en la Plataforma 3 de 3 por la integridad, el rubro en que menos se cumplió fue, precisamente, el de las propuestas de integridad.

De igual forma, derivado de este ejercicio se puede concluir la necesidad de promover la utilidad de la información pública, su consulta y utilización por parte de toda la sociedad, es una tarea en la que aún debemos trabajar más, pues no solo se trata de abrir a la sociedad la información de las y los candidatos; además, se deberá procurar llevar a todos los sectores de la población el conocimiento de esta iniciativa 3 de 3, así como de incentivar la participación de toda la ciudadanía en este proyecto; pues la base de este impulso es, precisamente, la ciudadanía, en la búsqueda de prevenir la corrupción y lograr una mayor integridad pública.

Todo lo anterior podemos resumirlo en una tarea pendiente y en la que este ejercicio ha permitido comenzar a trabajar: la generación de información con un enfoque pensado para los electores, con los atributos de claridad, calidad, veracidad, oportunidad, contribuyendo a establecer un esquema que permita la transparencia de los partidos políticos y de las personas precandidatas y candidatas, así como el acceso a la información y una rendición de cuentas a toda la ciudadanía, y la difusión de mayores detalles de las propuestas de las personas que aspiran a un cargo de elección popular, para los siguientes procesos electorales.

Referencias bibliográficas

Constitución Política de los Estados Unidos Mexicanos (CPEUM); artículo 41. 2021.

Córdova Vianello, L. (2011). *Transparencia y Elecciones.* Pág. 10. Consultado en: http://www.infodf.org.mx/capacitacion/publicacionesDCCT/ensayo17/17ensayo2011.pdf; consultado el 18 de octubre del 2020.

Diario Oficial de la Federación (DOF); *Decreto por el que se reforman y adicionan diversas disposiciones de la Constitución Política de los Estados Unidos Mexicanos, en materia de transparencia.* 07 de febrero del 2014.

Decreto por el que se reforman, adicionan y derogan diversas disposiciones de la Constitución Política de los Estados Unidos Mexicanos, en materia de combate a la corrupción. 27 de mayo del 2015.

Guerreo, González E. (2008). *Para entender la transparencia.* Páginas 08 y 18.

Instituto Internacional para la Democracia y la Asistencia Electoral (2012); *Profundizando la democracia: Una estrategia para mejorar la integridad electoral en el mundo.* Pág. 07. Consultado en: https://www.idea.int/sites/default/files/publications/profundizando-la-democracia.pdf.

Ley de Transparencia y Acceso a la Información Pública del Estado de Jalisco y sus Municipios (LTAIPEJM); artículo 16, fracción XVIII.

Ley General de Archivos (LGA); artículo 74.

Ley General de Partidos Políticos (LGPP); Capítulo IV.

Ley General de Transparencia y Acceso a la Información Pública (LGTAIP); artículos 28 y 70 Fracción XII.

López, J. (2003). Normas y Políticas Internacionales contra la corrupción. Páginas 34 y 35. Consultado en: http://www.oas.org/juridico/spanish/mesicic3_repdom_normas.pdf

Schedler, A. (2004). ¿Qué es la rendición de cuentas? Pág. 20.

Secretaría Ejecutiva del Sistema Estatal Anticorrupción del Estado de Jalisco, SEAJAL (2020). *Política Estatal Anticorrupción de Jalisco.* Consultado en: https://www.seajal.org/politica_estatal/

Sistema Nacional de Transparencia, Acceso a la Información Pública y Protección de Datos Personales (2020). *Acuerdo por el que se aprueba la modificación de los Lineamientos Técnicos Generales para la publicación, homologación y estandarización de la información de las obligaciones establecidas en el Título Quinto y en la fracción IV del artículo 31 de la Ley General de Transparencia y Acceso a la Información Pública, que deben de difundir los sujetos obligados en los portales de Internet y en la Plataforma Nacional de Transparencia, así como de los criterios, tablas y formatos contenidos en los anexos de los propios lineamientos, derivados de las reformas y/o entrada en vigor de diversas normas generales y adecuaciones solicitadas por Organismos Garantes.* Consultado en: http://www.snt.org.mx/index.php/consejo-nacional/acuerdos

Suprema Corte de Justicia de la Nación (1973); Séptima Época; Registro: 252283; Instancia: Tribunales Colegiados de Circuito; Tipo de Tesis: Aislada; Fuente: Semanario Judicial de la Federación y su Gaceta; Volumen 115-120, Sexta Parte; Materia(s): Administrativa; Página: 141.

(1996) Novena Época, Registro: 2200111; Instancia: Pleno; Tipo de Tesis: Aislada; Fuente: Semanario Judicial de la Federación y su Gaceta; Tomo III, Junio de 1996; Materia(s): Constitucional; Tesis: P. LXXXIX/96; Página: 513.

Transparencia Mexicana (2020). *Comunicado.* Consultado en: https://3de3.mx/

Transparencia, Perspectiva de Género y Paridad. Eliminando las Barreras para las Mujeres

XIMENA PUENTE DE LA MORA
Profesora Investigadora de Tiempo Completo, Facultad de Derecho. Universidad de Colima.
Correo electrónico ximenapuentecolima@gmail.com

INTRODUCCIÓN

Vivimos en un momento histórico muy complejo en donde ha cobrado mayor relevancia el reconocimiento y tutela efectiva de los derechos humanos. Esta colaboración pretende brindar un breve análisis de la relevancia de la perspectiva de género y su relación con la transparencia y el derecho de acceso a la información y cómo ha evolucionado en México; el impacto de la reforma constitucional del 2014 y de la incorporación del principio de paridad total en la Constitución a través de la modificación de 9 artículos y 86 leyes; pero sobre todo, el papel de la transparencia para visibilizar la situación de las mujeres en nuestro país y el cumplimiento de los compromisos internacionales que tiene México respecto a los Objetivos de Desarrollo Sostenible de la ONU.

La transparencia y perspectiva de género deben ser principios de aplicación transversal, es decir, incorporarse en todos los programas, políticas, leyes y procesos que tenga el Estado; porque el derecho de acceso es el que nos permite el ejercicio de otros derechos humanos, como la igualdad de género. En este sentido, la aplicación de la equidad de género en la aplicación de las políticas públicas busca, por un lado, compensar las desventajas históricas con acciones específicas para nivelar las oportunidades de las mujeres, y alcanzar la igualdad sustantiva entre ambos sexos.

Lo anterior, de acuerdo a los Objetivos de Desarrollo Sostenible (ODS), de la Organización de las Naciones Unidas ONU, especialmente el 16.6 el cual establece la creación de instituciones responsables, eficaces y transparentes, reconociendo que esta labor incluye políticas y legislación en sectores público y privado, incluidas las medidas de rendición de cuentas, fortalecimiento de la profesionalidad e integridad y la promoción del acceso del público a la información y la transparencia de las funciones y los servicios institucionales. De manera conjunta con el ODS 16.10, el cual señala que es fundamental garantizar el acceso público a la información y proteger las libertades fundamentales de conformidad a las leyes nacionales y los acuerdos internacionales.

No podemos dejar de mencionar la importancia para la presente reflexión, el ODS 5 centrado en la igualdad de género y empoderamiento de las mujeres y las niñas, reconoce que la igualdad de género no sólo es un derecho humano fundamental, sino que es uno de los fundamentos esenciales para construir un mundo pacífico, próspero y sostenible.

Se han conseguido algunos avances en las últimas décadas, hay un mayor nivel de escolaridad, hay más prohibiciones para el matrimonio infantil, hay más mujeres participando en la vida pública, sobre todo en cargos parlamentarios y posiciones relevantes de liderazgo, y más países, como México, están reformando sus leyes para incentivar disposiciones que garanticen la igualdad de género.

Sin embargo, aún existen dificultades para alcanzar una verdadera igualdad, en algunos países existen leyes discriminatorias en materia de género, la violencia contra las mujeres es una realidad, existen brechas legales, procedimentales e incluso culturales que impiden alcanzar una verdadera igualdad.

Por su parte, Patricia Mercado reconoce que "la transparencia es aún más necesaria para los grupos de población que, como las mujeres, enfrentan mayores obstáculos para conocer y hacer efectivos sus derechos. La ignorancia, la inercia y los prejuicios sociales y culturales, provocan, muchas veces que, desde la misma concepción y diseño de las políticas y programas públicos, no se tome en cuenta la perspectiva de género, o cuando sí existe, no se aplique en la práctica." (Mercado Castro, 2010).

EL ACCESO A LA INFORMACIÓN PÚBLICA COMO UN DERECHO HUMANO EN EL SISTEMA INTERAMERICANO

Los derechos humanos son derechos inherentes a todas las personas, sin distinción alguna de raza, sexo, nacionalidad, origen étnico, lengua, religión o cualquier otra condición, (ONU, s. f.) propósito expresamente establecido en la Carta de las Naciones Unidas:

> *"Realizar la cooperación internacional en la solución de problemas internacionales de carácter económico, social, cultural o humanitario, y en desarrollo y estímulo del respeto a los derechos humanos y a las libertades fundamentales de todos, sin hacer distinción por motivos de raza, sexo, idioma o religión".* (Asamblea General de la ONU, 1948).

En este contexto, la promoción y protección de los derechos humanos es condición fundamental para la existencia de una sociedad democrática, objetivo que se ha venido materializando en lo que Norberto Bobbio identifica como un signo de la modernidad, el paulatino reconocimiento en sede internacional de que los derechos humanos, la democracia y la paz, sin eslabones de un mismo movimiento histórico (Bobbio & Santillán, 1986).

Por lo anterior se afirma la idea de que el acceso a la información juega un papel relevante para la consolidación de los regímenes democráticos -en todos los ámbitos: político, económico y social, y que contribuye incluso al buen funcionamiento de las relaciones internacionales (Salazar, 2008).

En específico, Jorge Carpizo y Ernesto Villanueva (Carpizo et al., 2001) han sostenido que el derecho a la información (en su sentido amplio) de acuerdo con el artículo 19 de la Declaración Universal de los Derechos Humanos, es la garantía fundamental que toda persona posee a: atraerse información, informar y ser informada. De esta delimitación conceptual se pueden desprender tres aspectos importantes:

1. El derecho a atraerse información. Incluye las facultades de a) acceso a archivos, registros y documentos públicos, y b) la decisión de que medio se lee, se escucha o se contempla.
2. El derecho a informar. Están incluidas a) las libertades de expresión y de imprenta y b) el de constitución de sociedades y empresas informativas.
3. El derecho a ser informado. Este derecho incluye las facultades de a) recibir información objetiva y oportuna, b) la cual debe ser completa, es decir, el derecho a enterarse de todas las noticias, y c) con carácter universal; es decir, que la información es para todas las personas sin exclusión alguna (Villanueva, 2004).

La Constitución Política de los Estados Unidos Mexicanos en su artículo 6 reconoce que "*toda persona tiene derecho al libre acceso de información plural y oportuna, así como de buscar, recibir, difundir, información e ideas de toda índole por cualquier medio de expresión*", reconociendo en la fracción I del apartado A de este mismo artículo que en la interpretación de este derecho prevalecerá el principio de máxima publicidad y en su fracción III que no se requerirá justificar interés alguno o su utilización para tener acceso gratuito a la información pública.

Por ello, coincidimos con López-Ayllón, cuando menciona que la información debe entenderse en un sentido amplio que comprende los procedimientos de: acopiar, almacenar, tratar, difundir, recibir, así como los tipos: hechos, noticias, datos, opiniones, ideas, y sus diversas funciones (López-Ayllón, 1984).

El reconocimiento del acceso a la información como derecho humano ha ido evolucionando progresivamente en el marco del derecho internacional de los derechos humanos. El sistema interamericano de derechos humanos ha cumplido en ello un rol fundamental.

El 8 de julio de 2005 la Comisión Interamericana presentó una demanda ante la Corte Interamericana en el caso *Claude Reyes y otros vs. Chile*; lo cual marcó un hito jurisprudencial al constituirse en el primer tribunal internacional en reconocer que el acceso a la información, al señalar que el actuar del Estado debe encontrarse regido por los principios de publicidad y transparencia en la gestión pública, lo que hace posible que las personas que se encuentren en su jurisdicción ejerzan un control democrático de las gestiones estatales, de forma que puedan cuestionar, indagar y considerar si se está dando adecuado cumplimiento a las funciones públicas.

En el mencionado caso de *Claude Reyes y otros vs Chile*, la Corte Interamericana reconoce que existe un "control democrático" por parte de la sociedad a través de la opinión pública, fomenta la transparencia de las actividades estatales y promueve además la responsabilidad de los funcionarios sobre su gestión pública. Esto a su vez, fomenta una mayor participación de las personas en los intereses de la sociedad (Corte Interamericana de Derechos Humanos, 2008).

Por su parte la Relatoría especial para la Libertad de Expresión de la Comisión Interamericana de Derechos humanos señala que "El acceso a la información constituye una herramienta esencial para combatir la corrupción, hacer realidad el principio de transparencia en la gestión pública y mejorar la calidad de nuestras democracias, signadas por una cultura de secretismo y por organismos públicos cuyas políticas y prácticas de manejo físico de la información no están orientadas a facilitar el acceso de las personas a la misma (Comisión Interamericana de Derechos Humanos, Relatoría Especial para la Libertad de Expresión, 2008).

Gracias a la incorporación del derecho de acceso en diversas legislaciones en el mundo de las cuales Afganistán ocupa el primer lugar con una puntuación de 139 puntos sobre 150, según el *Global Right to Information Rating* elaborado por el *Access Info Europe* y el *Center for Law and Democracy (Access Info Europe & Centre for Law and Democracy, s. f.)*, en donde los avances importantes de México tanto en la Constitución como en la Ley General de Transparencia que establece obligaciones para publicar de oficio información para todas las autoridades del país, federal, estatal y municipales, sindicatos partidos políticos y en general cualquier persona física o moral que reciba o ejerza recursos públicos, esta evaluación le otorga un puntaje a la legislación mexicana de 136 puntos ocupando el segundo lugar, de las leyes de transparencia en todo el mundo.

Estos avances normativos son de suma importancia para la tutela efectiva de este derecho. Según el estudio elaborado por el *Open Society Justice Iniciative*, se ha llegado a la conclusión de que los países que desarrollaron un sistema de acceso a la información en su legislación interna tienen un nivel tres veces más elevado de respuesta a solicitudes si se les compara con los países que no tienen este tipo de leyes (Transparency & Silence. Survey of Access to Information Laws and Practices in Fourteen Countries, 2006).

Sin embargo, tener una ley no garantiza a cabalidad su cumplimiento, ese mismo estudio señala que los países que tienen leyes de acceso a la información tienen que esforzarse por llevarlas a la práctica, debido a que el silencio se presenta como el principal modo de rechazo. Incluso en este punto, se ha demostrado que los países que tienen legislación dejan sin respuesta un 39% de las solicitudes de información, en comparación de un 56% de los países que no tiene estas leyes.

En México, según los datos proporcionados por el INEGI en diciembre de 2020, el 70% de las solicitudes de información fueron respondidas, en casi 1% se negó la información por considerarse clasificada y el resto del porcentaje no obtuvo respuesta (Instituto Nacional de Estadística y Geografía, 2020). Tener Ley General de Transparencia que esté a la vanguardia en disposiciones normativas, ha sido un logro como país derivado del consenso de las diferentes fracciones parlamentarias, pero sobre todo de la sociedad civil organizada, que ha traído innumerables retos en la práctica para llevar a cabo su implementación y homologación de todas las leyes en los diferentes Estados de la República, luchar con una cultura de opacidad acentuada en muchos niveles tanto en la sociedad como en las autoridades y abrir la gestión, toma de decisiones y ejercicio presupuestal al escrutinio público.

LA TRANSPARENCIA, EL ACCESO A LA INFORMACIÓN PÚBLICA EN MÉXICO Y LA NECESIDAD DE ÓRGANOS AUTÓNOMOS PARA SU TUTELA EFECTIVA

Nuestras instituciones se debilitan cuando no rinden cuentas a la ciudadanía y en este caso, aplicamos lo señalado por la Corte Interamericana de Derechos Humanos: "*el derecho a la información es una herramienta que nos beneficia en una doble dimensión: en lo individual, garantizando que ninguna persona sea impedida de acceder a recibir información del Estado; y en lo colectivo, permitiendo que la población reciba la información necesaria y oportuna para la construcción de la opinión pública y la manifestación de sus ideas.*"

En el documento *The Public´s Right to Know (ARTICLE 19, 2016)* la organización no gubernamental Article 19, enfocada a estudios específicamente sobre libertad de expresión y el acceso a la información, se establecen una serie de principios o presupuestos mínimos que debería tener una regulación en materia del derecho de acceso a la información: 1) Máxima publicidad, 2) Sujetos obligados, 3) Obligación de publicar, 4) Ámbito de excepciones limitado, 5) Procedimientos sencillos de acceso a la información, 6) Costos no excesivos, 7) Asambleas públicas (los debates de los poderes legislativos y judiciales deben ser abiertos al público, 8) Adecuación de la Legislación con el derecho de acceso a la Información, en donde todo el aparato del Estado tiene el deber de promover y proteger el derecho de acceso a la Información.

Como lo referimos anteriormente, en México, el derecho de acceso a la información, garantizado por el artículo 6º Constitucional, es la base del ejercicio de otros derechos, promueve la participación ciudadana en la gestión pública y es un elemento imprescindible para el debate informado sobre las acciones del gobierno.

Una vez que abordamos la importancia de tener instrumentos normativos para no dejar al arbitrio de quien detenta el poder, si brinda o no información a la ciudadanía, si contesta sus solicitudes, si rinde cuentas públicamente, pero sobre todo, si permite que los ciudadanos conozcan cuál fue su proceso de toma de decisiones, porqué se decantó por ciertas prioridades, si tomó en cuenta la información con perspectiva de género es decir, las imperiosas necesidades de las mujeres en la actualidad; es aquí cuando surge un tema fundamental, la existencia de órganos autónomos para poder aplicar la ley, y exigir en todo caso su debido cumplimiento.

Este es el punto en el cual debemos centrar el debate en torno a la necesidad de la permanencia de los órganos autónomos para la aplicación del derecho de acceso a la información; y en dónde debemos recordar en primer término, para qué nacieron y para qué fueron concebidos, y si estas razones son imperiosas en un estado constitucional y democrático de derecho, más en los que se encuentran en vías de consolidación.

Nuestro país forma parte de diversos instrumentos internacionales, como la Declaración Universal de los Derechos Humanos, la cual establece en su artículo 19, que toda persona tiene derecho a investigar y recibir informaciones sin limitación de fronteras, por cualquier medio de expresión, por lo cual, el Estado debe de reconocer este derecho.

De acuerdo con los criterios jurisprudenciales emitidos por la Corte Interamericana de Derechos Humanos, la negación del acceso a la información, el secreto y la reserva en el manejo de asuntos de interés público, han sido en la historia piezas esenciales del autoritarismo y la corrupción.

En México, se inicia con el reconocimiento jurídico del derecho a la información, en su artículo 6 en los siguientes términos: "El derecho a la información será garantizado por el Estado"; y así, posteriormente se dieron varias modificaciones a dicho artículo, como la Reforma del 2007, que adicionó el derecho de acceso a la información pública, el principio de máxima publicidad, la protección de datos personales, y los archivos públicos; la reforma de 2014, que determinó el libre acceso a información plural y oportuna, el derecho a buscar, recibir y difundir información e ideas de toda índole por cualquier medio de expresión.

Esta reforma estructural a nuestro artículo 6 Constitucional, establece la ampliación del catálogo de sujetos obligados a transparentar su información; como los partidos políticos y sindicatos, los órganos autónomos, fideicomisos y fondos públicos, además de los Poderes Ejecutivo, Legislativo y Judicial de los tres órdenes de gobierno; y las personas físicas y morales que reciban y ejerzan recursos públicos o que realicen actos de autoridad, pasando de un poco más de 200 sujetos obligados a más de 880; también fortaleció al organismo garante de este derecho, surgiendo el organismo Constitucional Autónomo el Instituto Nacional de Transparencia, Acceso a la Información y Protección de Datos Personales (INAI), y otorgando a sus determinaciones el carácter de definitivas e inatacables; de igual manera, la reforma sienta las bases para la creación de organismos locales autónomos en los Estados de la República, homologando tanto el sistema normativo, es decir, estableciendo el mismo nivel de garantía a lo largo y ancho del país, así como en la aplicación de este derecho.

La creación del INAI obedeció, por un lado, a vencer la opacidad que cómo práctica normalizada había sido una constante en el desempeño de los poderes de la Unión, de los órdenes de gobierno y del universo de los entes públicos; y por el otro, a fortalecer los mecanismos de transparencia y rendición de cuentas para garantizar el derecho humano a la información tanto en su vertiente individual como colectiva cuyo ejercicio es necesario en una sociedad plural y deliberativa.

El cumplimiento de esos objetivos a la fecha sigue siendo una necesidad impostergable en el servicio público para la legitimidad de su desempeño. En ese orden es precondición para el cumplimiento eficaz de los objetivos de su creación, la independencia y autonomía del órgano garante de la transparencia, que por esa razón fueron resguardados en la cúspide constitucional. Eso es lo que como sociedad y como actores políticos debemos defender.

De acuerdo con la Suprema Corte de Justicia de la Nación, se entiende por independencia, la imposibilidad de la injerencia de otro Poder en la toma de sus determinaciones, y por autonomía, la no subordinación de cualquiera de los poderes con respecto a los otros.

Lo anterior, no debe ser obstáculo para participar de una seria reflexión entre sociedad y gobierno a partir del contexto en que nos encontramos, sobre la expansión de competencias que se le han asignado, el crecimiento de los recursos humanos y materiales y la eficacia e idoneidad que ha tenido el órgano garante en sus tareas esenciales y el comportamiento que han asumido el universo de los sujetos de frente a sus obligaciones en la materia.

El INAI debe concentrar su actuación en la resolución pronta y eficaz de los recursos de revisión interpuestos por los particulares en contra de las determinaciones del universo de sujetos obligados en el ámbito federal, la verificación de la publicidad de las obligaciones de transparencia de los sujetos obligados en el desempeño de sus funciones y la garantía del derecho a la protección de datos personales.

También resulta necesaria la reflexión de la reorientación de funciones paralelas, si bien son importantes en la agenda de la transparencia, algunas pueden compartirse con otros entes públicos. Por ejemplo, la promoción de la cultura de la transparencia debe formar parte de los planes y programas de estudio e implementarse por parte de la Secretaría de Educación Pública SEP, acorde con la iniciativa que presenté al respecto como parte de la LXIV Legislatura para adicionar el artículo 48 de la Ley General de Educación e incluir en los planes y programas de estudio de educación básica transparencia, rendición de cuentas y datos personales aprobada por el pleno de la Cámara de Origen (19/09/2019) y por el pleno de la Cámara Revisora (25/09/2019), publicada el 30 de septiembre de 2019 en el Diario Oficial de la Federación como ley vigente.

En la lógica de cumplir a cabalidad su agenda prioritaria es la oportunidad de retomar el debate en torno a establecer el servicio civil de carrera a través de un régimen de exámenes de oposición público para el ingreso y permanencia en todos los niveles.

Gracias a la reforma en los inicios del INAI como organismo autónomo, se tuvo que dar vigencia a las disposiciones que establecían un Sistema Nacional de Transparencia (SNT), el cual se creó con el objetivo de construir una política pública integral, ordenada y articulada, con una visión nacional, con objeto de garantizar el ejercicio y respeto del derecho de acceso a la información, promoviendo y fomentando una educación y cultura cívica de este derecho en todo el territorio nacional.

Hoy más que nunca, nuestro sistema de Gobierno requiere de contrapesos, de instituciones legítimas para poder equilibrar el ejercicio del Poder, por ello la importancia de que los organismos autónomos continúen dentro de la vida pública, que, si bien requieren de una seria reflexión en torno a los aspectos que son susceptibles de mejora, son resultado de la participación plural y la construcción de acuerdos, lo cual se traduce en beneficios para toda la sociedad. Un organismo que pueda garantizar el goce y ejercicio de estos derechos de acceso a la información y protección de datos personales para todas y para todos, con un enfoque de género, tanto en la generación de la información como en la publicación de esta.

LA INFORMACIÓN COMO HERRAMIENTA PARA ERRADICAR LA VIOLENCIA DE GÉNERO

Si se propone erradicar la violencia de género, debemos de considerar que el Estado está obligado a adoptar medidas de debida diligencia para prevenir la violencia contra las mujeres. Es así como la Corte Interamericana de Derechos Humanos, ha señalado específicamente en el caso *González y otras ("Campo Algodonero") Vs. México.* Excepción Preliminar, Fondo, Reparaciones y Costas. Sentencia de 16 de noviembre de 2009 que el Estado debe de tomar "medidas integrales" para cumplir con la debida diligencia en los casos de violencia contra las mujeres.

Estas Medidas integrales que refiere la Corte Interamericana, señala que debe contar con un marco jurídico de protección, con una aplicación efectiva del mismo, y con políticas de prevención y prácticas que permitan actuar de una manera eficaz ante las denuncias.

La estrategia de prevención debe ser integral, es decir, debe prevenir los factores de riesgo y a la vez fortalecer las instituciones para que puedan proporcionar una respuesta efectiva a los casos de violencia contra la mujer. Asimismo, los Estados deben adoptar medidas preventivas en casos específicos en los que es evidente que determinadas mujeres y niñas pueden ser víctimas de violencia.

Debido a lo anterior, se debe tomar en cuenta que, en casos de violencia contra la mujer, los Estados tienen, además de las obligaciones genéricas contenidas en la Convención Americana, una obligación reforzada a partir de la Convención interamericana para prevenir, sancionar y erradicar la violencia contra la Mujer, o Belém do Pará. La Corte pasará ahora a analizar las medidas adoptadas por el Estado hasta la fecha de los hechos del presente caso para cumplir con su deber de prevención.

Sin duda para que el Estado pueda adoptar las medidas preventivas, para que no sucedan casos de violencia contra las mujeres, es fundamental el acceso a la información, oportuna, clara, veraz, completa, imparcial, desagregada y sin duda con perspectiva de género.

En relación con la violencia contra la mujer, el deber de garantía adquiere especial intensidad en relación con niñas, debido a que la vulnerabilidad consustancial a la niñez puede verse enmarcada y potenciada por la condición de ser mujer. En ese sentido, debe advertirse que las niñas son, como se ha aseverado, "particularmente vulnerables a la violencia". La especial intensidad mencionada se traduce en el deber estatal de actuar con la mayor y más estricta diligencia para proteger y asegurar el ejercicio y goce de los derechos de las niñas frente al hecho o mera posibilidad de su vulneración por actos que, en forma actual o potencial implicaren violencia por razones de género o pudieren derivar en tal violencia (OEA, 1994).

Muy importante mencionar que para establecer que se ha producido una violación de los derechos consagrados en la Convención Americana sobre los Derechos Humanos, no es necesario que se pruebe la responsabilidad del Estado más allá de toda duda razonable ni que se identifique individualmente a los agentes a los cuales se atribuyen los hechos violatorios, sino que es suficiente demostrar que se *han verificado acciones u omisiones* (énfasis añadido nuestro) que hayan permitido la perpetración de esas violaciones o que, en relación con estas, exista una obligación del Estado que haya sido incumplida.

MODELO DE TRANSPARENCIA Y GÉNERO PARA UNA GOBERNANZA DEMOCRÁTICA

La Red de Transparencia y Acceso a la Información (RTA) creada en el 2011 con el fin de impulsar políticas de transparencia y generar mejores capacidades institucionales, como un espacio de intercambio de experiencias para el diseño, implementación y evaluación de políticas de transparencia, y el Programa de Cooperación de la Unión Europea con América Latina (EUROsociAL); ha desarrollado una metodología para la aplicación transversal con el enfoque de género.

Este modelo parte de un diagnóstico sobre el acceso a la información y género en América Latina, estudio que arrojó importantes hallazgos, como que las diferencias entre el acceso a la información por sexo no son considerables, sin embargo las mujeres son ligeramente mayoritarias, en todos los países existen diferencias en cuanto al tipo de consultas entre hombres y mujeres; las mujeres consultan más sobre servicios básicos, subsidios, becas, programas sociales, salud, mientras los hombres consultan más sobre asuntos financieros, laborales y políticos, por lo tanto, existe una correlación entre los motivos de la consulta y la distribución existente de roles de género.

Por otro lado, las diferencias internas de la población femenina en torno a sus condiciones sociales identifican sectores con especiales dificultades para acceder a este derecho como mujeres indígenas en condición de pobreza.

Con base a estos resultados, tanto la RTA como EUROsociAL, desarrollaron un modelo en donde se propone la incorporación del enfoque de género, en los sistemas del derecho de acceso a la información con 5 ejes clave:

1. Normativa que respalde el mandato y cree la institucionalidad básica del sistema; supone la inclusión de lineamientos para incorporar el enfoque de género en cada normativa nacional, así como la Ley Modelo de Acceso a la Información 2.0 de la Organización de Estados Americanos (Organización de los Estados Americanos & Comité Jurídico Interamericano, 2021).
2. La institucionalidad sobre la que descansa el sistema. Este modelo genera directrices para incorporar la perspectiva de género en los distintos componentes institucionales, como los órganos garantes, incorporación en políticas y planes de acción, así como en las instancias establecidas en los sujetos obligados, como los comités de transparencia y sus respectivos funcionarios responsables.
3. Funcionamiento del sistema y políticas de aplicación. Lo que implica el enfoque de género en las solicitudes de información pública, a) en la respuesta que dé el sujeto obligado a la solicitud de información,

y el asesoramiento de la persona con perspectiva de género, especialmente si se trata de una mujer en condiciones de vulnerabilidad, y que el registro de la información pública (respetando las disposiciones sobre privacidad y protección de datos se realicen desagregado por sexo, que el personal que se encargue de dar respuesta a las solicitudes de información, capacitado en género y que pueda asesorar a los peticionarios sobre las opciones jurídicas que tiene en caso de una respuesta insatisfactoria.

4. Instrumentos de seguimiento y evaluación del desempeño del sistema, acorde con los indicadores de la RTA, incorporando el enfoque de género en sus diagnósticos, investigaciones, sondeos de uso, desglosando por sexo la información y utilizando además lenguaje inclusivo.

5. Sistema de información orgánica y consulta externa. La inclusión del enfoque de género en los sistemas de información, tanto en su funcionamiento interno como en su consulta y percepción externa.

Según el Informe de México para EUROsociAL (programa para la cohesión social financiado por la Unión Europea) publicado en febrero de 2021, en donde se muestra la sinergia con los puntos focales de la Delegación de la Unión Europea, se comparte el Plan Nacional de Desarrollo 2019 – 2024 con sus seis ejes temáticos, y se rinden cuentas en las acciones que se están llevando a cabo de políticas de equidad de género, políticas sociales, gobernanza democrática y acciones regionales al respecto. Sabemos que falta mucho por hacer en el tema, pero es importante las acciones internacionales y regionales, y el seguimiento para el cumplimiento de los objetivos de desarrollo sostenible de la agenda 20/30 especialmente en lo que respecta a la equidad de género.

VIOLENCIA DE GÉNERO EN MÉXICO

La igualdad es un principio rector que emana del bloque de constitucionalidad que implica que cada una de las personas pueda gozar de derechos y libertades sin distinción alguna, incluyendo la de sexo o identidad de género, y una vez que analizamos brevemente el modelo de Transparencia y Género para una Gobernanza Democrática, es indispensable relacionar que es lo que se ha trabajado jurídicamente en México en cuando al ejercicio del derecho de acceso a la información y su vinculación con los temas de género.

Debemos partir estas consideraciones reconociendo que violencia contra las mujeres es una realidad que se extiende en todo el mundo, 1 de cada 5 mujeres de entre 15 y 49 años afirma haber sufrido de algún tipo de violencia en manos de su pareja, lamentablemente México no es la excepción, según datos publicados por INEGI el 23 de noviembre del 2020 a propósito del día internacional de la eliminación de la violencia contra la mujer, 66 de cada 100 mujeres de 15 años o más de edad han sufrido al menos un incidente de violencia de cualquier tipo a lo largo de la vida. El 43.9% de ellas han sufrido violencia por parte de la pareja actual o última relación, mientras que 53.1% ha sufrido al menos un incidente de violencia por parte de otros agresores distintos a la pareja.

Estas cifras oficiales que publica el INEGI también nos revelan que las mujeres con mayor propensión a experimentar violencia por cualquier agresor a lo largo de la vida son las que residen en áreas urbanas (69.3%), de edades entre 25 y 34 años (70.1%), con nivel de escolaridad superior (72.6%) o bien no pertenecen a un hogar indígena (66.8 por ciento). Además, los principales delitos en contra de mujeres son el abuso sexual (42.6%) y violación (37.8 por ciento).

Resulta de vital importancia sumar esfuerzos como sociedad para eliminar cualquier expresión violenta que atente contra la integridad de las personas, pero especialmente sobre aquellas que se encuentren en algún rubro de vulnerabilidad, como las mujeres, debido a varios factores, como sociales, educativos y económicos.

En México, la forma en que mujeres y hombres hemos ejercido nuestros derechos y libertades históricamente ha sido asimétrica. Un ejemplo clave de ello, es el reconocimiento del derecho al voto de las mujeres, que ocurrió hasta octubre del año 1953, hace apenas 65 años. En este mismo sentido, sorprende que la capacidad de las mujeres para emitir el voto fue independiente de su estado civil hasta el año 1969. Es decir, que el reconocimiento de los derechos de las mujeres ha sido un sinuoso camino.

La última década se ha caracterizado por materializar el concepto de igualdad sustantiva, en este sentido para Ferrajoli son fundamentales los derechos a los individuos en cuanto a personas, significa que estos derechos son universales, en el sentido puramente lógico y no valorativo de la cuantificación universal de la clase de sujetos titulares a los mismos y por ello inalienables y no disponibles (Ferrajoli, 2009) por lo que, dicho derecho, caracteriza a todo sujeto calificado como persona, ciudadano o capaz de obrar.

Por lo tanto, la democracia constitucional, es aquel régimen, o aquella forma de gobierno, en el que el poder de decisión colectiva, fundado sobre la atribución universal de los derechos políticos a todos los miembros adultos de la colectividad, encuentra vínculos de sustancia, y no solo de forma, para su propio ejercicio: estos vínculos coinciden precisamente con los derechos fundamentales, y principalmente con los derechos de libertad y con los derechos sociales (Bovero, 2005).

La igualdad de los géneros es un tema de justicia social, no solamente un tema fundamental de derechos humanos. El Programa de las Naciones Unidas para el Desarrollo (PNUD) considera que la inversión en promoción de igualdad de género y el empoderamiento de las mujeres son vitales no solo para mejorar las condiciones económicas, sociales y políticas de la sociedad, sino para lograr una verdadera ciudadanía integral y a su vez, una democracia más sólida.

Además de la ratificación de la Convención sobre la Eliminación de todas las Formas de Discriminación contra la Mujer el 23 de marzo de 1981, en donde los Estados miembros se comprometieron a tomar medidas concretas para asegurar el pleno desarrollo de la mujer, para garantizar un verdadero ejercicio y goce de los derechos humanos en igualdad de condiciones con el hombre. México además adquirió en el año 2000 un compromiso por la igualdad de los géneros y la autonomía de la mujer al firmar la Declaración del Milenio.

A nivel normativo, hablar del tema de paridad significa necesariamente reconocer el avance que significó la reforma constitucional en materia de derechos humanos y de la reforma político electoral del 2014, y la decidida contribución no solo de las diferentes fuerzas políticas para apoyar dicha iniciativa, sino la indudable contribución de la sociedad civil organizada, visibilizando la importancia del tema y los casos de violencia política en razón de género.

Destacamos la reforma al artículo 41 de la Constitución Política de los Estados Unidos Mexicanos del 2014, para incluir de manera inédita en nuestro sistema, la paridad de género en las candidaturas, en los siguientes términos:

> "Los partidos políticos tienen como fin promover la participación del pueblo en la vida democrática, contribuir a la integración de los órganos de representación política y como organizaciones de ciudadanos, hacer posible el acceso de éstos al ejercicio del poder público, de acuerdo con los programas, principios e ideas que postulan y mediante sufragio universal, libre, secreto y directo, así como las reglas para garantizar la paridad entre los géneros, en candidaturas a legisladores federales y locales. (énfasis añadido nuestro).

En los últimos años, el Tribunal Electoral del Poder Judicial de la Federación ha dictado a partir del marco jurídico vigente, sentencias que han contribuido de manera clara y decidida a delimitar esta garantía de una verdadera igualdad sustantiva entre mujeres y hombres, destacando la 6/2015 que señala:

> ... el principio de paridad emerge como un parámetro de validad que dimana del mandato constitucional y convencional de establecer normas para garantizar el registro de candidaturas acordes con tal principio, así como medidas de todo tipo para su efectivo cumplimiento, por lo que debe permear en la postulación de candidaturas para la integración de los órganos de representación popular tanto federales, locales como municipales.

Por su parte, la jurisprudencia 7/2015 señala claramente que:

> ... los partidos y las autoridades electorales deben garantizar la paridad de género en la postulación de candidaturas municipales desde una doble dimensión. Por una parte, deben asegurar la paridad vertical, para lo cual están llamados a postular candidatos de un mismo ayuntamiento para presidente, regidores y síndicos municipales en igual proporción de géneros; y por otra, desde un enfoque horizontal, deben asegurar la paridad en el registro de estas candidaturas entre los diferentes ayuntamientos que forma parte de un determinado estado.

Por lo tanto, a fin de poder garantizar una verdadera paridad entre los géneros no basta con que la mitad de las listas o planillas estén integradas por mujeres (paridad vertical) sino que además debe aplicarse este criterio de manera territorial, es decir, la mitad de las candidaturas de los ayuntamientos en una entidad federativa (paridad horizontal). Esta doble dimensión de la paridad se constituyó como un importante criterio para que las mujeres no solo ocuparan candidaturas, sino al desempeño de cargos públicos.

En nuestro orden jurídico la reforma constitucional en materia de paridad de géneros publicada en el Diario Oficial de la Federación el 6 de junio de 2019, en donde se reforman 9 artículos de la Constitución (DOF 06/06/2019), así como la reforma en materia de violencia política en razón de género publicada el 13 de abril de 2020 en donde se reforman seis leyes generales y dos federales, son acciones que contribuyen a cumplir compromisos internacionales de los que México es parte y constituyen también un avance en los Objetivos del Desarrollo Sostenible, especialmente el número 5 de la igualdad de género.

Son numerosos los alcances de estas reformas, sin embargo mencionaremos para el efecto de la presente reflexión la garantía total del principio de paridad en todo, no solamente en la postulación de las candidaturas para los miembros del poder legislativo, ejecutivo, presidencias municipales, sino en los nombramientos de las personas titulares de las secretarías del despacho del Poder Ejecutivo Federal y sus equivalentes en las entidades federativas, así como en la integración de organismos autónomos

La violencia es un fenómeno que no hace distinción de sexos, condición socioeconómica o expresiones culturales. Es indispensable erradicar la violencia contra las mujeres, una nación es tan democrática como el respeto y garantía de la dignidad humana que practique.

En esta situación tan compleja de violencia que se viven en México, tenemos dos vertientes, la primera es la importancia que tiene generar información estadística con perspectiva de género para poder contar con datos duros que nos permitan tomar mejores decisiones. Y la segunda, incluir la perspectiva de género en el derecho de acceso a la información, puesto que no basta con que este derecho sea legalmente válido y desarrollado desde nuestra Constitución, Leyes Generales y Leyes Estatales, tal y como lo señala Patricia Mercado Castro "teóricamente sí, pero en la práctica esto no sucede con el derecho de acceso a la información ni con otros muchos derechos, dadas las condiciones de discriminación, de falta de equidad, en el acceso a oportunidades y a recursos que por desgracia, todavía padecen la gran mayoría de las mujeres mexicanas (Mercado Castro, 2006).

Es por ello por lo que resulta vital incluir la perspectiva de género en las políticas públicas, ya que es un reconocimiento a esta situación, que busca, sin duda alguna 1) compensar las desventajas con acciones específicas orientadas a nivelar el campo de oportunidades y, 2) alcanzar la igualdad efectiva entre ambos sexos (Mercado Castro, 2006).

De acuerdo al Instituto Nacional de Estadística y Geografía (INEGI) el 66.1% de mujeres en México mayores de 15 años ha enfrentado algún tipo de violencia alguna vez en su vida, en donde el 43.9% de esta cifra ha sido infringida por su pareja; y la Encuesta Nacional sobre la Dinámica de las Relaciones en los Hogares (ENDIREH), informa que 38.7% de las mujeres ha sido agredida en lugares como la calle, mercado, transporte, hospital, entre otros, en donde el agresor es algún desconocido, vecino o amigo (Instituto Nacional de Estadística y Geografía, 2017). Por otra parte, en el ámbito de la administración pública federal (APF), en el año 2017 se registraron 145 denuncias por presuntos casos de hostigamiento sexual o acoso sexual en 51 instituciones de la APF, lo que revela que el 91% de los casos registrados las presuntas víctimas son mujeres, (Instituto Nacional de las Mujeres, 2017) por lo que conocer esa información de manera oportuna, llevaría a contar una mayor atención que repercutiría de manera sustancial en la vida de las mujeres y en su desarrollo integral.

Cuando la transparencia es efectiva, se fortalece la participación ciudadana y también las bases democráticas de un estado constitucional. Al hablar de transparencia es aún más necesaria para los grupos de población, que, como las mujeres, enfrentamos mayores obstáculos, para conocer, pero sobre todo para hacer efectivos nuestros derechos, "la situación de las mujeres difiere de la de cualquier otro grupo social dedo que no constituyen una de las unidades aislables, sino que son la mitad de una totalidad: la especie humana" (COLMEX, IFAI, TRIFE, & IFE, 2009).

En este sentido, presenté una iniciativa que modifica la Ley General de Transparencia y Acceso a la Información Pública, para dar visibilidad a las estadísticas de los registros de los casos de violencia de género ocurridos dentro de las instalaciones y en el entorno de los sujetos obligados de dicha ley, para que todas las autoridades en el país si reciben alguna denuncia sobre violencia de género, no solo la reciban, sino que brinden a la población información sobre cuantos casos similares han sido denunciados, el procedimiento que se están llevando a cabo y si se determina que hay responsabilidad, se den a conocer sanciones pertinentes para que nunca más en México se niegue esta información, para que nunca se oculten los casos relacionados con las denuncias de violencia de género, cometidas por cualquier entidad, órgano u organismo público, mismas que tendrán la obligación de hacer públicas dichas estadísticas y de llevar a cabo un seguimiento de las mismas, así como de transparentarlo.

De esta forma, también se da cumplimiento a los compromisos internacionales de hacer pública la información relacionada con la violencia de género. Por ejemplo, El Comité para la Eliminación de la Discriminación contra la Mujer de la Convención sobre la Eliminación de todas las Formas de Discriminación contra la Mujer. (CEDAW, por sus siglas en inglés), en sus recomendaciones 19 y 35 se establecen lineamientos que razonan la importancia de la atención y el combate de la violencia de género ya sea en el ámbito laboral o en el sector público en general, entre otros temas (ONU Mujeres & Comité para la Eliminación de la Discriminación contra la Mujer, 1992).

Las estadísticas aportan evidencia sobre un problema que requiere de atención preferente y la manera en que se reportan es fundamental para la visualización del avance en los objetivos de las políticas públicas, además, dar a conocer esta información, empodera a la ciudadanía al dotarla de herramientas que le permitan conocer sus entornos con precisión, y tomar decisiones con base en ello. Por esta razón, se requiere que las instituciones proporcionen las cifras necesarias para dimensionar el fenómeno y dar soluciones viables y efectivas para erradicar la violencia en contra de las mujeres.

Aún quedan retos por trascender en el camino para lograr la igualdad sustantiva entre mujeres y hombres, por lo que, se proponen iniciativas objetivas en la realidad para lograr una verdadera transversalización de la perspectiva de género. Es una responsabilidad mínima que tenemos con las generaciones futuras.

CONCLUSIONES

México tiene un importante camino en la consolidación del derecho de acceso a la información, pasamos en un breve periodo histórico de reconocer el artículo 6 en una disposición de 1917 “El derecho a la información será garantizado por el Estado” a tener un derecho con un contenido robusto y detallado (con la reforma estructural de 2014) en al apartado A de ese mismo artículo, señalando entre otras disposiciones que:

a. Existe el principio de Máxima Publicidad en nuestro país

b. Establecimiento de un órgano constitucional Autónomo garante de este derecho

c. Acceso a la Información pública, gratuita, sin acreditar personalidad ni interés jurídico (es decir, sin necesidad de acreditar para quien es la información y que se pretende hacer con ella)

d. Homologación de disposiciones normativas en todas las entidades federativas del país para tener un mismo estándar de protección

e. Mecanismos de acceso a la información expeditos

f. Ampliación significativa de los sujetos obligados en materia de transparencia a todo el Poder Ejecutivo, Legislativo y Judicial, Sindicatos, Partidos Políticos, Fideicomisos y Fondos Públicos, Organismos Autónomos y en general cualquier persona física o moral que reciba o ejerza recursos públicos tiene en nuestro país el deber de rendir cuentas.

Es muy cierto que lo anterior ha significado un importante avance en la materia, también es cierto que aún tenemos retos: implementar estas disposiciones, que la población utilice este derecho, que mediante su ejercicio se emplee la información para medir el impacto de la generación de las políticas de igualdad de género acorde con los estándares internacionales como el programa de EUROsociAL, y los objetivos de Desarrollo Sostenible son todavía aspiraciones que deben convertirse en una verdadera vocación, tanto de los servidores públicos federales, estatales o municipales, como de la misma sociedad. Que el derecho de acceso a la información sirva para empoderar a la sociedad, especialmente a las mujeres.

Incorporar la perspectiva de género contribuye a reducir la desigualdad, incluir un lenguaje que no discrimine, que incluya a todos los géneros de la población y que no estereotipe a las mujeres, además de ser un valioso instrumento que visibilice la situación de violencia que se ejerce día con día en todas las mujeres del país (Espino, 2021). Empoderar y combatir la violencia contra las mujeres en México es una tarea en la que se ha avanzado, pero nos falta mucho por hacer.

Referencias bibliográficas

Access Info Europe & Centre for Law and Democracy. (s. f.). *RTI Global Right to Information Rating.* The GlobalRight to Information Rating. La dirección URL: https://www.access-info.org/2011-10-05/rti-rating/ InfoEuropa.

Article 19. (2016). *The Public's Right to Know: Principles on Right to Information Legislation.* ARTICLE 19 Free Word Centre 60 Farringdon Road London EC1R 3GA *United Kingdom T: +44 20 7324 2500 E: info@article19.org W: www.article19.org Tw: @article19org Fb: facebook.com/article19org ISBN: 978-1-910793-09-1.* https://www.article19.org/data/files/RTI Principles Updated EN.pdf.

Asamblea General de la ONU. Carta de las Naciones Unidas, 24 de octubre de 1945, 1 UNTS XVI. https://www.oas.org.>doc referencia>carta nu

Bobbio, N., & Santillán, J. F. F. (1986). *El futuro de la democracia.* Fondo de Cultura Económica. SECCIÓN DE OBRAS DE POLÍTICA Y DERECHO EL FUTURO DE LA DEMOCRACIA. Traducción de JOSÉ F. FERNÁNDEZ SANTILLÁN, Primera edición en italiano, 1984 Primera edición en español, 1986 México.

Bovero, M. (2005). *Derechos fundamentales y democracia en la teoría de Ferrajoli. Un acuerdo global y una discrepancia concreta.* Trotta. Biblioteca Jurídica Virtual del Instituto de Investigaciones Jurídicas de la UNAM, www.juridicas.unam.mx. La dirección url: https://archivos.juridicas.unam.mx/www/bjv/libros/6/2977/4.pdf. UNAM©2012 DGB, UNAM. México.

Carpizo, J., Rivas, R. G., Valadez, D., & Universidad Nacional Autónoma de México. Instituto de Investigaciones Jurídicas. (2001). *Derechos Humanos.* Universidad Nacional Autónoma de México. Tomo V. Vol. 2. Serie de Estudios Jurídicos Núm. 716. México.

COLMEX, IFAI, TRIFE, & IFE. Casa Tirao, B., (2009, diciembre 2–3). *Información y transparencia con perspectiva de género* [Seminario Internacional]. TRANSPARENCIA A LOS ARCHIVOS: EL DERECHO DE ACCESO A LA INFORMACIÓN. La dirección url: https://www.senado.gob.mx/comisiones/anticorrupcion/docs/ifai/cvp/39.pdfMéxico

Comisión Interamericana de Derechos Humanos, Relatoría Especial para la Libertad de Expresión. (2008). OEA. *Estudio Especial sobre el*

Derecho de Acceso a la Información. La dirección url: http://cidh.oas.org/relatoria/section/Estudio%20Especial%20sobre%20el%20derecho%20de%20Acceso%20a%20la%20Informacion.pdf

CORTE INTERAMERICANA DE DERECHOS HUMANOS. (2008). *Ficha Técnica: Claude Reyes y otros Vs. Chile.* Corte Interamericana de Derechos Humanos, Buscador de Jurisprudencia.–Fecha de presentación de la petición (12.108): 17 de diciembre de 1998, Fecha de informe de admisibilidad (60/03): 10 de octubre de 2003. La dirección url: https://www.corteidh.or.cr/CF/jurisprudencia2/ficha_tecnica.cfm?nId_Ficha=332. Chile.

CORTE INTERAMERICANA DE DERECHOS HUMANOS. (2014, 19 mayo). *CASO VELIZ FRANCO Y OTROS VS. GUATEMALA.* La dirección url: https://www.corteidh.or.cr/docs/casos/articulos/seriec_277_esp.pdf. Guatemala.

DIARIO OFICIAL DE LA FEDERACIÓN, DOF: 06/06/2019.- Decreto por el que se reforman los artículos 2, 5, 35, 41, 52, 53, 56, 94 y 115; de la Constitución Política de los Estados Unidos Mexicanos, en materia de Paridad entre Géneros. La dirección url: https://dof.gob.mx/nota_detalle.php?codigo=5562178&fecha=06/06/2019. México.

ESPINO, M. (2021, 23 junio). *El Universal.* El Universal. https://www.eluniversal.com.mx/nacion/violencia-familiar-se-dispara-en-2021

FERRAJOLI, Luigi. (2009). *Los Fundamentos de los Derechos Fundamentales* (4.a ed.). Trotta. ISBN: 978-84-8164-436-4, 392 páginas, 4ª edición, 1 reimpresión. Fecha de publicación: junio 2013. La dirección url: https://www.trotta.es/libros/los-fundamentos-de-los-derechos-fundamentales. Madrid

INSTITUTO NACIONAL DE ESTADÍSTICA Y GEOGRAFÍA. (2017, 23 noviembre). *ESTADÍSTICAS A PROPÓSITO DEL DÍA INTERNACIONAL DE LA ELIMINACIÓN DE LA VIOLENCIA CONTRA LA MUJER.* INEGI. La dirección url: https://www.inegi.org.mx/contenidos/saladeprensa/aproposito/2017/violencia2017_Nal.pdf

INSTITUTO NACIONAL DE ESTADÍSTICA Y GEOGRAFÍA. (2020, 3 diciembre). *Censo Nacional de Transparencia, Acceso a la Información Pública y Protección de Datos Personales Federal 2020.* Censo Nacional de Transparencia, Acceso a la Información Pública y Protección de Datos Personales Federal 2020. La dirección url: https://www.inegi.org.mx/programas/cntaippdpf/2020/

INSTITUTO NACIONAL DE LAS MUJERES. (2017). *Informe estadístico de registro de casos de hostigamiento sexual y acoso sexual en la ad-*

ministración pública federal 2017. La dirección url: https://www.gob.mx/cms/uploads/attachment/file/403545/Informe_Casos_Hostigamiento.pdf

LÓPEZ-Ayllón, Sergio. (1984). *El Derecho a la Información.* Porrúa. Instituto de Transparencia y Acceso a la Información Pública del Estado de México y Municipios Instituto Literario Pte. No. 510, Toluca, Estado de México. www.infoem.org.mx instituto@infoem.org.mx ISBN: 978-607-95328-7-1

MERCADO Castro, Patricia. M. C. (2010). *Transparencia y Género, Idearios de Transparencia.* Instituto de Transparencia y Acceso a la Información Pública. Edit. SIL. México.

MERCADO Castro, Patricia. M. C. (2006). *Transparencia y Género, Idearios de Transparencia.* Instituto de Transparencia y Acceso a la Información Púbica. Edit. SIL. México.

ONU Mujeres & Comité para la Eliminación de la Discriminación contra la Mujer. (1992). *RECOMENDACIONES GENERALES adoptadas por el Comité para la Eliminación de la Discriminación contra la Mujer.* UNWOMEN. La dirección url: https://www.un.org/womenwatch/daw/cedaw/recommendations/recomm-sp.htm

ORGANIZACIÓN DE LAS NACIONES UNIDAS. (s. f.). *Derechos humanos.* Naciones Unidas. La dirección url: https://www.un.org/es/global-issues/human-rights

ORGANIZACIÓN DE LOS ESTADOS AMERICANOS & Comité Jurídico Interamericano. (2021). *LEY MODELO Interamericana 2.0 sobre Acceso a la Información Pública.* La dirección url: http://www.oas.org/es/sla/ddi/docs/publicacion_Ley_Modelo_Interamericana_2_0_sobre_Acceso_Informacion_Publica.pdf

ORGANIZACIÓN DE LOS ESTADOS AMERICANOS, OEA. (1994). Convención Interamericana para prevenir, sancionar y erradicar la violencia contra la mujer, Convención de Belém do Pará [Versión Adobe Reader]. Belem do Pará, Brasil. La dirección url: http://repositorio.dpe.gob.ec/handle/39000/609

RED DE TRANSPARENCIA Y ACCESO A LA INFORMACIÓN (RTA) creada en el 2011. La dirección url: https://redrta.org/sobre-la-red-2/

SALAZAR, Pedro. S. U. (2008). *La Reforma al artículo 6 de la Constitución Mexicana: Contexto Normativo y Alcance Interpretativo.* En P. S. V. S. Vásquez (Ed.), *La Reforma al artículo 6 de la Constitución Mexicana: Contexto Normativo y Alcance Interpretativo* (pp. 35–67). Biblioteca Jurídica

Virtual del Instituto de Investigaciones Jurídicas de la UNAM, www.juridicas.unam.mx. Universidad Nacional Autónoma de México. La dirección url: https://archivos.juridicas.unam.mx/www/bjv/libros/6/2540/6.pdf. México.

Transparency & Silence. Survey of Access to Information Laws and Practices in Fourteen Countries. (2006). Open Society Institute. La dirección url: https://www.justiceinitiative.org/uploads/016719b6-115e-40b8-ad00-00d24b1e3f71/transparency_20060928.pdf

VILLANUEVA, Ernesto. (2004). *Temas selectos de derecho de la información.* Universidad Nacional Autónoma de México. La dirección url: https://biblio.juridicas.unam.mx/bjv/detalle-libro/1473-temas-selectos-de-derecho-de-la-informacion. Biblioteca Jurídica Virtual del Instituto de Investigaciones Jurídicas de la UNAM, La dirección url: www.juridicas.unam.mx México

SEGUNDA PARTE. GOBIERNO ABIERTO Y PARTICIPACIÓN CIUDADANA

La nueva democracia: reflexiones y estudios para la discusión de la gobernanza, el gobierno abierto y la transparencia mexicana

FRANCISCO JAVIER LOZANO MARTÍNEZ
Profesor de Tiempo Completo, Coordinación de Programas Académicos, Sistema de Universidad Virtual, Universidad de Guadalajara. Miembro SNI. Perfil PRODEP. Correo electrónico: francisco.lozano@udgvirtual.udg.mx

ANA GUADALUPE OLVERA ARELLANO
Miembro del claustro académico de la Maestría en Transparencia y Protección de Datos Personales de la Universidad de Guadalajara. Correo electrónico: ana.olvera@udgvirtual.udg.mx

SANDRA ARTEAGA RÍOS
Estudiante, Maestría en Transparencia y Protección de Datos Personales, Sistema de Universidad Virtual, Universidad de Guadalajara. Responsable de la Unidad de Transparencia. Universidad Autónoma de Querétaro. Correo electrónico: sarteaga@uaq.mx

INTRODUCCIÓN

En el año 2013, el politólogo y filósofo mexicano Cesar Cansino publicó un libro titulado "La nueva democracia en América", centrado en un análisis histórico político de los cambios en la democracia estadounidense, y proponiéndolo como modelo global de política en pleno siglo XXI. El entusiasmo de Cansino sugería que la "nueva democracia" tiene como punto central la inclusión de nuevos elementos de fondo, y no solamente de forma, en el sistema electoral y político. Casi con el mismo sentimiento con que Alexis de Toqueville escribiera "La democracia en América" entre 1835 y 1840, Cansino enarbolaba un futuro positivo y una nueva era democrática para el mundo.

Lo "nuevo" de la democracia sería entonces que "el único camino posible por el que pueden y deben transitar las democracias del futuro, o sea las naciones modernas, un camino de tolerancia, respeto a las diferencias, reconocimiento de la diversidad e igualdad plena de todos los individuos ante la ley" (Cansino, 2013, p. 13). Por supuesto, su referencia iba en torno a la llegada de Barack Obama a la presidencia de los estados Unidos en el 2008, como un hecho histórico y coyuntural para la democracia estadounidense y como referente mundial. Años más tarde de la publicación de Cansino, llegaría al poder del gobierno estadounidense Donald Trump que revertiría, de tanto en tanto, aquel entusiasmo democrático-electoral.

Quizá por lo variable que resulta ser el tema de la elección popular como centro de la vida democrática y que en ello pretenda residir su novedad, es que la literatura académica y de investigación sobre los nuevos elementos de la democracia van más allá del aspecto subjetivo de la democracia misma (sus valores y principios). Hoy en día es posible identificar que gran parte del enfoque de la innovación democrática se da en los mecanismos específicos que materializan la idea de que el mejoramiento de las leyes, las instituciones y sus procesos, así como las nuevas formas de "hacer política y gobernar", podrían garantizar una nueva y más consolidada democracia.

Tal parece que en la medida en que avanzan las democracias en términos de demandas sociales, se enfrentan a distintos desafíos que requieren soluciones creativas a partir de nuevos modelos para la gestión pública e innovaciones legales o institucionales para la participación política. Al mismo tiempo, la eficiencia y eficacia de los gobiernos es una exigencia que se recalca ante los cambios de la misma sociedad. La idea de promulgar una "nueva democracia" gira en torno a estos principios que la realidad misma y la sociedad demandan, en tanto que los ciudadanos se involucran de manera activa en los procesos, la vigilancia y la toma de decisiones políticas de trascendencia.

En este sentido, el propósito de este capítulo es un ejercicio breve de recapitulación de reflexiones académicas, en el contexto de la Ciencia Política, la Gestión Pública y el Derecho sobre tres conceptos que se consideran relevantes para la discusión que gira en torno a la novedad democrática: el gobierno abierto, la gobernanza y la transparencia. Cuyos principios surcan de manera transversal varios elementos de la democracia moderna y sus desafíos para la gestión; que no solo incluye el ejercicio de lo gubernamental y reglamentario, sino que trasciende las fronteras de la estructura estatal hacia la sociedad misma y su relación con el ejercicio del poder, el diseño de las políticas públicas y el impacto final que significa para el crecimiento de la democracia en un contexto de rendición de cuentas y transparencia.

Se presenta entonces este primer capítulo, como un breve aporte al estado del arte que gira en torno a estos tres conceptos que hoy en día se incluyen en las discusiones de la democracia instrumental, en su alcance social en el ejercicio de la política moderna y la gobernabilidad efectiva.

¿NUEVA DEMOCRACIA?

En el trabajo colectivo de investigadoras e investigadores del Grupo de Trabajo "Espacios deliberativos y gobernanza pública" del Consejo Latinoamericano de Ciencias Sociales (CLACSO), la aproximación es más modesta al señalar la idea de la nueva democracia más como una interrogante que una afirmación tajante. El título del libro colectivo "¿Una nueva democracia para el Siglo XXI?" sugiere que la democracia no es un elemento terminado. Señalan más bien, a lo largo de las distintas reflexiones que se condensan en sus investigaciones, que lo novedoso del análisis de la democracia actual es acercarse a

> nuevas aproximaciones en el campo de la democracia, en los distintos espacios de configuración de un nuevo contrato social que se expresa en la implementación de innovadoras modalidades ligadas a la participación ciudadana y los procesos deliberativos, de la transparencia y el buen gobierno, de los riesgos y posibilidades que enfrentamos en este cambio de época (Torruella, Martins & Nebot, 2020, p. 14).

La democracia está en constante transformación, y en ese contexto, lo novedoso podría ser lo progresivo del cambio social y político mismo que modifica las estructuras y las relaciones políticas en una sociedad ante nuevos problemas y nuevas exigencias de la ciudadanía. En relación a esto ¿qué están haciendo los gobiernos actuales para mejorar la calidad de sus democracias frente a tales demandas y nuevas realidades? ¿qué nuevos procesos institucionales, legales y de inclusión se están empleando y discutiendo en torno al ejercicio del poder político y la gobernabilidad? ¿cómo se involucra ahora la sociedad en el ejercicio de gobernar?

Ante tales preguntas, algunos enfoques que proponen los estudios sobre la democracia giran en torno a las capacidades gubernamentales que se pueden mejorar a partir de modelos de innovación democrática institucional, presupuestal y financiera; en la creación de políticas públicas de mayor alcance; o bien, en el desarrollo de modelos de gestión que incluyen ya nuevos paradigmas como el gobierno abierto, la gobernanza y la transparencia.

La novedad en estos sentidos cobra relevancia. Por ello, el prefijo "nuevo o nueva" (nueva gestión pública, nueva gobernanza o democracia) invita a reflexiones más avanzadas, aunque en el panorama del ideal democrático no exista necesariamente un puerto de destino, para que cualquier sociedad afirme categóricamente que se ha logrado un pleno despliegue de lo que la democracia es o debería ser. El problema es normativo, es un dilema existencial de siempre. No existen las democracias terminadas, pero están en una constante transición, persiguiendo un ideal en donde se van incluyendo nuevas formas de procesar políticas, o nuevas formas de gestionar recursos o incluir a sectores para resolver los problemas de fondo a los que se enfrentan las sociedades.

Las discusiones en torno a esto son interminables. No hay acuerdos epistemológicos categóricos en torno al conocimiento que tenemos sobre lo que la democracia significa; ni hay definiciones conceptuales determinantes para precisar lo que ahora se debe incluir para tener una nueva democracia que sea "la definitiva". Lo que hay en los repositorios académicos, sea para el diseño de políticas públicas o el desarrollo conceptual de la democracia, son reflexiones teóricas que se ven sujetas a una validación empírica a punta de prueba y error. En los estudios se añaden metodologías novedosas que, en esencia, analizan a las instituciones, las leyes o las políticas públicas que persiguen el perfeccionamiento para la efectividad política y de gestión pública.

De la misma manera el rastreo de casos de "éxito" en la aplicación requiere documentar distintas "micro experiencias" que evidencien que en realidad existe un avance significativo para utilizar como prefijo alusivo "nuevo" o "nueva" en relación a la democracia como experiencia política y social. Por ejemplo, analizando nuevos modelos en el acceso a la información pública, diversos ejercicios de gobierno abierto o gobernanza, o la implementación de políticas que incluyen la rendición de cuentas y el cumplimiento de indicadores que garanticen una nueva y efectiva democracia. Por lo pronto, la discusión teórica es amplia. Existen hoy en día conceptos específicos que se traducen a modelos de gestión que apuntan a revelarse como novedades institucionales y normativas que se derivan en nuevas experiencias.

ENFOQUES SOBRE LA GOBERNANZA

La gobernanza es un concepto enmarcado en la teoría de la democracia cuyos matices de novedad son evidentes en el uso frecuente que le da la academia mexicana (y latinoamericana), así como a través de distintas instituciones y políticas públicas que materializan sus procesos y sus formas de gobernar a través de los principios de la propia gobernanza. La gobernanza, utilizada conceptualmente como un sustantivo que presupone una innovación de la democracia, tiene una larga y extensiva data en su discusión teorética y académica. Allí se ha potenciado su uso y, al parecer, es casi una obligación del estado moderno incluirlo en los apelativos que acompañan cierto tipo de políticas públicas; en donde el factor de la inclusión y participación de distintos sectores de la sociedad, juegan un rol determinante en la construcción de vida pública cualquiera que sea su expresión concreta.

Los académicos, teóricos y expositores de la gobernanza coinciden en que hoy en día se requiere de dicha inclusión social-sectorial para cumplir, en esencia, con los principios y exigencias de la nueva democracia. Los gobiernos ya no pueden gobernar solos; para resolver los distintos problemas que aquejan a las sociedades requieren de las habilidades, conocimientos, estrategias y perspectivas de otro tipo de organismos económicos y sociales que se incluyen en las formas y procesos de gobernar.

Si bien las ideas que sostienen que la gobernanza es un ejercicio plausible en las sociedades democráticas, lo cierto es que el ejercicio por sí mismo requiere ponerse a prueba en los distintos contextos en donde se desarrolla intencionalmente la gobernanza. Esto quiere decir que la discusión teórica sobre lo que es o debería de ser la gobernanza se queda limitada si no es puesta a prueba a partir de la evidencia materializada en ejercicios políticos, legislativos o institucionales que apelan justamente a los principios de la gobernanza misma.

Por ello, la propuesta de muchos de los teóricos de la gobernanza es precisamente analizarla desde la realidad aplicada en políticas públicas, en la construcción de instituciones que involucran a sectores para su creación, en las consultas públicas incidentes, en ejercicios legislativos abiertos a la sociedad, o bien, en relaciones entre gobiernos y gobernados que promueven principios de transparencia, gobierno y/o parlamento abierto y participación ciudadana.

Dicho análisis requiere un posicionamiento teórico, una metodología para identificar o medir los niveles de involucramiento social. La utilidad de eso reside en la observación de modelos interpretativos para identificar las dinámicas relacionales en la construcción de la gobernanza y lo que esto implica: conflicto de interés, capital simbólico, equilibrios y desequilibrios de poder, participación de distintos actores en la política local, nacional o internacional. Así, la gobernanza que se pone a prueba con la observación empírica sugiere distintos enfoques para su estudio.

Luis F. Aguilar Villanueva, quien ha sido considerado como el "iniciador del enfoque analítico de las políticas públicas en México y América Latina", desde inicios del siglo XXI ha desarrollado distintas discusiones sobre el significado de la gobernanza y su relación directa con la nueva gestión pública, la gestión estratégica, la gobernabilidad, la gestión de calidad, etc. En su libro "Gobernanza y gestión pública" publicado por primera vez en el año 2006 señalaba con cierto ahínco que,

> Al comienzo del siglo, la administración pública se encuentra a la mitad de un largo y sinuoso camino, con unos tramos en reparación y otros en construcción. No han concluido todavía los trabajos de reforma institucional y administrativa para restaurar el desempeño eficaz del gobierno después de su desplome fiscal y político en las décadas finales del siglo XX y han debido ya emprenderse los trabajos de innovación institucional y gerencial que los gobiernos requieren para poder dar respuesta a las condiciones contemporáneas de la vida asociada, que se distinguen por la creciente diferenciación de la sociedad, la mayor autonomía de personas y sectores, la expansión de la economía global, la conectividad informativa, la formación de regiones políticas y económicas, el terror y la persistencia de la pobreza y la desigualdad en muchos países. (Aguilar, 2006, p. 8).

Bajo esta perspectiva, la crítica posiciona el foco de análisis en el accionar del estado, sus instituciones y sus políticas. Pero también, que ante las distintas problemáticas que se viven local y globalmente, el rol del estado para resolverlas es imperante al mismo tiempo que insuficiente.

Hoy en día, la extensa proposición de Aguilar Villanueva mantiene cierto sentido de actualidad. Aún se siguen construyendo las reformas legales, institucionales y de gestión para solucionar los asuntos y problemas que permanecen en las sociedades actuales. En aquel entonces, la idea de la gobernanza cobraba sentido en el contexto mexicano y latinoamericano para identificar esta idea como principio esencial de la democracia moderna. Dicho enfoque adquirió más fuerza, porque

> el análisis convencional *partía* del supuesto implícito o explícito de la superioridad del gobierno en la acción pública, que privilegiara sólo el comportamiento del gobierno y dejara de lado formas de participación ciudadana deliberativa y operativa, así como que no tomara suficientemente en consideración en su análisis y decisión el entorno social, el hecho de que existían opositores políticos y ciudadanos críticos que tenían otra información y otras propuestas sobre el problema o los futuros de su comunidad, ni que tampoco considerara con cuidado las diná-

> micas restrictivas o expansivas del entorno nacional y mundial, que tenían como resultado facilitar o dificultar o hacer muy costoso el logro de los objetivos de la política. (Aguilar, 2006, p. 21).

Así, se vaticinaba que el gobierno como estructura esencial para la toma de decisiones políticas debía abrirse cada vez más a la inclusión de diversos sectores en el ejercicio de gobierno. Para el año 2010, el mismo Aguilar Villanueva titularía a estos procesos de gobernanza como "el nuevo proceso de gobernar". Está por demás señalar que la esencia de la gobernanza es justo que, ante las capacidades limitadas del estado, se pudieran añadir de manera formal (constitucional e instrumentalmente) los sectores económicos y sociales en los procesos de la toma de decisiones. No porque esto no se diera en el pasado, sino porque en las exigencias de las sociedades modernas se presupone la necesidad de incluirse intencionalmente en dichos procesos, y relacionarlos ahora a los elementos de la transparencia y el gobierno abierto (que tienen relativamente poco tiempo en el argot académico y político).

María Wittingham hace énfasis en que la gobernanza tiende a tener dos sentidos en su uso e interpretación. Por un lado, la tendiente a focalizar que la gobernanza tiene su génesis en el quehacer y voluntad del estado mismo[6], procurando que las reformas que se promueven desde el sistema, modifiquen las formas en que se diseña y ejecuta la política en todas sus dimensiones (estructurales, legales, fiscales, ejecutivas, ciudadanas, etc.). Por otro lado, el énfasis en el resto de los actores sociales y económicos que se relacionan con el estado en modelos de cogestión para la toma de decisiones, en donde sus propias iniciativas y recursos juegan un papel fundamental. Textualmente señala:

---

6 Por ejemplo, el Gobierno del estado de Jalisco en México, tiene su propia Secretaría de Participación Ciudadana y Gobernanza, donde se diseñan y ejecutan políticas basadas en el propio modelo de la gobernanza.

> Las diferencias que se encuentran entre las diversas aproximaciones existentes, ya sean teóricas o prácticas, aparecen determinadas fundamentalmente por dos elementos: la disciplina desde la que se utiliza el concepto, y el rol que se le adjudica al Estado. Lo que la literatura nos presenta es una diversidad de combinaciones de estos elementos, lo cual a su vez define un espectro de significados sobre *gobernanza* que van desde una definición *centrada en el Estado;* hasta una perspectiva *policéntrica,* con foco en otros actores del sistema. Con una amplia gama de variaciones entre estas posiciones dominantes. (Wittingham, 2010, pág. 221)

Bajo esta premisa, el gobierno debía ser más abierto al público en todos los sentidos de su quehacer cotidiano. Hoy podemos visualizar que se han ido consolidando nuevas instituciones de transparencia; nuevos organismos sociales activos en el análisis, resolución y ejecución de programas focalizados a los distintos problemas públicos; así como sectores específicos del sector empresarial que, a través de esquemas de cooperación en modelos de cogestión pública, pretenden actuar con el mismo fin. Esto, desde una perspectiva muy general, podría evidenciar que la gobernanza se ha ido abriendo paso en nuevos modelos de democracia participativa e incluyente. Aunque por supuesto, el rigor de análisis supone el poner a prueba las experiencias democráticas que se proponen desde estos principios.

La visión en estos nuevos modelos de cogobierno anticipaba que con más fuerza habría una mayor intencionalidad en este ejercicio de gobernanza. Aguilar Villanueva, junto a distintos centros de investigación, universidades y especialistas en el análisis de políticas públicas[7], realizaban apuestas a esta tendencia en sus modelos prospectivos de interpretación

---

7 Para un recorrido más amplio sobre los precursores de la tendencia sobre los estudios de gobernanza en las dos primeras décadas del siglo XXI, se sugiere la lectura del capítulo del libro titulado "Gobernanza" en *Conceptos claves en Ciencias Sociales. Definición y aplicaciones.*

sobre el futuro de la democracia y su mejoramiento a través de la implementación de la gobernanza como un modelo novedoso en la gestión pública. El entusiasmo sobre esto tenía su fundamento en parte a las limitaciones observadas en las decisiones no siempre efectivas de los gobiernos democráticos. La tendencia era entonces a aseverar, en torno a los análisis de la gobernanza, que

> se gobernará y administrará en condiciones más firmes de democracia pluralista y competitiva, de gobierno de leyes, con exigencias irrenunciables de estado fiscal riguroso y finanzas públicas ordenadas, frente a sectores sociales diferenciados e independientes, frecuentemente capaces de autorregulación y hasta autosuficientes en varios campos de su vida personal y asociada. Se gobernará asimismo en condiciones de sociedades abiertas, de conectividad y economía global. (Aguilar, 2006, pág. 30)

En los análisis más recientes se podría decir que han ido tomando nuevas dimensiones para el planteamiento y la ejecución de políticas públicas o modelos de gestión pública más inclusivas. Independientemente de los resultados frente a tal ejercicio, o sin resolver la discusión de que esto hace a una sociedad más abierta, más democrática o con mayores niveles de participación y resolución de problemas, los estudios sobre la gobernanza siguen teniendo un alto *rating* cuando se estudia en relación al gobierno abierto, la transparencia o la innovación democrática.

Uno de los aportes más significativos y recientes en los estudios sobre Gobernanza, es quizá la propuesta de los estudios conjuntos promovidos por el Grupo de Investigación en

Gobierno, Administración y Políticas Públicas (GIGAPP)[8] y el Grupo de Investigación sobre Espacios Deliberativos y Gobernanza Pública (GEGOP), ambos de CLACSO. Quienes entre los años 2017 y 2020 se han dedicado a conectar "redes de investigación, articulando espacios y oportunidades de trabajo con muchas redes y grupos de investigadores, en varios países de Iberoamérica (…) de la mano de investigadores de universidades de alto nivel y prestigio." (Torruella, 2020, p. 11)

En este sentido, el desarrollo de las reflexiones en torno a la gobernanza hoy en día va de la mano a los estudios de caso. En ellos, se busca contrastar la conceptualización de la gobernanza y sus implicaciones epistemológicas, las cuales son puestas a prueba en la aplicación misma de los conceptos en la práctica concreta que llevan las comunidades y grupos humanos que ejercitan la democracia en estos nuevos esquemas de gestión.

DISCUSIONES EN TORNO AL GOBIERNO ABIERTO (GA)

Aunque los doctrinarios no se han puesto de acuerdo en la definición de GA, podemos encontrar descripciones de sus elementos que nos aproximan a una idea de la intención de su creación e implementación. Por ejemplo, Oszlak (2013, p. 6), considera que la concepción de GA será concretada con tres elementos: la tecnología actual que implica el establecimiento de canales de comunicación en tiempo real que permitan la

---

[8] Según reportan, la GIGAPP puede ampliamente ser reconocida "Como plataforma de articulación de un proceso reflexivo permanente que permita contribuir al desarrollo democrático, al fortalecimiento institucional y a la generación de nuevos enfoques sobre gobernanza de los asuntos públicos." (Torruella, 2020, p. 13)

interacción entre la población y el gobierno de manera fluida, de esta forma podrá aprovecharlos para que reciba propuestas para la gestión del Estado; finalmente si la población hace suyos estos canales podrá colaborar a su vez con las tareas de gestión del gobierno, "promoviendo de este modo los componentes deliberativos y participativos de la democracia".

Quintanilla y Gil-García (2016) coinciden en lo sustancial con Oszlak y consideran que son tres los movimientos que son fundamentales para dar vida al gobierno abierto. El primero el de datos abiertos para que los gobiernos pongan a disposición los datos en diversos formatos y sin restricciones legales; el segundo referente al gobierno abierto, con el objetivo de alcanzar la realización de principios como la transparencia, participación y colaboración y mediante el aprovechamiento de las tecnologías de la información, el Gobierno tiene su papel como oferente, pero también de regulador y promotor de la demanda de esa información. Como tercer movimiento destacan la importancia del surgimiento de la Web semántica, que a través de un código que tanto máquinas como personas serán capaces de entender, se podrán compartir y relacionar datos.

A su vez, veremos también como Montero (2017, p. 54) coincide en considerar que el GA no debe circunscribirse al Poder Ejecutivo y que se fundamenta en

> la transparencia, la rendición de cuentas, la participación ciudadana, las tecnologías, el acceso a la información pública, los datos abiertos, la colaboración, la innovación, la eficiencia, la calidad de los servicios públicos, entre otros. Con el gobierno abierto se procura poner en práctica estrategias e instrumentos de gestión con miras a generar institucionalidad pública para la gobernanza democrática, colocando en el centro a los ciudadanos, a quienes les asigna un rol protagónico.

Oszlak (en Luna y Bojórquez, 2016) por ejemplo, en vez de pensar en un concepto de GA propone el de Estado Abierto por considerarlo integral para todas las instancias que integran el aparato gubernamental y no limitarse al poder ejecutivo que adopten la filosofía que se ha descrito.

Abundan Valenzuela y Bojórquez (2016) en el reconocimiento de dimensiones del Estado Abierto al establecer que se trata de una horizontal para activar mecanismos tecnológicos que incentiven la transparencia y participación ciudadana de todos los poderes de la Unión, y la vertical que además incluye a los tres órdenes de gobierno, todo ello con la finalidad de "generar capacidades institucionales y organizativas, que fomenten la esfera relacional del gobierno y sociedad".

Coinciden también, como los autores explorados con anterioridad, que la base para su establecimiento es la actuación colaborativa, para dotar de insumos de información pública en formatos abiertos a la población. Estos mismos autores nos explican los que, desde su visión, son los componentes mínimos del gobierno abierto: transparencia colaborativa, enmarcada en plataformas interoperables alimentadas de datos e información pública; participación ciudadana informada y que incide con ideas, propuestas y exigencias y que las tecnologías de la información y la comunicación se constituyan como herramientas imprescindibles para colaborar y cocrear con valor, concibiéndose así como un nuevo modelo de gestión pública.

Si bien es cierto que nuestro país es miembro fundador de la Alianza para el Gobierno Abierto, que fue creada junto con 8 países más y ahora aglutina a 79 en total para la promoción de un modelo de gobernanza abierta y horizontal que incentive la colaboración entre ciudadanos y autoridades públicas mediante los principios de transparencia, rendición de cuentas, participación ciudadana e innovación, también lo es que entre la generalidad de la población mexicana el concepto no es conocido y mucho menos comprendido.

El modelo que se ha implementado en México corresponde a la propuesta de la Alianza (2015) del que ha sido fundador y que define como la "plataforma internacional para reformadores domésticos comprometidos a que sus gobiernos rindan cuentas, sean más abiertos y mejoren su capacidad de respuesta hacia sus ciudadanos" y que ha sufrido cambios sobre todo con la promulgación de la Ley General de Transparencia, cuya representación y responsabilidad recaen a raíz de lo relatado, en la Oficina de Estrategia Digital Nacional de la Presidencia de la República y que además, permite replicar el modelo desde el Ejecutivo a los Poderes de la Unión restantes, como recomiendan los teóricos citados.

También, a través de los órganos garantes en materia de acceso a la información y protección de datos nacional y locales, se ha desarrollado un modelo de GA que, además ha acopiado la colaboración de organizaciones de la sociedad civil y los poderes de las Entidades Federativas pues su visión colaborará a la elaboración de estrategias focalizadas a las necesidades específicas de cada región, cuyos retos se identifican en la sostenibilidad a largo plazo de las estrategias presentadas que no obedezcan a la legitimación del gobierno en turno (Valenzuela y Bojórquez, 2016).

Sin duda, ha sido evidente que no obstante la relevancia de la promulgación del que ha sido calificado como excelente marco jurídico en materia de transparencia y acceso a la información, este no ha sido suficientemente dado a conocer en términos en los que la población mexicana lo comprenda para su ejercicio y aprovechamiento más allá de su participación en una jornada electoral. Así, en palabras de Figueras (2019),

> La relación, aparentemente directa y clara, entre la transparencia y el GA, en realidad implica varios e importantes supuestos no explicitados, como que los ciudadanos están capacitados e interesados en los procesos deliberativos y participativos; que hay espacios para ejercerlos; que la burocracia percibe que la transparencia es valiosa

para su función; que las leyes son uniformes en cómo garantizan el derecho de acceso; que éste es sencillo para los usuarios y que se publica información pertinente y confiable.

No creemos que necesariamente deba ser correcta la afirmación de autores como el citado o Cejudo (2016), que piensan que el gobierno abierto sea "una moda organizacional exitosa, que se ha extendido entre gobiernos ávidos de soluciones asequibles ante las crecientes críticas por su mal desempeño", aunque si estamos conscientes que de una mala comprensión y difusión de esta aportación a la doctrina puede concluirse lo expuesto, sobre todo si se aplica como una salida fácil que busca demostrar el cumplimiento del marco legal que se ha diseñado para promover la participación ciudadana y cumplir con los mecanismos de rendición de cuentas.

Coincidimos con Quintanilla y Gil García (2016, p. 73) en tanto afirman que uno de los retos más importantes que tienen los gobiernos es la gestión de la información "de tal manera que los problemas sean superados de manera expedita". Así, debería planearse no solo la creación de páginas de internet para la publicación de los datos con los que se cumplan con las obligaciones de la normativa en materia de transparencia y acceso a la información, sino de tal manera que a la población se le haga partícipe y colaboradora del quehacer gubernamental, es decir, que de su involucramiento resulten soluciones de "problemas sociales de alta relevancia".

Es evidente que el hilo conductor de la implementación de la estrategia de gobierno abierto es la información. Al respecto Oszlak (2013, p. 28) expone que se trata de un insumo calificado como crítico por su importancia, "en la implementación participativa de políticas, propia del gobierno" que "debe guardar proporción con la dimensión del fenómeno que pretende ser abarcado o explicado mediante su acopio y sistematización", por lo que no debería explotarse el principio de ignorancia óptima que describe como la saturación de un canal de comunicación. Así, esta deberá ser verídica, "relevante y suficiente para describir, explicar, anticipar o actuar sobre el fenómeno que demanda la atención". (p. 29)

Sin embargo, no consideramos que forzosamente deba rediseñarse el marco legal, pues en la práctica no hemos visto su aplicación plena ni el ejercicio de las prácticas que ahí se proponen, por lo que sería importante agotar primero el marco legal vigente para entender su alcances y limitaciones y entonces sí, se haga la propuesta que resulte en mayor beneficio para el objetivo planteado, lo que se logrará en buena medida con la participación efectiva y no simulada de la población, a quien va dirigida esta estrategia, pues asevera Montero (2017), que los objetivos del gobierno abierto deben dirigirse a "la consolidación del Estado de derecho, el fortalecimiento de la democracia y el reconocimiento pleno de la posición del ciudadano en su relación con la administración pública".

Por ello y como afirma Oszlak (2013, pág. 30), el GA implica, para su correcta implementación, "instaurar nuevas reglas de juego sobre la manera en que los gobiernos se relacionan con los ciudadanos" y que "los funcionarios públicos y los administradores permanentes se muestren dispuestos a funcionar bajo estas nuevas reglas", para lo que "hace falta una enorme dosis de voluntad política desde el más alto nivel gubernamental para imponerlas".

LA INCLUSIÓN DE LA TRANSPARENCIA EN LA DISCUSIÓN SOBRE LOS ESTUDIOS DE LA DEMOCRACIA

La transparencia –entendida como la actividad que realizan los entes públicos para dar cuenta de sus acciones- es un tema relevante que adquiere un matiz especial de cara a los temas políticos nacionales que nos preocupan, permeado en la estructura de la administración pública mexicana y de la misma práctica democrática del país, asumiendo que sin la transparencia[9] no hay posibilidad de transformar de fondo las relaciones Sociedad-Estado, ya que aquella representa un mecanismo para ejercer de una manera más eficaz el derecho de acceso a la información pública.

En este orden de ideas, el tema cobra relevancia por tres razones primordiales, la complejidad de abordar un término tan reciente en el vocabulario sociopolítico y jurídico no hace sino enfatizar la importancia de discutir más acerca de sus implicaciones para el Estado y para la vida en sociedad, acerca de sus concepciones en los distintos sectores sociales; como segunda razón la transparencia adquiere significados diferentes dependiendo del ámbito –social, cultural, político, económico, jurídico– donde ésta se discuta, pero; de manera simultánea, resulta cada vez más necesario establecer elementos comunes que distingan a la transparencia de otros conceptos que sin duda le son afines, y la tercera razón es desde el punto de vista académico, la transparencia se ha convertido en un objeto central de estudio desde diferentes disciplinas, que ven en ésta un "catalizador" de las nuevas prácticas democráticas y gubernamentales, que buscan la participación y la corresponsabilidad de la sociedad a través de la apertura hacia los asuntos públicos; luego entonces para entender la transparencia en los diferentes sectores es; que ésta debe ser estudiada desde una perspectiva interdisciplinaria, desde visiones plurales que ayuden a comprenderla bajo el desarrollo de modelos, estructuras, mecanismos, propuestas y metodologías, para su estudio en cualquier contexto.

---

9 Un gobierno transparente documenta sus acciones y procesos de toma de decisión, genera, sistematiza y maneja la información a la luz del escrutinio público como parte de una visión más amplia de construcción de confianza entre el gobierno y la sociedad.

Ahora bien, La transparencia y el derecho a la información; así como la incorporación de las nuevas disposiciones legales que son producto de la nueva regulación constitucional se han configurado en la Ley General de Transparencia y Acceso a la Información Pública bajo una concepción moderna desde que apareció la primera ley federal[10]. Desde entonces, se han aprobado otras reformas constitucionales y legales que han edificado el actual modelo normativo e institucional que regula la materia.

A partir de la reglamentación del artículo 6° constitucional la evolución de este derecho ciudadano ha sido vertiginosa como lo cita (Martínez Loredo, 2016) afirmando que en materia de transparencia y acceso a la información ha sido uno de los avances democráticos más significativos y reivindicatorios para la sociedad y el sistema político mexicano en la última década, y cuyo futuro apunta a una transformación profunda de las relaciones entre la sociedad civil y los gobiernos, asimismo lo refiere (Peschard Mariscal *et al.*, 2015) al decir que la transparencia y el acceso a la información pública han tenido una incidencia positiva en el ejercicio del conjunto de derechos humanos tutelados por los instrumentos nacionales e internacionales, en la medida que la información y el conocimiento de las decisiones públicas redundan en el empoderamiento y la elevación de la calidad de vida de las personas.

De esta misma manera el autor (Sánchez de Diego Fernández de la Riva, 2018) coincide al decir que el derecho a acceder a la información y, por tanto, la transparencia, se han convertido en una palanca que permitirá cambiar el futuro. De hecho, ya está ocurriendo así en las Administraciones Públicas que han

---

10 Ley Federal de Transparencia y Acceso a la Información Pública Gubernamental Publicada en el Diario Oficial de la Federación el 11 de junio de 2002

evolucionado desde la opacidad a una posición de servicio al ciudadano. La actuación pública es transparente no solo para el afectado o interesado, también para todos los ciudadanos.

Con base en la literatura encontrada, es posible establecer los avances que ha tenido la transparencia en nuestro país ya que, de manera progresiva, se ha sumado con mayor frecuencia a espacios de discusión, antes exclusivos, para abordar temas relacionados con políticas públicas, gobernabilidad, prestación de servicios públicos, desarrollo institucional y democracia. Así como también, se ha discutido mucho a través de jornadas, conferencias y reflexionar que tanto se ha avanzado, o que tanto nos falta por hacer en términos de hacer evolucionar el acceso a la información para fomentar la cultura de la transparencia, pero sobre todo en darle una mayor aplicabilidad y utilidad a esta política pública y que realmente pueda estar en manos de la ciudadanía y que esto les signifique el acceso a mejores condiciones de vida.

Sin exagerar se puede decir que hay una marcada generación previa al derecho a la información y una generación posterior, en un primer momento, se consideraba que los gobiernos para alcanzar sus objetivos fundamentales debían ser eficientes y eficaces, a partir de la nueva realidad democrática, se debe cumplir con una mayor apertura hacia la sociedad, donde se garantice a cualquier ciudadano el acceso a la información de las principales instituciones; como también ocurre con la cultura de los derechos humanos, que puede ser rastreada en las múltiples transformaciones de nuestra legislación hasta la reforma constitucional de 2011 o la consolidación institucional de la Comisión Nacional de los Derechos Humanos.

La normatividad muestra en sí misma del avance que ha tenido la transparencia en el país, tiene la gran virtud de que va más allá de lo que son los Sujetos Obligados tradicionales, como lo es el objeto de la ley, y como lo refiere Islas López

(2016), de tal manera que el texto normativo debe comprenderse de una manera más amplia incluyendo toda la administración pública.

En este sentido, los sujetos obligados dentro del Poder Ejecutivo Federal incluyen a la oficina de la Presidencia de la República, las secretarías de Estado, la Consejería Jurídica, y demás órganos de la administración pública centralizada; de igual manera, los organismos descentralizados, órganos autónomos, empresas de participación estatal, instituciones nacionales de crédito, organizaciones auxiliares nacionales de crédito, las instituciones nacionales de seguros y de fianzas y los fideicomisos, entre otros que conforman la administración pública centralizada. Un razonamiento equivalente aplica para los órdenes de las entidades federativas y municipios.

Deduciendo que, Instituciones que hasta cierto punto de la historia de la transparencia en nuestro país no habían estado inmersas o al menos no con mucha profundidad en términos de abrir sus archivos públicos refiriéndose a órganos que ejercen actos de autoridad que van más allá del espacio gubernamental, es decir; instituciones públicas que no necesariamente son de carácter gubernamental, como lo son los organismos autónomos.

Otro de los puntos importantes a considerar de cómo ha evolucionado la transparencia es la idea de lo público, es decir; lo que hoy en día entendemos como un valor público o como espacio de lo público tiene inmediatamente una repercusión en el ámbito de la transparencia y del acceso a la información sencillamente porque aquello que es público, bajo esta lógica; tendría que ser transparente entre más cosas se sumen a la idea de lo público mucho más se acrecentará el terreno de la transparencia y como consecuencia tendrá una relevancia en la confianza institucional conectando directamente con las cualidades que debe tener un toda institución.

Esto nos sugiere que la manera en que se debe de entender la transparencia en las instituciones debe ser que la información que se publique se utilice o no se utilice, es pública, debe estar puesta a disposición de la sociedad para que realmente se pueda utilizar por quien la requiere; no se tendría que esperar a que la información se solicite y mucho menos reservar algo que no cumple con esas cualidades.

Este mismo marco legal ha hecho que evolucione la transparencia de manera tal que se fueron generando mecanismos tales que hoy se ven reflejados en el surgimiento del Sistema Nacional Anticorrupción, el Sistema Nacional de Transparencia y la Plataforma Nacional de Transparencia, en específico el Sistema Nacional es una figura creada en la Ley General, siendo su nombre completo el Sistema Nacional de Transparencia, Acceso a la Información Pública y Protección de Datos Personales. De acuerdo con el artículo 30 de la Ley en cita, son partes integrantes: a) el Instituto Nacional de Transparencia, Acceso a la Información y Protección de Datos Personales (INAI); b) los organismos garantes de las entidades federativas; c) la Auditoría Superior de la Federación; d) el Archivo General de la Nación, y e) el Instituto Nacional de Estadística y Geografía (INEGI) (Islas López, 2016).

Donde México ha sido uno de los países pioneros en la regulación de la transparencia y el acceso a la información y el INAI, su órgano de administración y gestión, junto a sus homólogos de los distintos, constituyen un sistema dirigido a facilitar el ejercicio de este fundamental derecho de los ciudadanos.

Ahora bien, se puede deducir que la transparencia debe ser una cualidad de todo sistema democrático que se quiera moderno, legítimo y confiable y para que una democracia sea verdadera y efectiva; debe ser una característica que abre la información de las organizaciones políticas y burocráticas al escrutinio público[11] mediante sistemas de clasificación y difusión que reducen los costos de acceso a la información del gobierno. Pero ello solo implica la práctica de colocar la información en la "vitrina pública"[12] para que los interesados puedan revisarla, analizarla y, en su caso, usarla como mecanismo para sancionar en caso de que haya anomalías en su interior y como lo refiere (Tenorio Cueto, n.d.) construyendo y detallando indicadores que permiten no solo observar la aplicación sino medirla en términos que puedan interesar a todos.

La transparencia en la Administración Pública o en cualquier tipo de gestión es el mejor método para incentivar la participación de la comunidad en el quehacer del gobierno y la rendición de cuentas de las autoridades. Pero el concepto de "transparencia" no es sinónimo de rendición de cuentas.

El acceso a la información, la transparencia y la rendición de cuentas son elementos indispensables para avanzar en la construcción de una democracia sustantiva. Asimismo, estos accesos son esenciales para lograr un gobierno responsable y responsivo a las necesidades de la ciudadanía y de una sociedad interesada en participar activamente en los asuntos públicos que afectan su calidad de vida.

Aunque se complementan, el Estado no es transparente sólo por el hecho de responder a las solicitudes de información de los ciudadanos, ya que, aunque el derecho a la información[13] es

---

11 Toda aquella información que verse sobre remuneraciones, facultades, contratos y todas aquellas que por regla general son similares a los demás órganos del Estado.

12 Toda aquella información que sirva para el cumplimiento de las obligaciones de transparencia que se han dotado para el resto de los agentes del Estado.

13 Se refiere a la posibilidad de obtener información accesible, oportuna y confiable en posesión de los gobiernos.

un derecho fundamental y un valor en la democracia (Salazar, 2008), la transparencia es una política deliberada del Estado para producir y emplear sistemáticamente información como un recurso estratégico permite conocer el quehacer del gobierno, dar seguimiento puntual a las acciones emprendidas, evaluar las mismas y conocer la evidencia detrás de los procesos de toma de decisión, destinado a facilitar y dotar de contenido a la participación de los ciudadanos en los asuntos públicos.

En estos momentos por el que atraviesa la democracia mexicana, sin lugar a dudas el tema de la transparencia es inevitable, por tres puntos importantes: el primero es un escenario político, así lo requiere, debido a la extensión del México urbano y la pluralidad política creciente, como un segundo punto está una exigencia ciudadana que así lo reclama, por los nuevos medios de comunicación masiva y un crecimiento exponencial de la conciencia ciudadana; y tercero la modernización de las estructuras de gobierno que así lo prevén como lo es la escalada de alternancia en todos los niveles de gobierno y la oposición.

Estamos seguros de que este texto enriquecerá al lector, encontrará explicaciones muy puntuales de cada uno de los preceptos contenidos en torno al complejo tema de la transparencia que, paradójicamente, oculta muchas complejidades conceptuales.

Referencias bibliográficas

Aguilar, L. F. (2006). Gobernanza y Gestión Pública. México: Fondo de Cultura Económica.

Cansino, C. (2013). La nueva democracia en América. (B. U. Puebla, Ed.) México: Juan Pablos Editor.

Figueras, V. (2019). Gobierno Abierto en México: hacia una discusión realista de su factibilidad. Revista mexicana de ciencias políticas y sociales vol. 64, no. 235, Ciudad de México ene./abril. 2019. Fecha de consulta: 29 de junio de 2021. Tomado de: http://www.scielo.org.mx/scielo.php?script=sci_arttext&pid=S0185-19182019000100523#B50

Cejudo, G. (2016) en Luna, I. y Bojórquez, J. (coords). Gobierno abierto y el valor de la información pública. México: UNAM, Instituto de Investigaciones Jurídicas. Recuperado de: https://biblio.juridicas.unam.mx/bjv/detalle-libro/4016-gobierno-abierto-y-el-valor-de-la-informacion-publica

Montero, G. (2017) en Nasser, A., Ramírez-Alujas, A., Rosales, D., editores. Desde el gobierno abierto al Estado abierto en América Latina y el Caribe. Comisión Económica para América Latina y el Caribe (CEPAL). Santiago de Chile, 2017. Recuperado de: https://archivos.juridicas.unam.mx/www/bjv/libros/10/4686/28.pdf

Quintanilla, G; Gil-García, J. (2016). Gobierno abierto y datos vinculados: conceptos, experiencias y lecciones con base en el caso mexicano. Revista del CLAD Reforma y Democracia, núm. 65, junio, 2016, pp. 69-102. Fecha de consulta: 29 de junio de 2021. Tomado de: https://www.redalyc.org/pdf/3575/357546620003.pdf

Oszlak, O. (2013). Gobierno abierto: hacia un nuevo paradigma de gestión pública. Colección de documentos de trabajo sobre e-Gobierno. Red de Gobierno Electrónico de América Latina y el Caribe.

Islas López, J. (2016). Ley General de Transparencia y Acceso a la Información Pública, comentada. *Instituto Nacional de Transparencia, Acceso a La Información y Protección de Datos Personales, 2*(5), 255.

Martínez Loredo, J. de J. (2016). Transparencia y derecho a la información pública en México. Avances, retos y perspectivas. *El Cotidiano, 198*, 14–26. http://www.redalyc.org/articulo.oa?id=32546809003

Peschard Mariscal, J., Orozco Henríquez, J. J., Carmona Tinoco, J. U., González Placencia, L., Alfredo Hernández, M., & Zaldívar Lelo de Larrea, A. (2015). A 10 años del derecho de acceso a la información en México: Nuevos paradigmas para su garantía. *INAI*.

Sánchez de Diego Fernández de la Riva, M. (2018). *Apuntes sobre la Transparencia.*

Tenorio Cueto, G. A. (n.d.). *El Acceso a la información y Transparencia en 40 Lecciones.* 7. http://www.fundar.org.mx/mexico/pdf/transparencyacceso.pdf

Torruella, J. B., Martins, S., & Nebot, C. P. (Eds.). (2020). *¿Una nueva democracia para el siglo XXI?* CLACSO. https://doi.org/10.2307/j.ctv1gm01b0

Wittingham, M. V. (2010). ¿Qué es la gobernanza y para qué sirve? RAI. Revista de Análisis Internacional(2), 219-235.

Participación ciudadana en materia de sustentabilidad y su papel en la construcción de políticas públicas

KARLA HAYDEE ORTIZ PALAFOX

Doctora en Ciencias Sociales, Miembro del Núcleo Académico Básico (NAB) de la Maestría en Transparencia y Protección de Datos Personales del Sistema de Universidad Virtual de la Universidad de Guadalajara. Miembro del cuerpo académico UDG-CA-1098 "Democracia: gobierno abierto; participación ciudadana; rendición de cuentas; y derecho a la privacidad e intimidad. Presidente de la Academia de Investigación y Desarrollo – CUCEA. Miembro del Sistema Nacional de Investigadores (SNI1)-conacyt.

https://orcid.org/0000-0003-4836-7074 haydee.ortiz@udgvirtual.udg.mx

INTRODUCCIÓN

Existen múltiples problemas en el sector energético, uno de los tantos, es el incremento del consumo hacia los hidrocarburos fósiles[14] y el aumento de los gases de efecto invernadero que en el proceso de la quema para la producción de energía eléctrica desprenden gases; entre ellos, el gas de efecto invernadero, que provoca alteraciones en el clima, provocando lo que actualmente llamamos "cambio climático."

Actualmente el problema ambiental ha sido estudiado durante varias décadas, en donde se ha buscado atender y resolver la problemática del deterioro de la vida en la tierra, dichas reflexiones han sido profundizadas donde se ha responsabilizado al abuso en el manejo de los recursos finitos, las energías basadas en

---

14 Hidrocarburos fósiles, llámese; al carbón, el petróleo y el gas natural.

combustibles, los esquemas de crecimiento económico, incluso las acciones directas de los seres humanos, donde se incentiva la modificación de los hábitos individuales y la participación ciudadana en materia de sustentabilidad medioambiental.

La participación ciudadana se define como "la intervención de la ciudadanía en los procesos de toma de decisiones" (Comisión de los Derechos Humanos, 1948). En ese sentido se afirma con dicho concepto que es un derecho legítimo, un elemento fundamental en los sistemas democráticos, que se vuelve representativo e inclusivo en el proceso de la toma de decisiones. Existen múltiples formas de participación ciudadana que van desde el voto en las urnas, la participación en campañas, la cooperación y protesta de comunidades, estas formas pueden o no estar relacionadas con el estado o la industria privada, en ese sentido la participación ciudadana puede ser representada por un conjunto de personas o puede ser de forma individual sin la necesidad de estar dentro de un colectivo.

En ese sentido el planteamiento de la presente investigación es: ¿Cómo la participación ciudadana contribuye en materia de sustentabilidad y en la construcción de ciudadanía? Para responder dicho planteamiento se propone una metodología estructurada a partir del paradigma de investigación cualitativo, con un análisis descriptivo y exploratorio que recurre a fuentes documentales desde un enfoque histórico hermenéutico.

Los objetivos del presente documento es la construcción de la participación ciudadana en materia de sustentabilidad y medio ambiente, dado que la investigación es de corte cualitativo, se presenta de forma inicial el referente teórico, determinando las variables de este, como: desarrollo sustentable, la participación y ciudadanía; enseguida se presenta el desarrollo de los resultados para finalmente concluir con algunas consideraciones.

REFERENTE TEÓRICO

La sustentabilidad y la participación ciudadana en conjunto pueden resolver una amplitud de problemáticas, desde crear modelos de responsabilidad social y de desarrollo económico, hasta incluir las distintas visiones y aportes. En ese sentido es indispensable el involucramiento de la sociedad, en la participación, construcción e implementación de políticas sustentables, que se relacionen con los esquemas del crecimiento económico, donde estos últimos puedan adoptar medidas para la mitigación de los daños ambientales, presentes y futuros.

El desarrollo sustentable es un concepto complejo dado que engloba toda una estructura ideológica, que no se basa en una disciplina en concreto y que además tiene variables enraizadas en las raíces filosóficas. Mushett (1998) se refiere a la complejidad del término "es posible que parte de esta dificultad provenga del hecho de que tanto ese desarrollo sostenible como el mundo en que queremos llevarlo a la práctica constan de un amplio surtido de disciplinas y técnicas" (p. 18).

Si nos sumergimos a la parte del concepto, por un lado, encontraremos que tiene una apariencia meramente económica, sin embargo, esto no significa referirnos solamente al crecimiento económico, si bien el concepto como tal de desarrollo sustentable nace a partir de que las naciones y los políticos concientizan sobre el falló del modelo económico neoliberal, modelo basado en la extracción de recursos finitos, en el consumo desmedido, en la sobreproducción y en la explotación de la biodiversidad.

Para llegar a esta explotación fue necesario dividir el medio ambiente de la sociedad humana, con esta división nació la lógica mercantil en la sociedad, donde la naturaleza y el medio ambiente se convirtieron en recursos para enseguida convertirse en mercancías que generan "valor de cambio". Es así como en la sociedad capitalista "(...) el criterio que determina la relación hombre con la naturaleza es el culto al yo y la fijación existencial del sujeto en la acumulación de capital" (Covarrubias, Ojeda y Cruz, 2010, p. 96).

Esta acumulación de riqueza incesante intensificó la depredación del medio ambiente, la generación de gases de efecto invernadero y desechos contaminantes, hasta que llegó el momento en el que se observó el daño y la amenaza que representaba para el sistema social. En ese sentido este fenómeno social es reciente, ya que la sobreproducción y la mercantilización no habían causado tanto daño aún al medioambiente y a la sociedad misma hoy, esto sin duda sitúa a los políticos y la sociedad a considerar premisas de sustentabilidad.

Lo cierto es que a pesar de esta situación no se ha entendido el fenómeno actual en su totalidad, ni se ha incorporado nuevas construcciones conceptuales, sobre todo en el ámbito de las políticas públicas, incluso se ha influido en conceptos ambiguos que no ayudan a la sociedad a comprenderlo en su totalidad. El gramaje del concepto del desarrollo sustentable debiera abordarse de forma conjunta, no solo desde la parte científica y teórica, sino desde los hechos, el consenso y la participación ciudadana.

DESDE LA VISIÓN ECONÓMICA – CIENTÍFICA

El enfoque que la economía le da al desarrollo sustentable está basado en una corriente que considera al ser humano como eje central, en un paradigma antropocéntrico donde la oposición es la naturaleza que es vista como producto en beneficio del hombre, donde no se consideró la limitación de los recursos.

Si bien esta visión tiene algunas fallas, también es cierto que conforme a los años se ha incrementado la calidad de vida con el aumento de la salud, pero en esta disyuntiva también se ha generado la inequidad en la sociedad. La economía tiene influencias importantes en las corrientes epistemológicas del positivismo de Galileano, donde el propósito era el apoderamiento de la naturaleza con beneficios a las clases burguesas, de ahí le siguen disciplinas apegadas a la mecánica newtoniana, desde este punto de vista "(...) el movimiento de precios estimularía la conservación de los recursos, ya que cuando el precio se eleve, el productor asumirá técnicas de conservación y la mano invisible del mercado asegurará la sustentabilidad de los recursos" Underwood y King como se citó en (Bustillo y Martínez 2008, p. 391). En ese sentido el deterioro del medio ambiente se percibe como un proceso externo que, en las condiciones óptimas avalaron la preservación del medio ambiente y los recursos naturales.

En ese sentido la economía ha estado dirigida a modelos que simulan dinámicas lineales o no lineales donde se busca encontrar "el punto de equilibrio", es decir que los costos se empaten con los beneficios, estos modelos intentan predecir los comportamientos futuros, recargados en un crecimiento ilimitado justificado por medio del "desarrollo económico".

Incluso la palabra desarrollo desde la visión económica, en su tercer párrafo la Real Academia Española (2021) le da el significado de "la evolución progresiva de una economía hacia mejores niveles de vida" (p. 3). Este comportamiento ha regido en las naciones y países industrializados por medio de la globalización, donde se permite la explotación de los recursos de países desarrollados y subdesarrollados en aras de prolongar y mantener el consumo ilimitado, manteniendo una visión de las políticas económicas mundiales en el crecimiento simple como fuente de bienestar.

Es así como el desarrollo sustentable es visto por los gobiernos y los organismos internacionales "desarrollo del régimen capitalista y no el desarrollo que retorna a la naturaleza originaria" (Covarrubias et al, 2010, p. 97). En ese sentido la visión desde la economía dominante ha permitido que las políticas medioambientales, sigan siendo auxiliares a las políticas neoliberales.

DESDE LA VISIÓN ECONÓMICA ECOLÓGICA - CIENTÍFICA

Como ya se mencionó anteriormente existen diversas corrientes que intentan contribuir al concepto de desarrollo sustentable desde el punto de vista de la economía ecológica, como alternativa a la economía neoclásica, en esta economía si se considera a los recursos como finitos, es decir agotables, en ese sentido la economía ecológica propone una postura basada en la entropía.

> La entropía es una medida de la cantidad de energía incapaz de convertirse en trabajo. Por tanto, debido a que la producción económica requiere de un flujo constante de materiales e insumos energéticos, los cuales son gobernados por procesos entrópicos irreversibles, existirán entonces, lógicamente, límites para el crecimiento económico. (Covarrubias, et al 2010, p. 392)

Además de esta postura la economía ecológica, se basa en los límites ambientales, sin embargo, esta postura está basada en los límites ambientales para frenar la contaminación, pero no contempla la escasez de los recursos. Al respecto Boulding (1991) reconoce que el determinismo entrópico no explica la evolución jerárquica y la complejidad del potencial de los sistemas en lo social y económico.

En ese sentido parece que la economía ecológica, más que su fuerte postura antropocéntrica, reconoce la interdependencia de las actividades humanas y el medio ambiente, donde ambas deben situarse en equilibrio, donde el objetivo es la conservación de los ecosistemas y no la exclusión de ellos.

> Guimares resalta la importancia de factores como el equilibrio climático, la biodiversidad y la capacidad de recuperación de los ecosistemas, que trascienden a la acción del mercado, y deja clara la primera paradoja de la sustentabilidad, la presencia de una incompatibilidad o una dicotomía entre la realidad social urbana prevaleciente y una simple propuesta retórica, desprovista de la más mínima posibilidad de implementación. (Como se citó en Miranda y Jiménez, 2011, p. 182)

No se puede denominar desarrollo sustentable sino se tiene involucramiento en cuanto a medidas de mitigación de los daños ambientales, en ese sentido la palabra sustentabilidad involucra variables importantes, una de ellas es la sustentabilidad y su relación con lo finito, con los límites y la escasez de los recursos, otra variable más es la relación que tiene la sustentabilidad con la parte social, es decir el crecimiento exponencial de la población, así mismo con la producción limpia y finalmente con la contaminación. Justo la mezcla de estas variables tiene implicaciones fuertes para el planeta.

Implicaciones como concientizar que estamos en un mundo donde los recursos naturales son escasos y donde la sociedad siempre creciente en un sistema capitalista tiene necesidades ilimitadas, en donde el consumo energético es inmenso y este al estar recargado en los combustibles fósiles es altamente contaminante, todas estas implicaciones nos permiten comprender que hay una capacidad con límite para un planeta sustentable y que estamos al borde de un colapso medioambiental.

DESDE LA VISIÓN DEL DESARROLLO SUSTENTABLE

El desarrollo sustentable entonces ha sido comprendido de forma errónea, incluso comprendido como el crecimiento bruto de la economía se llega incluso a plantear como objetivo el bienestar social. El problema principal del concepto del desarrollo es que se suele entender como el aumento de la riqueza de un estado, donde dicho aumento no mejora el bienestar social ni el desarrollo humano, es decir el crecimiento económico como tal, está definido sin que este contemple las variables como la distribución equitativa, la responsabilidad de producción y la conservación medioambiental.

Desde luego la palabra desarrollo está vinculada y conectado con el desarrollo sustentable, el desarrollo social, desarrollo humano entre otros, en ese sentido el concepto es utilizado para muchas disciplinas sin que este sea claro, es decir pareciese que el concepto como tal de desarrollo no tiene algún significado y debe ser posible entender y precisar hacia donde vamos a dirigir este concepto y en qué disciplinas se fundamenta. Bien lo menciona Cortés (2021) "no existe el crecimiento económico, sino tipos de éste que pueden ser inclusivos o excluyentes, equitativos o polarizadores, destructivos o respetuosos de los ecosistemas en que se desenvuelven, etcétera" (p. 3).

Es importante cuestionarnos porque el término de desarrollo sigue utilizándose "in solo" o queda ausente, la realidad es que los gobiernos, estados, instituciones y personas prefieren no relacionarse con los aspectos políticos y de políticas públicas y omitir la significación y utilización del término. Hoy después de varias décadas de conocimiento, se sostiene que el desarrollo no es perdurable y/o de largo plazo y que de forma lamentable las sociedades y estados no renunciaron al desarrollo como objetivo de crecimiento.

Por otro lado, la sustentabilidad si nos permite tener una visión de largo plazo en el tiempo, jugando un papel interesante, si bien lo sustentable también está relacionado con la temporalidad, considerando entonces "satisfacer las necesidades de la generación presente sin comprometer la capacidad de las generaciones futuras para satisfacer sus propias necesidades" (ONU, 2021, p. 2). La sustentabilidad no solo incluye la temporalidad sino también los ecosistemas y el sistema social, estos dos enfoques traen consigo instrumentos de política económica ambiental.

Dichos instrumentos son importantes ya que el crecimiento económico no puede denominarse sustentable en ninguna de sus formas, cuando este no ha contemplado medidas de reducción y mitigación. El desarrollo sostenible no puede ser entendido como algo lejano a la responsabilidad generacional y medioambiental, dado que el término recae mucho en las generaciones presentes, pero estas no deben de menoscabar los recursos naturales y medioambientales para no traer consecuencias a las generaciones futuras.

Es importante entonces tener en cuenta dos criterios de relación directa con el desarrollo sustentable, uno de ellos es que debe responder a la ecología mientras que el otro debe considerar lo social, de esta forma podemos integrar una dimensión realmente ambiental, económica y social que aborde los nuevos problemas y no conduzca a espejismos y contradicciones sociales.

Se vuelve importante definir las variables mencionadas con anterioridad, ecología y la parte social para cuestionarnos sobre los umbrales del empobrecimiento social y ecológico, y con ellos lograr el establecimiento de modelos de desarrollo que logren realmente minimizar el deterioro ecológico, permitiendo optimizar los procesos de los ecosistemas como proveedores de servicios y de alimentos, para elevar la calidad de vida humana, como la función de los ecosistemas medioambientales.

> Lograr el cambio requiere que los procesos de transformación biológica y de desarrollo tecnológico e institucional se desplieguen en armonía, con el fin de evitar que el desarrollo empobrezca a un grupo mientras enriquece a otro, sin perder de vista la salvaguarda de la base ecológica que sostiene la productividad y la biodiversidad. (Altieri, 2000, p. 257)

DESDE LA VISIÓN DEL DESARROLLO SUSTENTABLE Y LA PARTICIPACIÓN CIUDADANA

Organismos Internacionales y programas de gobiernos comenzaron su preocupación por los años sesenta, se comenzaron entonces a divulgar informes internacionales y artículos científicos al respecto todos ellos enfocados a la protección medioambiental, por esos mismos años se comienza con algunos movimientos ambientalistas, que proponen cambios políticos, sociales, culturales y económicos. Las Organizaciones No Gubernamentales (ONG) comenzaron a ser actores importantes iniciando con la importancia de la protección medioambiental, escalando estos temas hasta la agenda global para concientizar sobre la crisis medioambiental.

También intervienen activistas, como la secretaría de las naciones unidas, activista europea Gro Harlem Brundtland presentó a través de su comisión el informe "Nuestro futuro común" también conocido como el "Informe de Brundtland" en honor a ella. Dicho libro ganó reconocimiento a nivel internacional y clarificó las bases del desarrollo sostenible, asegurando satisfacer las necesidades del presente sin menoscabar las de las generaciones futuras, también puso de manifiesto la relación entre el crecimiento económico, la sustentabilidad ambiental y la equidad social.

Ello permitió crear un tejido social en el que se empoderó al territorio a través de las distintas culturas ciudadanas y sus sistemas de valores, apoyando a preservar y cuidar sus bienes naturales, la sustentabilidad vista desde las transversalidad, es importante ya que constituye un avance en los subsistemas o territorios específicos, logrando regular entre las comunidades el avance del hombre en su entorno y estableciendo una relación armoniosa en lo social, medioambiental y en el sistema de valores, de esta forma la sustentabilidad se articula y permite repensar la relación hombre- naturaleza.

LA PARTICIPACIÓN CIUDADANA

En ese sentido valdría la pena cuestionarnos la participación ciudadana desde la definición, según la Declaratoria Universal de los Derechos Humanos, la participación ciudadana está definida como la intervención de la ciudadanía en los procesos de toma de decisiones (Comisión de Derechos Humanos, 1948).

La participación ciudadana es una pieza importante en el sistema democrático, inclusivo y representativo, que además incluye una serie de acciones que forman parte del proceso democrático, si bien la participación no se restringe solo al voto, sino que esta participación se ha transformado y ha incluido otras formas de participación, estas formas a su vez se relacionan en bienes, servicios e incluso derechos de ámbito público.

Pese a los avances de la ciudadanía en la incorporación de espacios para su participación en los temas que giran alrededor del desarrollo sustentable y cambio climático, se encuentra poco en la literatura y en el medio, sobre el aporte de la ciudadanía y las responsabilidades que han adquirido, el tema se aborda escasamente y con poca frecuencia, incluso en algunos casos se aborda desde una perspectiva negativa.

Es importante entonces, considerar puntos básicos en los procesos de participación y la mejora de estos, en búsqueda precisamente de un mejor funcionamiento del bien común y del estado y documentar desde luego la participación desde estos procesos, en ese sentido este artículo titulado: Participación ciudadana en materia de sustentabilidad y su papel en la construcción de políticas públicas, pretende también vislumbrar lo que se recoge metodológicamente de la exploración y consulta de las diversas fuentes, para aportar como es que la ciudadanía participa en materia de sustentabilidad y que como mencioné anteriormente poco se vislumbra.

¿CÓMO LA CIUDADANÍA APORTA Y PARTICIPA EN MATERIA DE SUSTENTABILIDAD?

Se han encontrado tres formas de cómo la ciudadanía aporta y participa en materia de sustentabilidad, la primera de ellas que denominaría participación básica es cuando la misma está informada ante cualquier proceso en materia de cambio climático sin importar incluso la complejidad del tema.

La segunda forma de participación encontrada, que denomino participación intermedia, es cuando la ciudadanía forma parte de procesos en la toma de decisiones, incluso de procesos básicos como los de consulta en materia medioambiental, esta participación, aunque intermedia es aún pasiva.

Finalmente, la tercera forma de participación ciudadana, que denominaré avanzada, logra incidir en las diversas estructuras institucionales y de gobernanza, con una participación y responsable, relacionándose de manera formal o informal[15] con estas estructuras, pero con gran actividad en los procesos, procedimientos y formas de cumplir las reglas.

Sin embargo, para que la participación ciudadana incide de forma responsable en el Derecho Humano a la participación, es preciso cumplir tres requisitos que recaen no sólo en las instituciones y el Estado, sino también en la ciudadanía, el primer requisito será la seriedad y el interés de la participación y esta depende y se relaciona estrictamente con el grado de sensibilidad que se tiene hacia la problemática, con cuanta información se cuenta para la correcta toma de decisiones que desde luego nos permitirá incidir .

---

15 Como informal se encuentran a todas las personas que alzan su voz, defensores medioambientalistas que protegen y cuidan nuestro planeta.

El segundo requisito es que el ciudadano conozca hasta donde puede participar, qué significa ello y hasta dónde puede intervenir en los procesos en los que puede verse inmerso, esta participación se da mediante los mecanismos y estructuras ya que estos delimitan el proceso, en donde a partir de ellos se toman decisiones y donde se comienza a percibir incluso procesos de participación más activos y de manera voluntaria, utilizando espacios para ello, donde emitimos percepciones y criterios a partir de nuestros conocimientos adquiridos incluso nuestras experiencias.

Finalmente el tercer requisito es que la ciudadanía cuente con las herramientas precisas para la participación y es aquí donde deseo ahondar más sobre ello, pues este requisito logra conjuntarse con lo que denominó la etapa avanzada de participación, dado que hay intervenciones activas donde se forman grupos o colectivos organizados que llevan a cabo sus ideas y son parte de los procesos que permiten llegar a niveles altos de participación, llegando a modificar o reformular las normas, la política pública y las normas legislativas.

Estos últimos ciudadanos requieren de bastante información, dado que no tenerla puede ser un riesgo en la toma de decisiones, con criterios o percepciones sesgadas, que pueden ser contraproducentes y tener un impacto negativo, poco estratégico o reducido. Ahora que planteamos que la información en los ciudadanos participativos es importante, podríamos cuestionarnos entonces si un ciudadano no informado está preparado para participar o debe hacerlo.

Anduiza y Bosch (2004) lo aclaran al respecto y afirman que dependerá de si se considera la participación como un fin en sí mismo o como un medio para conseguir un objetivo. Bajo el supuesto que ninguna persona está obligada a participar, se puede decir que de cara a los problemas medioambientales y al cambio climático lo ideal sería contar con ambas participaciones, dado que es posible que para los temas que requieren la toma de decisiones participen quienes más conocimiento tienen, sin embargo, es importante la participación de los demás ciudadanos, dado que lo opuesto a ello sería la apatía y nula participación.

Es decir, la inclusión de las distintas visiones, aportes y participaciones pueden compensar las distintas vertientes, logrando una participación inclusiva con percepciones desde distintos enfoques, tomando en cuenta las distintas visiones sociales y reduciendo la desigualdad de estas.

LA PARTICIPACIÓN DENTRO DE LOS SISTEMAS DE GOBERNANZA

La gobernanza es el enlace entre el Estado y la representación de diferentes sectores, es entonces la interrelación de estas dos estructuras que abarca además procesos, procedimientos y formas de que la normas pueda ser cumplidas entre los diferentes actores de la sociedad.

De acuerdo con la Real Academia Española (2021) la gobernanza es el "Arte o manera de gobernar que se propone como objetivo el logro de un desarrollo económico, social e institucional duradero, promoviendo un sano equilibrio entre el Estado, la sociedad civil y el mercado de la economía" (p. 1).

En ese sentido la participación ciudadana dentro de la gobernanza se traduce como el ejercicio de la ciudadanía, dicho ejercicio permite incidir sobre todos aquellos asuntos del bien común, considerando el ejercicio pleno, activo, consciente y responsable tanto de los deberes como de los derechos ciudadanos a su participación. Aquí cabe mencionar la teoría participativa y la teoría elitista, como dos grandes opuestos ambos con el interés de la solución de un conflicto.

En la teoría participativa, la ciudadanía activa es aquella interesada en la toma de decisiones y la que no participa, no lo hace por insatisfacción, desconocimiento o distanciamiento de la problemática, esta teoría deja a la deriva la puesta en marcha de algunos mecanismos de participación para aquella que se encuentra distante de la problemática, sin embargo, la participación de la ciudadanía activa no podría ser la muestra representativa del total del conjunto que sufre la problemática, un ejemplo claro es el cambio climático que afecta a todo el planeta, está participación activa no podría ser representar a toda la población afectada.

Por otro lado, la teoría elitista considera que la participación es solo en la democracia representativa, dejando la toma de las decisiones solo a los políticos y considerando que la ciudadanía que no toma decisiones o es poco participativa está en sistema adecuado que funciona, esta teoría deja de lado los movimientos sociales, agentes de cambios y defensores locales.

La combinación de ambas teorías permitiría vislumbrar y reconocer las nuevas y viejas formas de participación como grandes oportunidades para realizar cambios, se puede juzgar por las teorías que muchas personas y/o generaciones se han distanciado de la participación tradicional, emitir el voto, el partidismo entre otros, sin embargo podrías creer de acuerdo a la combinación de las teorías que quizás no han dejado de participar, pero simplemente participan desde otras formas, donde las acciones pueden ser la protesta, los movimientos sociales y acciones de cambio. Esto puede visualizarse recientemente en el aumento significativo del activismo, firma de peticiones, huelgas, aumento de manifestaciones, mecanismos consultivos en torno a temas climáticos e incluso crecimientos de ONG.

Logrando estructuras que se han transformado en Consejos Científicos de Cambio Climático y en Consejos Consultivos

Ciudadano de Cambio Climático, los cuales se encuentran actualmente normados en conformación y se consideran formales, en otros tiempos estos se hubiesen considerado mecanismos informales de participación.

Ahora bien las estructuras "informales y/o emergentes, si bien no utilizan los canales de participación institucionales, están llenas de participación de distintas formas, desde miembros activos de ONG, asistencia a marchas y mítines, participando en diferentes plataformas de escrutinio, pegando carteles, participando en manifestaciones y huelgas, haciendo activismo cibernético, boicoteando el consumo de determinados productos por razones medioambientales o políticas , todo ello también es participación con distintos niveles de compromiso, con distintas formas y con distintos grados de influencia que han traído consigo resultados.

Si bien, la participación pública requiere de consistencia, compromiso duradero, iniciativa y esfuerzo más que solo emitir un voto, no se desdeña la participación en todas sus formas, lo destacable en los temas de ambientalismo, cambio climático y desarrollo sustentable, es que estos temas generan preocupación de distintos grupos, tales como los empresarios, ecologistas, activistas, feministas, activistas por la paz, teóricos holísticos, protectores de los derechos de los animales, agricultores, alimentación modificada genéticamente, los de interés por la energía renovable, entre otros.

De acuerdo con Norris (2002) el activismo ambiental es contrapuestos a la participación electoral, pero congenia con los movimientos de protesta, en ese sentido el activismo o los movimientos sociales, suele apoyar y accionar cambios de vida de los actores, ya que se involucran con problemáticas que viven, más que con formas apoyadas a la política, sin embargo, como ya he comentado ninguna de las distintas formas de participación debería dejarse de lado.

MODELOS DE POLÍTICAS PÚBLICAS Y PARTICIPACIÓN CIUDADANA

Si bien ya hablamos de la participación ciudadana y de las distintas formas de participación, así como de sus diferentes niveles, es importante hablar sobre las políticas públicas, si bien estas son acciones que los gobiernos toman, donde estas acciones tienen efectos sobre la sociedad y los ciudadanos, con el enfoque de estimular la cooperación social y limitar los conflictos dentro de la sociedad. Es importante entonces hablar sobre los modelos de las políticas públicas que describen los procesos e implementación de estas, la literatura actualmente considera tres enfoques, racionalista, incrementalista y mixto.

El modelo con enfoque racionalista considera que las políticas se originan en el gobierno, donde solo se presenta un solo lado en la sociedad, es decir se asume que el gobierno (tomador de decisiones) cuenta con los conocimientos adecuados para tomar las mejores decisiones por medio de análisis cuantitativos. Por otro lado, el enfoque incrementalista considera que dicho análisis cuantitativo ayuda al gobierno a tomar decisiones y a elegir las mejores alternativas en una posición negociadora, este enfoque considera que las políticas pueden ser mejoradas sobre las que ya se encuentran existentes. Este enfoque trae la modificación de las políticas cuando hay crisis, conflictos o hay fuerte movilización de la ciudadanía y ha puesto en la agenda política, dichos cambios.

Por otro lado, el enfoque mixto, suele integrar modelos que anteriormente han sido ya descritos, se suelen tomar decisiones con base a una la proactividad de algún administrador, en este enfoque se considera y acepta que hay un sistema conservador y que aun cuando hay alternativas mejores y viables, es complicado implementarlas debido a dicho sistema.

Dado la mención de los tres enfoques anteriores que algunas políticas públicas optan, es importante mencionar que es esencial la evaluación de las políticas para tener el efecto deseado de la misma, en ese sentido cabría entonces la posibilidad de la modificación de las políticas públicas regionales hasta llegar a su óptimo funcionamiento. Dichas evaluaciones pueden ser realizadas en tres periodos.

La primera evaluación puede ser *antes* de la implementación de la política pública, esta evaluación requerirá de modelos, estimaciones y efectos, la segunda evaluación puede venir *durante* la implementación de la misma, con el propósito de exponer los resultados finales y desde luego realizar ajustes a dichas políticas implementadas, finalmente la tercera evaluación vendría al final de la implementación de la política, con la finalidad de determinar los resultados, compararlos y realizar ajustar posibles.

En estas evaluaciones es necesario observar e incorporar distintos indicadores, pero todos ellos con un enfoque cohesivo, integrador, coherente y desde luego con la sinergia para cumplir los objetivos de los distintos sectores o programas. No nos olvidemos también de la inclusión de análisis de los distintos actores, así como de la transparencia de estas, para permitir el acceso a la información para sus posteriores evaluaciones. Estos ejercicios son necesarios para que la participación de los ciudadanos tenga un verdadero fin de construcción política y puedan mejorarse los problemas de asimetría y de información. Incluso estos ejercicios se vuelven espacios de consulta y de diálogo en el intercambio de la información.

El cambio climático sin duda es de los desafíos más grandes que tenemos, incluso que ocasiona mayores conflictos socio – ambientales, en ese sentido puede ser un área de oportunidad para acercarnos a la transparencia de este, a la justicia social, a un desarrollo económico inclusivo y por ende a la sostenibilidad ambiental, que permita el correcto desarrollo de las generaciones futuras.

Sin duda el estado es quien puede y debe tomar decisiones, pero la sociedad puede ser participe no solo de elegir al candidato y/o representante, sino también de generar propuestas para la toma de decisiones, cuidar nuestros intereses y los intereses de las generaciones futuras como un bien común, ya que esta también es labor nuestra y nosotros somos parte de los procesos de cambio. Como bien indica Granados (2017) "la ciudadanía debe utilizar las mejores herramientas y estrategias para demandar la transparencia y la apertura de espacios, así como participar activa, informada y responsablemente" (p. 28).

CONCLUSIONES

La ciudadanía participa en los procesos de toma de decisiones, aunque estas sean diversas e incluyen una multitud de opciones, reconocidas y no reconocidas, formales e informales, de distintos niveles, influyentes o no, sistemáticas, con diferentes niveles y posibilidades. En ese sentido si existe participación ciudadana, sin embargo, es positivo cuestionarnos si dicha participación coadyuva al bien común, si estas cumplen con el propósito para enfrentar la crisis medioambiental.

Si bien las acciones y participaciones formales y no formales son necesarias y en ellas se encuentra el abanico de las diferentes opciones y variables, es importante determinar las acciones y si estas son realmente son efectivas y están direccionadas a la disminución del calentamiento global y de la justicia social. Con esta evaluación sugerida se puede fortalecer dichas acciones, habilitar y fortalecer a la ciudadanía para una mayor participación, además de fortalecer las instituciones para brindar los espacios necesarios para la participación.

Sin duda es importante estar organizados, incluir a las personas en la problemática actual y en la discusión, contar con una visión a futuro, en miras de crear posibilidades y oportunidades, en torno al cambio climático y a una crisis que es de magnitud global, pero que puede coadyuvar a través de la participación ciudadana y al aporte de la misma, con una visión multidisciplinaria, con perspectivas distintas y plurales, velando por los derechos humanos, con una responsable y correcta participación, anteponiendo la calidad de vida para las futuras generaciones y no solo el crecimiento económico presente.

Referencias bibliográficas

Altieri, M. (2000). Agroecología. En P. d. Ambiente, *Teoría y práctica para una agricultura sustentable* (pág. 257). México D. F: Caribe, Ed.

Anduiza, E., y Bosch, A. (2004). *Comportamiento político y electoral.* Barcelona: Ariel.

Boulding, K. (1991). *What do we want to sustain? Environmentalism and Human Evaluations.* Nueva York: Columbia University Press.

Bustillo García, L., & Martínez Dávila, J. (2008). Los enfoques de desarrollos sustentables. *Asociación Interciencia, 33,* 389-395.

Comisión de Derechos Humanos. (1948). *Declaración Universal de los Derechos Humanos.* Francia: Naciones Unidas.

Cortés, A. (7 de 09 de 2021). *Sustentabilidad, Pobreza y Calidad de Vida.* Obtenido de Sustentable, Pobreza y Calidad de Vida: www.una.ac.cr/ambi/Ambien-Tico/92/cortes.htm

Covarrubias Villa, F., Ojeda Sampson, A., & Cruz Navarro, M. G. (2010). La sustentabilidad ambiental como sustentabilidad del régimen capitalista. *Ciencia Ergo sum,* 95-101.

Granados, G. (2017). La relevancia de la transparencia, apertura y participación ciudadana en la lucha contra el cambio climático. *Sinergias,* 25-28.

Miranda Rosales, V., & Jiménez Sánchez, P. L. (2011). Sustentabilidad urbana planteamientos teóricos y conceptuales. *Quivera, 13,* 180-196.

Mushett, F. (1998). *Principios del desarrollo sostenible.* España: AENOR.

Norris, P. (2002). Cambridge University Press. *Reinventing Political Activism,* 50-66.

ONU. (14 de 09 de 2021). *ONU.* Obtenido de Informe de Brundtland: https://www.un.org/es/impacto-acad%C3%A9mico/sostenibilidad

Real Academia Española. (1 de septiembre de 2021). *Real Academia Española.* Obtenido de Desarrollo: https://dle.rae.es/desarrollo?m=form

Real Academia Española. (25 de noviembre de 2021). *Real Academia Española.* Obtenido de Diccionario de la lengua española: https://dle.rae.es/gobernanza

Redes en México: Un análisis conceptual para explicar la cooperación y gobernanza

MAGDIEL GÓMEZ MUÑIZ

Profesor Investigador de la Universidad de Guadalajara, adscrito al Departamento de Política y Sociedad en el Centro Universitario de la Ciénega (CUCIÉNEGA). Coordinador del Doctorado en Ciencia Política. Parte del Cuerpo Académico UDG-CA-562: Educación, Políticas Públicas y Desarrollo Regional. Presidente de la Academia de Ciencia Política – CUCIÉNEGA. Miembro del Sistema Nacional de Investigadores (SNI)-CONACYT. Perfil PRODEP. ORCID: https://orcid.org/0000-0002-0709-3460

Correo electrónico: magdiel.gomez@redudg.udg.mx

INTRODUCCIÓN

La gobernanza como un enfoque novedoso e incluyente de gestionar los asuntos públicos ha cobrado carta de naturalización en México. Si bien, de forma primaria el abordaje que ha tenido la gobernanza ha sido el que nace esencialmente del ámbito académico, lo cierto es que poco a poco ha tomado su rol dentro del imaginario colectivo como una forma de participación más amplia que abona a la creación de una ciudadanía ampliada.

Entendemos por ciudadanía ampliada lo que al respecto señala el Informe "Nuestra Democracia" realizado por el Programa de Naciones Unidas para el Desarrollo (PNUD) que sostiene que la ciudadanía puede ser entendida como "un precepto de igualdad básica asociada con la pertenencia a una comunidad" (PNUD, 2010, p. 32) y que las condiciones que permiten hablar de una ciudadanía ampliada emerge cuando la igualdad política se amplía hasta establecer esferas de intervención colectiva que va más allá de los derechos políticos fundamentales.

En este sentido, el PNUD recupera las tres dimensiones de la ciudadanía postuladas por Thomas Marshall y que se categorizan como civil, política y social. La *primera* de ellas concentra todos los derechos que podríamos denominar como derechos humanos y que implican la libertad, la libre expresión, religión, pensamiento y propiedad; en tanto que la *segunda* dimensión establece el "derecho a participar en el ejercicio del poder político como miembro de un cuerpo investido de autoridad política o como elector de sus miembros" (PNUD, 2010, p. 32) es decir, que desde esta dimensión se garantiza la plena participación política en las decisiones más allá de la emisión del sufragio y que viene a ser el espectro de actuación de la teoría de la gobernanza.

Por su parte la tercera dimensión de *ciudadanía social* implica todos aquellos derechos imbricados con el bienestar económico, cultural y demás en lo que podría denominarse como derechos culturales y económicos.

Si bien, a primera vista estas tres dimensiones de la ciudadanía pueden parecer desvinculadas del debate de la gobernanza lo que realmente sirve de puente entre este concepto y la gobernanza es el hecho de que la ciudadanía ampliada por su esencial característica de "evitar o limitar la dominación de individuos o grupos que impidan este objetivo (la propia ampliación de la ciudadanía)" (PNUD, 2010, p. 33) mantiene un debate abierto por aumentar la esfera de la acción de los ciudadanos en la sociedad.

Los trabajos colectivos en mesas de diálogo (de manera autónoma del gobierno) pretenden incentivar que en las decisiones públicas y sobre todo en las acciones de corte decisional los ciudadanos puedan cocrear agendas públicas funcionales para impulsar políticas públicas emanadas de prácticas parlamentaristas.

Por tanto, esta idea de la ciudadanía ampliada –vista esencialmente desde la dimensión de ciudadanía política– perfectamente se puede articular con el concepto de gobernanza que al respecto señala Bassols (2011) y que tenía como intención fundamental *denotar la intervención de nuevos agentes y actores sociales en los procesos de gobierno. Puesto que se insiste en la insuficiencia del gobierno por sí mismo, a él se le deben sumar los esfuerzos de una colectividad de individuos diversos, con los cuales debe acordar de forma coordinada, acciones de incidencia gubernamental* (Bassols, 2011, p. 09) es decir, que desde esta concepción la gobernanza tiene por imperativo ampliar el número de jugadores dentro de las dinámicas decisionales con la finalidad de establecer acciones gubernamentales inclusivas.

Bajo esta óptica, la participación amplia de los ciudadanos en las labores públicas es sin duda una de las determinantes de la gobernanza que a su vez producen composiciones democráticas deliberativas para que la gobernabilidad impere en el marco del Estado de Derecho.

En este sentido, el presente trabajo parte de la certeza de que la gobernanza –y en específico la gobernanza articulada a partir de redes– tienen como producto esencial el aumento de la dimensión de la ciudadanía política, no obstante, para conseguir este propósito existen precondiciones claras de cuya incidencia en la formación de las redes y del concepto de gobernanza poco se habla y es justamente el concepto de capital social integrado por dos factores que han sido medidos de forma general en México: la confianza y la cooperación entre los ciudadanos.

Se debe subrayar que el sustrato básico para el éxito de las redes de gobernanza se hace indispensable que los individuos compartan valores y conceptos claves que permitan entender la importancia de su participación y la trascendencia de esta.

Al final del presente documento se intenta generar un balance sobre la relación existente entre las condiciones del capital social en México y el éxito o fracaso de las redes de gobernanza con la finalidad de determinar cuál sería el camino para lograr redes autónomas de gobernanza virtud de lo cual se plantean tres dilemas decisivos que pretenden mostrar la ruta a generar en pos de lograr mejores condiciones para la formación, nacimiento y consolidación de redes de gobernanza y que pueden ser resumidas en las condiciones de demoler, reconstruir o rehabilitar las condiciones sociales actuales a fin de lograr una ciudadanía política vital que redunde en mejores condiciones para los esfuerzos de la gobernanza actual.

REDES, GOBERNANZA Y COOPERACIÓN: UN ENFOQUE OPERATIVO

El célebre francés Michel Foucault (2014) en su famoso texto "El orden del discurso" señala que *la voluntad de verdad apoyada en una base y una distribución institucional, tiende a ejercer sobre los otros discursos –hablo siempre de nuestra sociedad– una especie de presión y poder de coacción* (Foucault, 2014, p. 22) justamente en este dilema es en el que se encuentra la introducción del concepto de la gobernanza en el discurso público donde hasta mediados del Siglo XX -bajo el influjo de las tesis del Estado de Bienestar- el discurso público ubicaba al Estado como un ente destinado a la generación de pautas de comportamiento y estrategias de acción política unificadas.

Bajo esta óptica, donde el Estado se convertía en el actor por excelencia de la gestión de los asuntos públicos es que se ubica a la gobernanza como una fuerza contrahegemónica que poco a poco comienza a minar los criterios de verdad del discurso hegemónico del Estado de Bienestar, es decir, tal y como señala Foucault (2014) el concepto de la gobernanza comienza por disminuir la presión de la base institucional (expresada en la arquitectura de las grandes administraciones públicas integradas por un sinnúmero de departamentos administrativos) y que pasaba de esta dimensión estructural real a convertirse en un elemento de presión y coacción por medio de la provisión de bienes públicos por medios discrecionales.

La gobernanza poco a poco fue transformando dicho entorno institucional y discursivo de hegemonía del Estado como agente preponderante para pasar a lo que señala Natera como el concepto primario de la misma y que explicita a la misma como *un nuevo estilo de gobierno –distinto del modelo de control jerárquico, pero también del mercado– caracterizado por un mayor grado de cooperación y por la interacción del Estado y los actores no estatales en el interior de redes decisionales mixtas entre lo público y lo privado* (Natera, 2005, p. 759). Desde la visión de Natera la gobernanza se establece como un modelo de toma de decisiones que requiere la coordinación de actores sociales, institucionales y políticos integrados en redes de comunicación que permitan vincular acciones que desde lo público y lo privado que puedan incidir en las acciones que afectan a toda la comunidad.

Es importante también resaltar el hecho de que la gobernanza, dada la amplitud de actores que considera para la toma de decisiones no puede ser establecida como una estructura centralizada que se imponga desde las oficinas de gobierno, sino que implica de forma natural la interacción de diversos agentes que puedan aportar sus visiones.

Tal y como sostiene el propio Natera "La gobernanza no se caracteriza por la jerarquía sino por la interacción de actores corporativos autónomos y por redes entre organizaciones" (Natera, 2005, p. 759) con objetivos definidos (implícitos y explícitos) bajo enfoques menos jerárquicos, más ejecutivos y flexibles para dar paso a constelaciones de nuevos actores capaces de apropiar aprendizajes reflexivos adecuados en una cooperación por lo general heterogénea.

Si bien, este es el modelo de análisis de la gobernanza actual, lo cierto es que no quedan claros dos puntos: 1) ¿En qué momento la gobernanza se convirtió en el modelo hegemónico de interacción entre sociedad y gobierno para la toma de decisiones colectivas?; y, 2) ¿Cuál es la importancia de las redes organizadas en la función de la gobernanza?

Al respecto del primer punto, Natera sostiene que el momento definitorio del paso del Estado tradicional (que podríamos llamar Estado de Bienestar) al modelo de Estado Desconcentrado se da cuando se incrementa la complejidad y fragmentación de las estructuras políticas y administrativa, toda vez que el control que el propio Estado imponía en sus procesos se ha presentado francamente carente en una circunstancia que exige nuevos y mejores mecanismos de inclusión a todas las expresiones sociales.

Es justamente en este momento en el que el modelo de gobernanza se convierte en el discurso hegemónico toda vez que es "el espacio más importante de cooperación Estado-sociedad es el de las redes mixtas de actores públicos y privados que se observan en niveles específicos o en sectores de las políticas" (Natera, 2005, p. 767) si bien la gobernanza propugna por la inclusión de cada vez más actores en la toma de decisiones lo cierto es que justamente son las redes el mecanismo por el cual este concepto teórico se puede materializar.

A este respecto, se entenderá por una red lo que define Castells para quien "es un conjunto de nodos interconectados [...] los nodos aumentan de importancia para la red cuando absorben más información importante y la procesan más eficientemente [...] las redes procesan flujos. Los flujos son corrientes de información entre nodos que circulan por canales que conectan los nodos. Una red está definida por el programa que asigna los objetivos y las reglas de funcionamiento de la propia red" (Castells, 2012, p. 45) es justamente esta concepción la que permite entender a la gobernanza como un esquema de redes, toda vez que como bien sostiene Castells las redes se pueden entender como nodos interconectados, es decir, puntos que cuentan con elementos de unión y que procesan flujos de información que permiten definir esquemas de acción. Las redes se presentan como grandes carreteras de información que permiten no solo entender el contexto general de la acción política, sino que la permite enriquecer por medio no de la imposición sino de la coordinación.

En este sentido, hablar de redes de gobernanza no es descabellado toda vez que de forma general las redes son el mecanismo ideal por medio del cual se pueden concertar acciones incluyentes que contengan información de todos los participantes de la comunidad, es importante también entender que las redes pueden ser vistas como una forma de contención ante el poder –que se puede alegar como omnímodo– de las estructuras estatales.

Las redes constituyen un mecanismo de resistencia al poder estatal mismo que se presenta como una fórmula de observación, diagnóstico y guía relacional que combina a múltiples actores por medio de dos ejes de acción de las redes: "los programas y la conexión entre ellas" (Castells, 2012, p. 78). Por diversas razones, no se sostiene que una red haga las veces de autogobierno, sino que progresivamente y de acuerdo a las circunstancias sociales, se asumen aspectos que se deben garantizar en el espectro de los derechos humanos y la consecución de calidad de vida.

Lo cierto es que, al hablar de los programas, Castells (2012) se refiere al hecho de que la redes generan programas de acción que se enfrentan al plan de acción impulsado por el gobierno, es decir, que las redes sirven de contrapeso al poder estatal por medio de sus programas de acción. Asimismo, las redes por medio de las conexiones que generan entre ellas pueden establecer esquemas de coordinación que resisten a la intervención estatal y que funcionan efectivamente como un contrapeso de acción.

Es justamente por estas dos definiciones que las redes sociales como las conocemos actualmente requieren de forma general una independencia de los organismos estatales misma que solo se puede obtener por medio de una vocación por parte de sus integrantes de mantener la esfera de acción de la red fuera de los incentivos generales del gobierno y de las influencias negativas que al respecto se puedan generar.

Esta independencia de las redes sociales se puede obtener sólo por medio de una fuerte confianza entre los miembros de la misma y una condición y actitud cívica fortalecida que permita los integrantes de la red comprometer sus esfuerzos sin que necesariamente tengan como finalidad la obtención de bienes públicos o en su defecto la obtención de beneficios personales o incentivos particulares para la red de que se trate.

Es importante entender que en el tránsito de las redes sociales como mecanismos de gobernanza se debe tener en consideración que dichas redes siempre tendrán como elementos articuladores la creación de nodos y la fortaleza de dichas relaciones entre nodos, no obstante, es importante entender que tal y como sostiene Jonathan Davis (2011) la estructuración de la red a partir del intercambio de recursos debe tener una correspondencia con la forma en que los actores perciben la participación en las redes de política, es decir, las finalidades para las cuales los actores consideran necesario el asociacionismo, si se trata de incentivos puramente psicológicos ligados a la participación como elemento central de su actuar o en si en la red consideran necesario establecer otro tipo de bienes a obtener en cuando a sus relaciones con instituciones formales de gobierno.

Esta distinción fundamental a entender entre las redes de política pública y las redes sociales de asociacionismo debe mantenerse siempre presente toda vez que solo a partir de dicha función de distinción se pueden lograr establecer la serie de objetivos que deben buscarse según sea la finalidad y el propósito de la red (Davis, 2011, p. 53).

Esto resulta vital toda vez que los gobiernos intentan siempre movilizar "a actores no gubernamentales en la búsqueda de la noción de los bienes comunes [...] el surgimiento del paradigma de redes refleja el intento de rediseñar las políticas públicas en una imagen posmoderna y post-ideológica" (Davis, 2011, p. 43) virtud de lo cual las redes pueden ser cooptadas por los gobiernos en caso de que no se tenga claridad de los aspectos y finalidades de las mismas, toda vez que como expresa Davis las redes de gobernanza mantienen como elemento de generación un intento de otorgar una imagen de que estas se colocan más allá del enfoque del estado moderno y en el contexto de una sociedad post-ideológica donde el debate entre la izquierda y la derecha se ha superado por este enfoque.

Si bien, hasta aquí ha quedado clara la relación entre gobernanza y redes lo cierto es que aún queda por resolver el papel de la confianza y la cooperación como elemento que permite dar vida a las redes en el contexto de la gobernanza, es decir, que papel juega la confianza y la cooperación en la tarea de generar redes o cuál es el papel que juegan estas percepciones en las mismas.

La intención que subsiste en la coordinación gobierno-gobernado es la que aclara las condiciones con las que "el mecanismo de coordinación que caracteriza a las redes es, por definición, la confianza y/o lealtad entre los integrantes de la red, que se aleja de los mecanismos empleados por las burocracias (jerarquía) y los mercados (competencia de precios)". (Natera, 2005, p. 768)

Entonces el papel trascendente de la confianza de las personas para la generación de redes fortalecidas, que si bien, en los aspectos gubernamentales la participación está sujeta a condiciones de jerarquía y esquemas de control por medio de la coerción que tiene que ver con la dominación por parte de la estructura frente al individuo y el hecho de que el mercado tenga como elemento de estructuración y orden los precios. La capacidad adquisitiva de los individuos sujetos a la participación, en las redes no existen estos mecanismos verticales de control, por lo cual tanto la participación dentro de la red mantiene elementos más vinculados a otra clase de incentivos menos verticales y más ligados –según Natera (2005)– a la confianza.

Si se parte del supuesto que los incentivos de la participación de la red se encuentran más difuminados –debido a que la confianza interpersonal e institucional se mantienen como elementos poco claros y más bien ambiguos– existe una tensión persistente entre los propios actores de la red participantes de la gobernanza mismos que pueden en algún momento intentar pasar de la autonomía relativa a una relación de patronazgo con las figuras de autoridad; la incapacidad de no comprender lo vital de las redes de gobernanza orilla a las democracias a replantear las desigualdades como la reducción de brechas de pobreza.

Virtud de estas diferenciaciones vale la pena destacar las características definitorias que al respecto de las redes de gobernanza según Natera (2005) y que pueden resumirse de la siguiente forma: *"la existencia de una estructura multicéntrica o, dicho en negativo, la ausencia de un único centro decisor que determine los procesos de adopción de decisiones de forma monopolística o exclusiva; la interdependencia entre los actores y la tendencia a determinar procesos y alcanzar resultados de forma relacional y la existencia de interacciones con un grado aceptable de estabilidad"* (Natera, 2005, p. 768) tal y como se puede apreciar en estas características la ausencia de un solo centro de decisión y la interdependencia entre los actores mantienen como eje central entonces la necesidad de que exista confianza entre los integrantes y de que se vislumbren condiciones positivas para hacer valer la voz de todos y cada uno de ellos sin el riesgo de ser presa de la mayoría más organizada.

Si bien, como hemos afirmado la confianza es un elemento central de la participación en las redes sociales, lo cierto es que una etapa posterior de la vinculación requiere una relación constante entre confianza y cooperación siendo que está última se puede establecer en una tipología de siete clases de relaciones de cooperación "los cuales se corresponden con otros tantos tipos de redes: relaciones formales (de autoridad), relaciones coercitivas, relaciones utilitarias, relaciones clientelares, relaciones articuladas en torno a una coalición, relaciones basadas en la cooptación y relaciones basadas en vínculos personales". (Natera, 2005, p. 770). Para el caso que nos compete se considera que la confianza más fuerte que se demuestra por medio de la cooperación está relacionada con relaciones de confianza que se establecen en torno a la coalición, cooptación y los vínculos personales.

EL CAPITAL SOCIAL COMO ELEMENTO CRUCIAL DE LA AUTOGESTIÓN DE LAS REDES

Si bien, ha quedado clara la relación entre los conceptos de gobernanza y red además de vislumbrar la forma en que la confianza y la cooperación operan en favor de la creación de redes autónomas de las fuerzas estatales, lo cierto es que aún persisten elementos que nos permiten preguntarnos ¿Cuál es entonces el papel de la confianza social en la creación de condiciones para la generación de redes fuertes y autónomas? Y más aún ¿Cómo se puede establecer el hecho de que las redes existentes mantienen una independencia real del poder y se vislumbran como una alternativa contra hegemónica?

A este respecto, se considera el hecho de que justamente el concepto de las redes de gobernanza hoy por hoy se ha convertido en el discurso hegemónico por excelencia, es decir, casi nadie se cuestiona que dicho modelo sea el óptimo para la gestión de los problemas comunitarios y para la creación de políticas públicas que respondan a los problemas de forma cada vez más integral.

No obstante, el papel de analizar la confianza y la cooperación como elementos integradores de las redes nos orilla a repensar el propio esquema desde una visión que permita entender la propia dominación del modelo, en este sentido, conviene entonces rescatar lo que al respecto señala Davis (2011) quien apuntan al hecho de que "parece claro que coexiste una cierta apertura de las redes gubernamentales hacia una pluralidad de perspectivas políticas con una tendencia hacia el cierre de las mismas y el giro hacia una gestión acrítica [...] en otras palabras, el sistema de la gobernanza de redes parece tener una dinámica anti-pluralista y anti-democrática" (Davis, 2011, pp. 44-45).

La proliferación de redes no implica el hecho de que necesariamente estas se erijan como baluartes críticos del sistema si no que más bien se puede tratar de un esquema en el cual los conceptos dominantes y las tendencias estatales se encuentran tratando de hacer creer que las redes responden realmente a la heterogeneidad social con lo cual legitiman de forma absoluta sus decisiones.

Por ello, Davis (2011) señala el hecho de que las redes de forma velada se están convirtiendo en esquemas que permiten hablar de una política anti pluralista y antidemocrática donde el disenso incluso en torno al propio sistema de gobernanza de redes se encuentra velado o simplemente acallado, es decir, no se cuestiona el hecho de que lo óptimo sean las redes y tampoco se cuestiona la naturaleza constitutiva de las mismas.

En este punto es donde se considera que las cuestiones relativas a analizar el capital social que existe en México puede dar una idea cercana al tipo de redes que se pueden construir y la naturaleza del propio sistema de redes de gobernanza existente en nuestro país, toda vez que si bien existen redes de gobernanza lo cierto es que poco se ha hecho por analizar en qué contexto surgen y más aún que tipo de incentivos pueden tener a partir del análisis de las cuestiones que constituyen el capital social, es decir ¿Podemos hablar de que en nuestro país existe un robusto sistema de redes de gobernanza auténticamente autónomo y que ejecute un auténtico contrapeso a las decisiones políticas estatales.

Es por tanto necesario analizar el concepto de capital social propuesto por Robert Putnam (2002) quien en su texto "Solo en la bolera" sostiene que "La piedra de toque del capital social es el principio de reciprocidad generalizada: yo hago esto ahora por ti, sin esperar nada a cambio de inmediato y quizás sin conocerte, pero confiando en que más adelante tú al algún otro me devolváis el favor" (Putnam, 2002, p. 175).

El capital social está plenamente enraizado en el hecho de que existen por un lado cooperación y por el otro, confianza, es decir, la cooperación se puede entender por el hecho de que se puede ayudar al prójimo y se hace dicha acción en tanto que la confianza se sustenta en el hecho de que dicha acción positiva podrá ser replicada por otros actores sin que necesariamente sea el actor beneficiado por nuestra acción.

Es justamente esta doble contraposición de conceptos lo que genera el llamado capital social que utiliza Putnam para explicar el asociacionismo en Estados Unidos, mismo que se explica al entender la lógica de las redes de intercambio social, a este respecto, Putnam (2002) señala que en el caso de sociedades donde existen redes de intercambio social fuertes existen normas de reciprocidad generalizadas muy sólidas lo que genera que las personas tiendan a colaborar toda vez que es muy seguro que en el futuro escuchen hablar uno del otro. (Putnam, 2002, p. 177) por lo cual se redoblan los esquemas de cooperación y existe una tendencia social a participar en organizaciones que permiten extender la red de cooperación más allá de los límites establecidos por las exigencias de los derechos básicos de ciudadanía.

Si bien, este enfoque puede explicarnos de forma más o menos simple el esquema de relación entre la confianza y la cooperación, Putnam (2002) también realiza una distinción operativa fundamental en la cual distingue dos tipos de confianza particularmente bajo el hecho de que:

> La confianza enraizada en relaciones personales fuertes, frecuentes y establecidas en unas redes más amplias se denomina a veces "confianza densa". Ahora bien, una confianza más diluida en el "otro en general" [...] se basa también implícitamente en algún trasfondo de redes sociales compartidas de esperanzas de reciprocidad [...] La confianza diluida es aún más útil que la densa, pues se extiende el radio de confianza más allá de la lista de individuos a quienes podemos conocer personalmente. Sin embargo, a medida que el tejido social de una comunidad se vuelve más manido, su eficacia para transmitir y sustentar famas decae (Putnam, 2002, p. 178).

La distinción operativa que realiza Putnam (2002) en torno a la confianza diluida y la confianza densa permite con mayor sentido analizar la importancia entonces tanto de la confianza como de la cooperación en el contexto de las redes sociales, a este respecto, podemos distinguir por tanto dos niveles de confianza que permiten que los ciudadanos se apoyen entre sí y formen nuevos esquemas de trabajo y de contrapoder, por un lado expresado en la confianza densa que se vincula con el grado de confianza con su ecosistema inmediato y por el otro con la confianza diluida que se puede entender como el nivel de confianza con la sociedad en general, a este respecto, dichas categorías integrantes del capital social permiten entender el nivel de compromiso social que puede existir y las consecuencias que hay de que dichos niveles de confianza se ubiquen en indicadores altos.

Putnam (2002) sostiene que "la gente que confía más en sus conciudadanos realiza más a menudo trabajos voluntarios, entrega más donativos para obras de caridad, participa con más frecuencia en política y en organizaciones comunitarias y está más dispuesta a ser miembro de un jurado [...] da muestras de muchas otras formas de virtud cívica" (Putnam, 2002, p. 178).

Se puede sostener entonces el hecho de que en una escala mayor de confianza densa y diluida se esperarían mejores indicadores de participación y un asociacionismo que requiriera menos incentivos materiales para dotarse así mismo de efectividad; por tanto, sólo en una sociedad con un capital social robustecido se podría esperar la emergencia de redes sociales contra hegemónicas que pudieran exponer auténticos posicionamientos comunitarios frente a la injerencia gubernamental o que de forma general mantengan incentivos que vayan más allá de la toma de partido por una tendencia gubernamental o una decisión de las élites.

En un contexto social donde la confianza densa y diluida se encuentra en niveles bajos difícilmente se podrían crear condiciones para que redes sociales robustas e independientes florezcan ya que como bien sostiene Putnam (2002) los movimientos sociales son los principales creadores de capital social ya que fomentan nuevas identidades y generan una especie de confianza entre los ciudadanos de que el cambio o cuando menos la participación por medio de su voz es posible. (Putnam, 2002, p. 202).

Ahora bien, es importante entender que el marco de la confianza como medición para evaluar la calidad de las redes sociales en México no solamente está sustentado en lo que al respecto señala Davis (2011) sino que también Porras (2016) indica que desde la visión de Rhodes no cualquier "tipo de red da condiciones de gobernanza, sino sólo las que están compuestas por individuos y organizaciones de por lo menos dos sectores diferentes de la sociedad" (Porras, 2016, p. 65) en este sentido, si bien este estudio no pretende analizar las integraciones de las redes sociales lo cierto es que esta precondición clara para determinar el impacto de las redes en la gobernanza nos permite entonces abordar una serie de requisitos básicos a partir de los cuales se puede sustentar el hecho de que una red de gobernanza auténtica puede y debe tener ciertas condiciones mínimas para considerarse como tal y entre estas no solamente se pueden establecer condiciones de origen de los integrantes si no también actitudes y percepciones de los mismos como sustrato básico de operación de las mismas.

EL CEMENTO DE LAS REDES EN MÉXICO: LOS RESULTADOS DEMOSCÓPICOS COMO PIEDRA ANGULAR

La medición de actitudes hacia conceptos tan abstractos como lo es la confianza y la cooperación puede tornarse difícil en un contexto micro, no obstante, a la fecha existen cuando menos dos instrumentos demoscópicos que han tomado como base la confianza densa y diluida a fin de conocer las actitudes de los mexicanos al respecto. En este sentido, se considera básico analizar estas dimensiones de confianza por lo anteriormente expuesto y por la relación íntima que existe entre dichas concepciones de confianza y el sustrato en que operan las redes de gobernanza en México.

A este respecto, se analizaron los apartados relativos a la confianza densa y diluida de la Encuesta Nacional sobre Cultura Política y Prácticas Ciudadanas (ENCUP) del año 2012 realizada por la Secretaría de Gobernación (SEGOB) y del Instituto Nacional de Estadística y Geografía (INEGI) y sobre La Calidad de la Ciudadanía en México 2015 realizado por el Instituto Nacional Electoral (INE).

La ENCUP (2012) nos señala que en cuanto a confianza diluida se refiere y a la pregunta expresa: En general, ¿Diría usted que se puede confiar en la mayoría de las personas? Los ciudadanos consideraron en un 69% que no se podía confiar en las personas. Esta cifra da cuenta del demoledor diagnóstico que existe entre los mexicanos donde solamente tres de cada diez consideran que se puede confiar en la mayoría de las personas.

Si la pregunta se traslada al ámbito de las instituciones se encuentra el hecho de que a la pregunta expresa: En una escala de calificación de 0 a 10 donde 0 es nada y 10 es mucho, por favor dígame ¿Qué tanto confía en...? Se puede notar que el primer sector correspondiente a la categoría de confianza diluida en la que los mexicanos confían más es en la Iglesia (6.4), el Ejército (6.1) y la Televisión (6.1).

Si buscamos la confianza en organizaciones ciudadanas podemos encontrar que el rango de confianza se encuentra en una calificación de 5.2 en tanto que la del gobierno se ubica en 5.1, es decir, poco menos de la mitad de los mexicanos desconfían del gobierno y de las organizaciones ciudadanas.

Si intentamos hacer el análisis en cuanto a la confianza densa nos encontramos con que la familia es la institución más confiable toda vez que obtiene una calificación de 7.8 seguida de los médicos con un 6.6 y los maestros con un 6.3, no obstante, aunque a primera vista parecen mejores los resultados lo cierto es que no se puede hablar de que sean mejores resultados toda vez que por ejemplo, los vecinos que se pueden englobar en esta categoría se ubican en 5.8 de evaluación.

Si sumamos a este análisis lo que resulta del Informe País sobre la calidad de la Ciudadanía en México (2015) relativo a este mismo tipo de confianza densa tenemos el hecho de que el nivel de confianza interpersonal a nivel nacional se coloca en porcentajes cercanos al 30%, es decir, más del 70% de los mexicanos desconfían de las personas de su entorno inmediato.

Asimismo, este estudio demuestra una tendencia importante que se puede expresar en el hecho de que:

> A mayor nivel de educación e ingreso la ciudadanía tiende a confiar más en las instituciones y organizaciones. Los hombres tienden a confiar un poco más que las mujeres (38% contra 36%), y encontramos una relación negativa entre edad y el nivel de confianza de la ciudadanía, es decir, las y los jóvenes expresan más confianza que adultos mayores. (INE, 2015, pp. 48-49)

Tal y como se desprende de los resultados de los instrumentos demoscópicos en México tenemos un problema relativo a la alta desconfianza interpersonal e institucional de los ciudadanos, es decir, no confiamos ni en los entornos inmediatos de personas con los que convivimos ni en los externos. Dicha circunstancia hace muy complicado el hecho de que se puedan explicitar condiciones para que las redes de gobernanza surjan *motu proprio* por parte de los ciudadanos sin que existan incentivos externos gubernamentales que las motiven.

Con los indicadores antes analizados es poco probable que existan condiciones para que el surgimiento de redes de gobernanza independientes por iniciativa de los ciudadanos toda vez que estos desconfían en grandes proporciones entre ellos mismos, cuanto más de las instituciones.

Los datos corroboran lo que al respecto de esta circunstancia señala Porras quien sostiene el hecho de que "en el contexto mexicano no existe evidencia de la existencia de las redes interorganizacionales autorganizadas en procesos de política pública definidas de manera estricta. Adicionalmente, tendríamos que decir que incluso si se llegará a probar su existencia, no existe evidencia de que sean muy relevantes" (Porras, 2016, p. 66) podemos agregar en este sentido que la evidencia de que no sean relevantes las redes se responde esencialmente al hecho de que las mismas no están autoorganizadas, es decir, no cuentan con una base originaria de individuos que intenten establecer de forma clara condiciones para la participación desinteresada y confiada por parte de los demás actores. Este hecho nos conduce a intentar catalogar el esquema de gobernanza que mantiene México y que el mismo Porras (2016) establece por medio de una tipología de cuatro casos.

Tabla 1. Tipología del esquema de gobernanza

"1) gobierno fuerte, en el que tanto fines como medios son controlados por el gobierno,
2) "gobernanza fuerte" en el que tanto los fines como los medios son controlados por la sociedad,
3) "hibrido 1" en el que el gobierno establece los fines, pero la sociedad controla los medios,
4) "hibrido 2" en el que la sociedad establece los fines pero el gobierno controla los medios"

Fuente: elaboración propia con base en Porras, 2016, p. 68.

Si atendemos esta tipología todos los datos nos orillan a pesar de que la gobernanza en México sigue siendo una tipología uno, donde el gobierno controla los fines y los medios. Es decir, más allá de que consideremos a las redes de gobernanza como un discurso hegemónico que intenta establecer carta de naturalización lo cierto es que estas propias redes como instrumentos de participación ciudadana aún se mantienen una relación de patronazgo con los gobiernos y se mantienen activas en tanto ayudan al cumplimiento de los objetivos del gobierno, lo que hace que la gobernanza se encuentre al servicio de la gobernabilidad y no en sentido contrario (Porras, 2016, p. 69).

EL DIAGNÓSTICO ESTRUCTURAL DE LAS REDES EN MÉXICO ¿DEMOLICIÓN, RECONSTRUCCIÓN O REHABILITACIÓN?

Bajo esta óptica donde los niveles de confianza interpersonal e institucional se encuentran en niveles muy bajos y donde no existe evidencia al respecto de la autonomía de las redes de gobernanza en México es que se puede plantear un diagnóstico estructural de las redes en México y que a nuestro juicio puede ser delimitado por una pregunta ¿Qué es lo que se requiere en México para lograr que las redes de gobernanza sean realmente autónomas y exitosas? ¿se deben demoler todas las redes, reconstruirlas o simplemente rehabilitarlas?

Resulta importante destacar el hecho de que la gobernanza de redes como bien sostiene Davis (2011) es una forma de hacer política, es decir, no puede ni debe ser vista como una teoría que es inalcanzable o que es poco realizable, sino que por el contrario es un enfoque práctico que tiene vinculaciones reales con el entorno inmediato, quizás por ello el propio Davis (2011) argumenta el hecho de que deben hacerse esfuerzos por lograr que estas sean realmente autónomas y no mantengan una sujeción tan fuerte con las estructuras de poder que desde luego al ser su origen terminan por ser su destino.

Por tanto, Davis (2011) sostiene que "en la arena de la práctica política, la conclusión es que sería mucho mejor que los "activistas de la red" de la clase trabajadora rechazasen el papel impuesto por los activistas "oficiales" desclasados y rehusasen participar en los términos establecido por el bloque históricamente dominante para volver a las tradiciones de la organización y resistencia basados en la clase" (Davis, 2011, p. 58) es decir, que desde la visión de Davis (2011) la reconstrucción o la rehabilitación de las redes de gobernanza no puede darse toda vez que existen precondiciones mínimas que hacen que la red por sí misma esté contaminada y que subyace en el hecho de que la dinámica sobre la cual fueron construidas no se corresponde a las necesidades de unas redes nuevas que realmente reflejen las necesidades de los ciudadanos y las nuevas exigencias.

Si bien, el análisis de Davis (2011) apuesta a la demolición de las redes, tenemos enfoques más moderados como el de Porras (2016) quien afirma que para que las redes de gobernanza sean efectivas es necesario que "la racionalidad de la búsqueda del interés propio debe ser sustituida por una que defina los problemas como comunes [...] este es un salto cualitativo que muchas veces se da por sentado; normalmente se supone que el ciudadano, por el solo hecho de participar en redes de gobernanza, será capaz de dejar de lado su interés propio y sustituirlo por el bien público" (Porras, 2016, p. 78).

La apuesta de Porras (2016) pasa por una reconstrucción en la cual los miembros tomen parte de una idea del bien público y de una forma de entender la política ya no como incentivos inmediatos proporcionados por el gobierno sino como una labor prolífica que permita entender a la dinámica política como una arena no solo de lucha sino de cooperación y consolidación de la confianza entre los ciudadanos, entendiendo que si algo mejora todos mejoramos.

Por tanto, estos enfoques se pueden mostrar subsidiarios lo cierto es que desde el análisis de los datos, de las tendencias y sobre todo de los posicionamientos que tenemos de las redes de gobernanza en México podemos determinar que existen cuando menos más razones que nos llevarían a una reconstrucción que implica desde luego una formación de conciencia de clase –muy en la línea de Davis– por medio de la cual el ciudadano perciba que su papel no puede ser más el de un agente pasivo que espera la circunstancias para actuar pero también que implica una labor de entender que el bien del vecino es el bien propio.

Asimismo, consideramos que en la labor de la reconstrucción no puede dejarse de lado el hecho de que no se pueden construir edificios sólidos sobre bases débiles, y que sin un adecuado sustrato de capital social que implica tanto la confianza como la cooperación poco se podrá hacer para tener redes de gobernanza con conciencia de clase y con visión del bienestar comunitario.

De igual forma, coincidimos con Porras (2016) quien reflexiona el hecho de que "las redes de gobernanza no solamente tendrían que ser interorganizacionales y con cierto grado de autonomía, sino también tendrían que ser complementarias de las instituciones democráticas a través de las cuales se rinden cuentas a los electores" (Porras, 2016, p. 77) pero sobre todo más allá de que las redes tengan que ser complementarias consideramos que dichos esfuerzos deben ser efectivos, por lo que para construir confianza en la cooperación es necesario que los ciudadanos cumplan, que las autoridades cumplan y que la mentira política sea erradicada de la narrativa gubernamental.

Por último, en esta tarea de reconstrucción es necesario que tal como respalda Zaremberg –en palabras de Porras– se reforme tanto por abajo como por arriba para que dichos procesos puedan ser inclusivos y plurales, además el hilo conductor de las argumentaciones que se presentan se asume solo la configuración general que permite entender que en una democracia participativa se requieren factores de diálogo; sistemas naturales de corresponsabilidad entre gobernado y gobernante, con variables de intervención y perspectivas de redes que diriman los conflictos central de las sociedades complejas.

El retorno de los planteamientos naturales de bienestar colectivo, exigen que se redimensionen las funciones sustantivas de los Estados, a saber, educación, salud, trabajo y seguridad, por lo que las tesis aisladas de comunicación vertical monolítica (la del hombre orquesta) queda fuera del marco del nuevo Contrato Social en la que el primer postulado es la inclusión como factor ontológico del poder. Por lo anterior, las redes en México van de la mano con la efectiva cooperación de los otros en los espacios públicos y la garantía de una gobernanza que se hace indispensable para el pleno establecimiento del imperio de la ley.

Referencias bibliográficas

Bassols, M. (2011). Gobernanza: una mirada desde el poder. En Bassols, M. y Mendoza, C. *Gobernanza, teoría y prácticas colectivas.* (1ª ed.). Editorial Anthropos – UAM Iztapalapa.

Castells, M. (2012). *Comunicación y Poder.* (1ª ed.). Siglo XXI.

Davis, J. (2011). Repensando las redes: gobernanza como hegemonía. En Bassols, M. y Mendoza, C. *Gobernanza, teoría y prácticas colectivas.* (1ª ed.). Editorial Anthropos – UAM Iztapalapa.

Secretaría de Gobernación. (2012). *Encuesta Nacional sobre Cultura Política y Prácticas Ciudadanas 2012.* Secretaría de Gobernación. http://www.encup.gob.mx/work/models/Encup/Resource/69/1/images/Presentacion-5ta-ENCUP_2013.pdf

Foucault, M. (2014). *El orden del discurso.* (1ª ed.). Tusquets Editores.

Instituno Nacional Electoral. (2015). *Informe País sobre la calidad de la ciudadanía en México* INE. http://portalanterior.ine.mx/archivos2/s/DECEYEC/EducacionCivica/Resumen_Ejecutivo_23nov.pdf

Programa de Naciones Unidas para el Desarrollo (PNUD). (2010). *Nuestra democracia.* (1ª ed.). Fondo de Cultura Económica.

Porras, F. (2016). La gobernanza como red: una mirada desde México. En Ramírez, E. *Análisis de redes sociales para el estudio de la gobernanza y las políticas públicas.* (1ª ed.). CIDE.

Putnam, R. (2002). *Solo en la bolera. Colapso y resurgimiento de la comunidad norteamericana.* (1ª ed.). Galaxia Gutenberg

Natera, A. (2005). Nuevas estructuras y redes de gobernanza. *Revista Mexicana de Sociología,* 67(4), octubre-diciembre, pp. 755-791. http://revistamexicanadesociologia.unam.mx/index.php/rms/article/view/6040/5561

Vázquez, C. (2014). Gobernanza y redes de política pública: un estudio de la vinculación entre gobierno, actores público-sociales y privados en un área local turística. *Revista Mexicana de Análisis Político y Administración Pública,* 3(1), enero-junio, pp. 147-178. https://dialnet.unirioja.es/descarga/articulo/4722833.pdf

TERCERA PARTE.
PROTECCIÓN DE DATOS PERSONALES

Los archivos, los datos biométricos y las disposiciones legales en el uso de dispositivos y aplicaciones móviles en México

BEATRIZ ZAVALA JUÁREZ
Asociación Mexicana de Archivonomía–Especialista en documentos electrónicos y datos personales biométricos.
Correo electrónico: archivo_beatriz@hotmail.com

JUAN MIGUEL CASTILLO FONSECA
Miembro del Núcleo Académico Básico de la Maestría en Transparencia y Protección de Datos Personales de la Universidad de Guadalajara. Miembro del Cuerpo académico UDG-CA-1098 "Democracia: gobierno abierto; participación ciudadana; rendición de cuentas; y derecho a la privacidad e intimidad".
Correo electrónico: miguel.castillo@uaslp.mx

INTRODUCCIÓN

El surgimiento de los archivos es tan antiguo como la aparición de los seres humanos en el planeta, desde que estos se enfrentaron con la necesidad de organizar, transmitir, conservar y preservar la información registrada en los documentos. Debido a esa necesidad surgen los primeros documentos en diversos soportes como los pergaminos, tablillas, libros, mapas, fotografías, CD, hasta los actuales documentos electrónicos y digitales.

De acuerdo con el autor SCHELLENBERG, Theodore R. (1987, p. 434), puede entenderse por documento:

> Son todos los libros, papeles, mapas, fotografías u otros materiales documentales, sin consideración de sus características o formas físicas, hechos o recibidos por cualquier institución pública o privada en secuencia de sus obligaciones legales o en conexión con la transacción de sus propios asuntos, y preservados y apropiados para su conservación por esa institución o sus legítimos sucesores, como evidencia de sus funciones, políticas, decisiones, procedimientos, operaciones u otras actividades, o por el valor informativo de los datos que contengan.

Por su parte, Fuster, como lo cita Corona (2012, p. 34), lo define como:

> ...Es toda expresión testimonial, en cualquier lenguaje, forma o soporte (forma oral o escrita, textual o gráfica, manuscrita o impresa, en lenguaje natural o codificado, en cualquier soporte documental, así como en cualquier otra expresión gráfica, sonora, en imagen o electrónica), generalmente en ejemplar único, (aunque puede ser multicopiado o difundido en imprenta...).

Ahora bien, los documentos que almacenan la información son conservados en los archivos, los cuales de acuerdo con Heredia, (1993, p. 59). son:

> El archivo es uno o más conjuntos de documentos sea cual sea su fecha, su forma o soporte material, acumulados en un proceso natural por una persona o institución pública o privada en el transcurso de su gestión, conservados, respetando aquel orden para servir como testimonio e información para la persona o institución que lo produce, para los ciudadanos o para servir de fuente de historia.

De acuerdo con el contexto anterior, el presente trabajo muestra la relación que existe entre los archivos que se constituyen de documentos tanto físicos, electrónicos o digitales, su relación con los datos biométricos y las disposiciones legales en el uso de dispositivos y aplicaciones móviles en México.

ANTECEDENTES GENERALES DE LOS ARCHIVOS.

Las antiguas civilizaciones se enfrentaron a la necesidad de buscar métodos y técnicas que permitirán la preservación el conocimiento conformando los primeros archivos, en los cuales se resguardaban documentos legales, censos, libros de cuentas, actas matrimoniales, actas de nacimiento, transacciones comerciales, recibos, control de personas, catastros, documentos hacendarios, además de la documentación militar (Zavala, 2020, p. 13); esta información fue conservada en diferentes soportes como: el papiro, trozos de cerámica, tablillas de arcilla, códices, pergaminos, códices y manuscritos pictóricos.

Con los avances de la tecnología, los soportes de almacenamiento de los documentos de archivo se han diversificado en soportes físicos, electrónicos y/o digitales, esto trae consigo un cumulo de necesidades de organización de documentos de archivo al interior de las instituciones, por ello es que en la Ley General de Archivos se contempla establecer un Sistema Institucional de Archivos, que permita la administración de los archivos, teniendo como titular responsable del área de archivos a un profesional en archivística.

Dentro de las instituciones es importante contar con una adecuada gestión de la información, por ello Bermúdez Muñoz (1995, p. 19-29), señala que "Es el proceso que abarca el ciclo vital del documento, desde su producción hasta su eliminación o su envío a un archivo histórico para su conservación permanente." El ciclo vital del documento se conforma de fases, valores documentales y los procesos por los cuales se conforma pasan los documentos, como propuesta de adición se incluye un nuevo valor *preprimario* en el cual se añadió el *valor documental biométrico* y puede observarse en la figura 1 (Bermúdez y Bermúdez, 1995, p.p. 19-29).

El valor biométrico puede definirse como:

> Aquel valor que, de acuerdo con la naturaleza de los archivos producidos por la administración pública poseen datos personales biométricos, los cuales pueden ser de características fisiológicas, biológicas, así como conductuales o de comportamiento; este valor se presenta en los documentos independientemente del soporte o formato en que se encuentren... (Bermúdez y Bermúdez, 1995, p.p. 19-29).

Figura 1 Esquema del Ciclo Vital del Documento

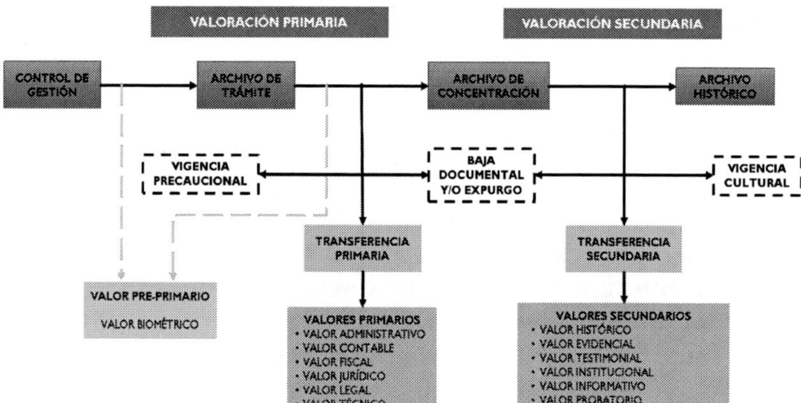

Considerando la adición del valor biométrico, las mejoras tecnológicas, las nuevas regulaciones y las necesidades de la sociedad actual, los profesionistas en Archivística se enfrentan a un nuevo desafío, el cual consiste en la gestión documental no solo de los documentos físicos, sino también de los digitales y electrónicos, por ello es necesario identificarlos y valorarlos desde su origen.

La autora Antonia Heredia (2012, p. 95), define al documento electrónico como: "el que contiene información de cualquier naturaleza registrada en un soporte electrónico con un formato susceptible de identificación y tratamiento diferenciado y con datos de identificación que permita su individualización."

En segundo lugar, Lamarca (2018, p. 58), dice que

> Un documento digital es la representación en medio digital de un documento, contenido, textos, imágenes, sonidos, videos. Un documento digital tiene información codificada en bits y para leer, visualizar o grabar la información se precisa de un dispositivo que transmita o grabe información codificada en bits. Al representarse digitalmente, los datos de entrada son convertidos en dígitos (0,1) inteligibles para la máquina y no para los sentidos humanos.

Ahora bien, la Ley General de Archivos en su artículo 63 establece que

> Los sujetos obligados desarrollarán medidas de interoperabilidad que permitan la gestión documental integral, considerando el documento electrónico, el expediente, la digitalización, el copiado auténtico y conversión; la política de firma electrónica, la intermediación de datos, el modelo de datos y la conexión a la red de comunicaciones de los sujetos obligados.

Considerando lo anterior los sujetos obligados deberán desarrollar las medidas de interoperabilidad pertinentes para la gestión documental integral; como una alternativa que contribuya con dichas medidas y permita la conservación de la información digital Juan Voutssás (2011, p.p. 152-155), plantea la consideración de seis factores primordiales:

Figura 2 Factores primordiales de preservación

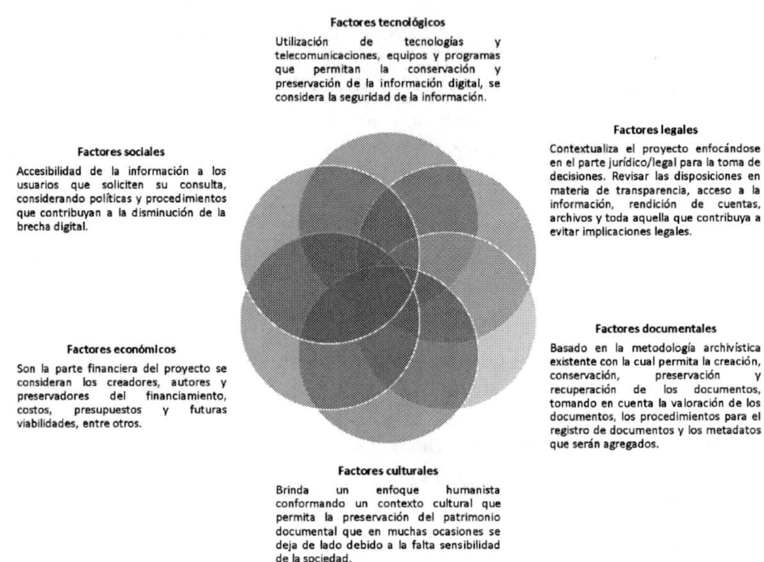

Cada uno de estos factores debe ser considerado minuciosamente para contribuir con la conservación de la información de los documentos de archivo; de esta forma se conforma el modelo denominado *Cadena de Preservación Digital* – Chain of Preservation- o por sus siglas COP, este modelo fue perfeccionado por el proyecto INTERPARES (creado por la Universidad de la Columbia Británica del Canadá, desde 1999); este modelo establece que los documentos de archivo digitales deben ser manejados cuidadosamente a lo largo de toda su vida y su paso a través del ciclo vital de los documentos para asegurar la accesibilidad, confianza, legibilidad y preservación del contenido por largo tiempo. La cadena de preservación "Es una secuencia de actividades y enfoques agrupados en varias etapas que conforman los "Eslabones de la cadena". (Voutssás 2011, p. 152-155)

Actualmente no se cuenta con un modelo que asegure la conservación y preservación de la información, es por lo que *la cadena de preservación digital* puede funcionar para contribuir con ello y al ser una cadena conformada por diferentes eslabones se puede incorporar a esta la Biometría, la encriptación de la información y la seguridad de la información como parte de la dicha cadena.

MÉTODOS DE IDENTIFICACIÓN BIOMÉTRICA

El uso de la biometría se ha vuelto más frecuente como medida de seguridad, como una forma de facilitar las actividades o incluso por moda, es que estos métodos se han incorporado el uso de distintos móviles, accesorios electrónicos y más a menudo el uso de la firma digital para los registros de asistencia, las huellas dactilares en la credencial de elector del Instituto Nacional Electoral (INE), entre otras. Pero es importante entender en primer lugar que es la Biometría:

Para la Real Academia Nacional de Medicina es definida como: (*bio-vida + metría-proceso de medir)* aunque la palabra existe al menos desde 1831, el valor actual se lo dio F. Galton en 1901. Disciplina científica que se ocupa de los métodos automáticos para el reconocimiento único de un ser humano a partir de uno o más físicos o psíquicos concretos.

Mientras que Rouse (2021), la concibe como: la ciencia y la tecnología dedicada a medir y analizar datos biológicos. En el terreno de la tecnología de la información, la biometría hace referencia a las tecnologías que miden y analizan las características del cuerpo humano, como el ADN, las huellas dactilares, la retina y el iris de los ojos, los patrones faciales o de la voz y las medidas de las manos a efectos de autenticación de identidades.

La Biometría se ha utilizado por diferentes culturas alrededor del mundo, por ejemplo "En el siglo II a. c. el emperador *chino* Tsín Shen ya autenticaba ciertos sellos con una huella dactilar" (Gemalto, 2021), los *egipcios* usaban las características fisiológicas para identificar esclavos, al realizar operaciones comerciales o judiciales; durante el *periodo novohispano* se tiene registro de las características biométricas de las personas que se embarcaban en los Galeones antes de partir a la Nueva España.

Al respecto Tolosa y Giz (s/f), mencionan un dato interesante respecto a la historia de la biometría y es que durante:

> El siglo XIX, hubo un pico de interés por parte de investigadores en criminología, cuando intentaron relacionar características físicas con tendencias criminales. Esto resulto en una variedad de equipos de medición y gran cantidad de datos recogidos. Los resultados no eran concluyentes, pero la idea de medir las características físicas de un individuo parecía efectiva y el desarrollo paralelo de la identificación de huellas digitales se convirtió en la metodología internacional para identificación utilizada por las fuerzas policiales de todo el mundo.

Posteriormente, Alphonse Berlillon (1853-1914), oficial de la Prefectura de Policía de París, después de un tiempo de encontrarse como asistente del laboratorio fotográfico, se da cuenta de la dificultad de identificar criminales y para el año 1879, propone un sistema de identificación humana, el cual consistía en las mediciones de las diferentes partes del cuerpo denominado posteriormente como *Bertillonaje* (como lo cita Ascencio, 2018, p. 559-590). En la siguiente figura se observa cómo se realizaba la toma de medidas:

Figura 3 Página del libro Identificacion anthrométrique (1893) de Alphonse Bertillon, editado en 1914.

RELEVÉ

DU

SIGNALEMENT ANTHROPOMÉTRIQUE

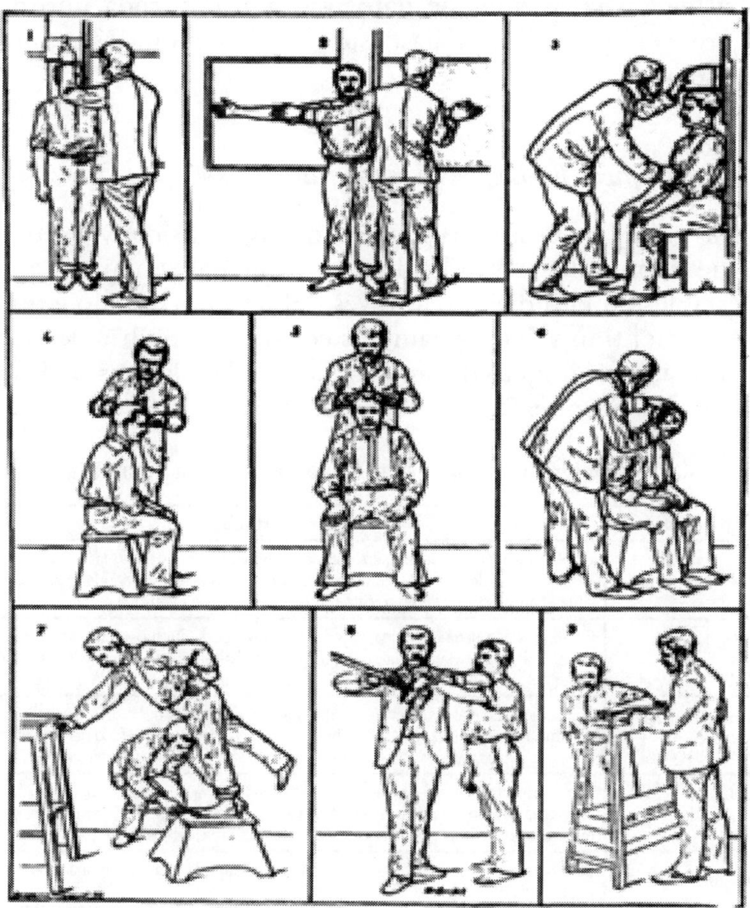

1. Taille. — 2. Envergure. — 3. Buste. — 4. Longueur de la tête. — 5. Largeur de la tête. — 6. Oreille droite. — 7. Pied gauche. — 8. Médius gauche. — 9. Coudée gauche.

Con el paso del tiempo este sistema fue evolucionando; los avances tecnológicos permitieron la utilización de la biometría en teléfono inteligente, acceso de computadoras, registros médicos, realizar un trámite, tramitar el pasaporte o la credencial de elector INE, acceso a instalaciones o realizar pagos.

Existen distintos tipos de datos biométricos, cada uno de ellos con ventajas y desventajas, estos se dividen en dos grupos como se muestran a continuación:

A) Características fisiológicas y biológicas

Estas características consisten en los rasgos físicos y biológicos que definen a cada individuo, su principal ventaja es que son estables en el individuo a través del tiempo, debido a que no se encuentran sujetas a cambios constantes, podría decirse que se mantienen igual durante toda la vida, algunas incluso permanecen después de su muerte. Estas se dividen en:

Tabla 1 Características fisiológicas y biológicas de la biometría

Nombre	Características particulares
Geometría de la mano	Uno de los métodos de autenticación más modernos, consiste en las medidas y características de la mano, incluyendo la palma y los dedos, de donde se obtiene silueta, ancho de los dedos, cicatrices, líneas, arrugas e incluso el color.
Dactilograma (Huella dactilar digital)	Es la impresión de la huella dactilar de los dedos sobre una superficie; este método es utilizado por la policial, debido a que no existen dos huellas idénticas aun en gemelos. Es un sistema barato.
Geometría facial (Rasgos faciales)	Radica en encontrar las diferencias entre los puntos nodales del rostro y los rasgos determinados de la cara (ojos, nariz, boca, orejas, etc.) No es un método permanente debido a que los rasgos faciales cambian con la edad al surgir arrugas y cicatrices.
Oído	Son las características de la oreja, se realiza mediante la selección de un punto de referencia en el interior de la misma; una ventaja de esta técnica es que a diferencia de la geometría facial puede decirse que esta no sufre cambios drásticos.
Ojo (Iris y retina)	Se basa en el reconocimiento de patrones mediante la captura de una imagen de la retina o del iris.
ADN (Huella genética)	Es un dato sensible puede tomarse de la sangre, cabello, el semen o la saliva; su ventaja es que aporta mayor exactitud e información sensible. Este método es utilizado por los médicos forenses, en pruebas de paternidad, identificación de restos humanos, donación de órganos, etc.

Nombre	Características particulares
Firma cardiaca	Consiste en el ritmo cardiaco de una persona, su desventaja es que solo es efectivo cuando el sujeto se encuentra quieto sentado o de pie; al igual que el iris o la retina el ritmo cardiaco de cada persona es único.

B) Características conductuales o de comportamiento

Las características conductuales y de comportamiento tienen un bajo nivel de confiabilidad y suelen ser adquiridas o aprendidas, son fácilmente modificadas debido a factores como el estrés o las emociones de las personas. Algunos ejemplos de estos métodos son:

Tabla 2 Características conductuales o de comportamiento

Nombre	Características particulares
Firma manuscrita dinámica y firma electrónica	Es el método más aceptado, su identificación radica en la presión, la velocidad y la forma de escribir del individuo; la firma suele utilizarse para darle autenticidad a un documento.
Patrón de voz	Consiste en la identificación del tono de voz (grave o aguda), la forma de hablar, la entonación, la fluidez, el volumen.
Forma de andar / caminar	Reside en que todas las personas caminan de forma única y diferente, este método puede ser aprendido y modificado.
Pulsación del teclado (Dinámica de tecleo)	Se basa en la dinámica del tecleo (rápida, lento, suave, fuerte), también varía entre el tipo de teclado que se utiliza.

Considerando los métodos de identificación anteriores, se expone la relación entre de los archivos con los datos personales biométricos.

En el diagrama 1, se expone esta relación donde de acuerdo con la Ley General de Archivos, dentro de las instituciones se debe conformar un grupo interdisciplinario en el que se incluirá al responsable de los archivos, quien debe ser un profesionista en Archivística. Dentro de las instituciones los Archivistas serán los responsables de implementar, desarrollar y llevarán a cabo los procesos archivísticos considerados en la Ley (Producción, organización, acceso, consulta, valoración y disposición documental, conservación) respetando el ciclo vital de los documentos.

Independientemente del soporte o formato los documentos conforman archivos físicos, electrónicos y digitales dentro de las instituciones y empresas en el sector privado. Dichos documentos posen información con datos personales entre los que se encuentran los identificativos, laborales, salud, académicos, tránsito y migración, patrimoniales y los biométricos, entre otros. En cuanto a la normativa relacionada con los archivos, los datos personales y ahora la biometría, en México se cuenta con legislación y disposiciones tanto internas como externas, las cuales los Archivistas deberán respetar y considerar en el manejo de los archivos.

Diagrama 1 Relación entre los archivos y los datos personales biométricos

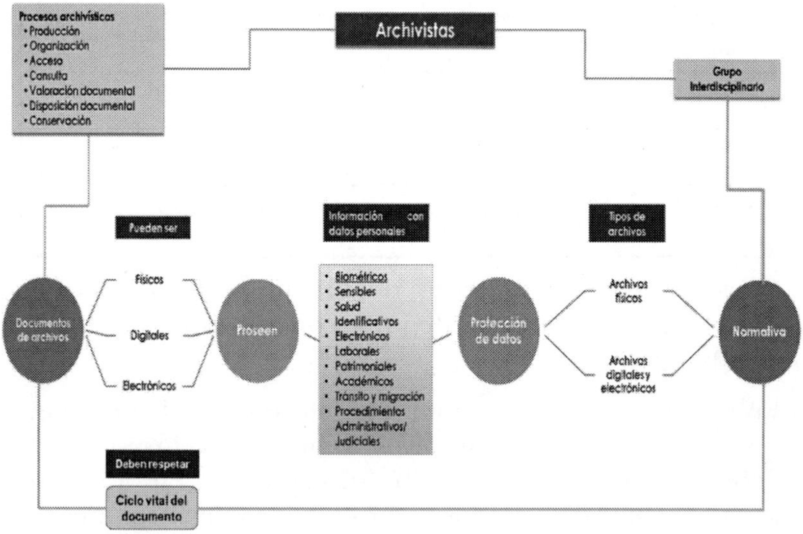

Es cierto que por su naturaleza algunos datos biométricos se encuentran en formato digital y/o electrónico, sin embargo, en la Ley General de Archivos se contempla su regulación:

> Artículo 44. Los sujetos obligados adoptarán las medidas de organización, técnicas y tecnológicas para garantizar la recuperación y preservación de los documentos de archivo electrónicos producidos y recibidos que se encuentren en un sistema automatizado para la gestión documental y administración de archivos, bases de datos y correos electrónicos a lo largo de su ciclo vital.

Respecto a los documentos digitales Bonal Zazo (2019), menciona que se presentan dos grandes retos, el primero relacionado con la gestión documental, consiste en la falta de un Sistema de Gestión de Documentos Electrónicos que garantice la interoperabilidad y el segundo, contar con un Sistema de Archivos de Documentos que garantice la preservación.

Es importante recalcar que, si bien los datos biométricos en formato electrónico y digital no pueden ser tocados tangiblemente, la información que estos proporcionan forma parte de un documento, por ejemplo, al realizarse la toma de huellas para la credencial de elector o el control de acceso a una empresa o institución, estos van ligados a otros datos y documentos que conforman los expedientes de un individuo conformando así los archivos.

1. Estrategias de protección de datos biométricos.

Considerando la legislación internacional y nacional se han establecido algunas propuestas de estrategias que pueden ser implementadas para el manejo adecuado de los archivos que contengan datos personales biométricos, independientemente del soporte. Dichas estrategias se dividen en segmentos como se puede observar en la siguiente figura:

Figura 4 Estrategias de protección de datos personales biométricos en archivos (Zavala, 2020, p.p. 257-292)

Cabe mencionar que las estrategias son enunciativas más no limitativas, por lo que se pueden incorporar otras alternativas.

CONCLUSIONES

- Los archivos cada día siguen representando nuevos retos para los profesionales de la información, al implementar los procesos gestión documental, al sistematizar, al digitalizar, al difundir y transparentar la información, al conservar y preservar, no solo física, sino ahora con el uso de la tecnología, además los datos biométricos.
- La protección de datos personales en diferentes partes del mundo, desde 1948, ha sido un tema que ha crecido en las agendas internacionales y en las políticas públicas, sin embargo con el desarrollo de la tecnología, la protección de datos personales biométricos relacionados con la ciberseguridad y la vigilancia tecnológica, aun es un tema a regular, a fin de evitar el robo de identidad, el hackeo y el mal uso de la información, entre otros,

por lo que el PNUTM representa un riesgo para los derechos humanos a partir de la violación del artículo 16 de la Constitución Mexicana.

- Es importante mencionar que existe un vacío legal en materia de robo de identidad en diferentes partes del Mundo, México ocupa el octavo lugar a nivel Mundial, con más de 50 mil denuncias. (La Jornada. Aguascalientes, 2017)

Referencias bibliográficas

Ascencio, G. G. (2018). Los sistemas de identificación criminal en el México decimonónico y el control social. *Alegatos, 19*(61), p. 559-590. URL:https://s3.amazonaws.com/academia.edu.documents/37061680/Articulo_para_Alegatos_Los_sistemas_de_identificacion_version_Alegatos.pdf?response-content-disposition=inline%3B%20filename%3DLos_sistemas_de_identificacion_criminal.pdf&X-Amz-Algorithm=AWS4-HMAC

Bermúdez Muñoz, M. T. (1995). La Gestión de Documentos, visión panorámica. En: *IX Jornadas para el Desarrollo Archivístico. Memoria: gestión de documentos.* (19-29 p.). San José, Costa Rica. URL:https://www.uned.ac.cr/actividades/images/sellar/.../Raquel_Umaña_Costa_Rica.pdf

Bonal Zazo, José Luis. (3 de octubre de 2019) *De la valoración taxonómica a la macro valoración: un recorrido por las corrientes teóricas de valoración documental.* [Conferencia] Facultad de Ciencias de la Documentación y Comunicación de la Universidad de Extremadura, España. INAI-México. Recuperado: 23 de abril de 2021. URL: https://www.youtube.com/watch?v=Pv5wPb2qlpE

Castillo Fonseca, Juan Miguel. (2000} *Propuesta integral para la organización de archivos clínicos.* [Tesis de Licenciatura en Archivonomía, Escuela Nacional de Biblioteconomía y Archivonomía, México, D.F.] 77 p.

Decreto por el que se reforman y adicionan diversas disposiciones de la Ley Federal de Telecomunicaciones y Radiodifusión. [con fuerza de ley] Fecha de publicación: 16 de abril de 2021. URL: https://dof.gob.mx/nota_detalle.php?codigo=5616165&fecha=16/04/2021

Dictamen en sentido positivo de las Comisiones Unidas de Comunicaciones y Transporte; y de Estudios Legislativos, respecto a la Minuta con proyecto de Decreto por el que se reforman y adicionan diversas disposiciones de la Ley Federal de Telecomunicaciones y Radiodifusión. [con fuerza de ley] Fecha de publicación: 6 de abril de 2021. URL: https://infosen.senado.gob.mx/sgsp/gaceta/64/3/2021-04-08-1/assets/documentos/Dict_Comunicaciones_Reforma_Radiodifusion.pdf

Fernández García, Miguel Ángel. (2011) *Historia del archivo.* [En línea] Mundo Archivístico. Recuperado: 26 de abril de 2021. URL: http://www.mundoarchivistico.com/?menu=articulos&id=289

Fuster Ruíz, Francisco. (2012) *Archivística, archivo, documento de archivo... necesidad de clarificar los conceptos.* p. 105. Citado en: CORONA Rebollar, Dehyanira Anaid. (2012) *Propuesta de criterios para la valoración secundaria del acervo fotográfico de la Dirección General de Comunicación Social del Archivo histórico de la UNAM.* (Tesina de licenciatura en Archivonomía). México: Escuela Nacional de Biblioteconomía y Archivonomía. 34 p.

Galarza, Joaquín. (1990) *AMATL, AMOXTLI, el papel, el libro.* (2° ed.) Colección Códices Mesoamericanos. Editorial TAVA, S.A. México. 187 p.

GEMALTO. (23 de abril de 2021). Recuperado: https://www.gemalto.com/latam/sector-publico/inspiracion/biometria

Heredia Herrera, Antonia. (1993) *Archivística General. Teoría y práctica.* (6° ed.) Sevilla, España: Diputación Provincial. 512 p. ISBN: 84-7798-0568-X

Heredia Herrera, Antonia. (2012) *Lenguaje y vocabulario archivístico algo más que un diccionario.* Junta de Andalucía, Consejería de Cultura. Sevilla, España. 221 p. ISBN: 978-84-9959-038-7

Lamarca Lapuente, María Jesús. (2018) *Hipertexto, el nuevo concepto del documento en la cultura de la imagen.* (Tesis de título de Fundamentos, Metodología y Aplicaciones de las Tecnologías Documentales y Procesamiento de la Información). Madrid, España. Universidad Complutense de Madrid. 184 p. Recuperado: http://www.hipertexto.info/documentos/documen_h.htm

Ley General de Archivos. 2018. DOF: México, 15 de junio de 2018.

Márquez, Juan Voutssás. (2011) La cadena de preservación en archivos digitales. *En: Alicia Barnard, (Coord.) Archivos electrónicos. Textos y contextos.* México: Red Nacional de Archivos de Instituciones de Educación Superior y Archivo Histórico de la Universidad de Puebla. Serie Formación Archivística. pp. 152-155.

Mauleón, Héctor De. (6 de enero de 2020). El "secuestro" de Denise Dresser. *El Universal. Sección: Opinión.* [en línea]. URL: https://www.eluniversal.com.mx/opinion/hector-de-mauleon/el-secuestro-de-denise-dresser

Ortega, Ariadna y Yañez, Brenda. (14 de abril de 2021). El INAI advierte sobre los riesgos que representa el padrón de telefonía móvil. *Expansión Política. Sección: México.* [en línea] URL: https://politica.expansion.mx/mexico/2021/04/14/el-inai-advierte-sobre-los-riesgos-que-representa-el-padron-de-telefonia-movil

Ortega, Eduardo. (14 de abril de 2021). Senado aprueba ley por la que tendrás que dar datos biométricos a telefónicas. *El Financiero. Sección: Nacional.* [en línea] URL: https://www.elfinanciero.com.mx/empresas/2021/04/13/senado-aprueba-en-lo-general-crear-padron-de-usuarios-de-telefonia-movil-con-datos-biometricos/

Real Academia Nacional de Medicina. (2011) *Diccionario de términos médicos.* Madrid: Médica Panamericana. 1800 p. ISBN: 8498351839

Rouse, Margarete. *SearchDataCenter.* Biometría. [en línea]. Recuperado: 23 de abril de 2021. URL: http://searchdatacenter.techtarget.com/es/definicion/Biometria

Schellenberg, Theodore R. (1987) *Archivos modernos: Principios y técnicas.* (2° ed.) México: Archivo General de la Nación, Clásicos modernos de la archivonomía. 434 p. ISBN: 968-805-464-X

Solís, Victor. (3 de junio de 2010). Datos de celulares, de venta en la web. *El Universal. Sección: Nación.* [en línea] URL: https://archivo.eluniversal.com.mx/notas/685120.html

Tolosa Borja, César y GIZ Bueno, Álvaro. *Sistemas Biométricos.* [Archivo PDF] URL: https://www.dsi.uclm.es/personal/MiguelFGraciani/mikicurri/Docencia/Bioinformatica/web_BIO/Documentacion/Trabajos/Biometria/Trabajo%20Biometria.pdf

Voutssas M., Juan. (2010). Preservación documental digital y seguridad informática. *Investigación bibliotecológica, 24* (50), 127-155. Recuperado: 24 de abril de 2021. URL: http://www.scielo.org.mx/scielo.php?script=sci_arttext&pid=S0187-358X2010000100008&lng=es&tlng=es.

Wikipedia. Enciclopedia libre. (23 de abril de 2021). Recuperado: https://es.wikipedia.org/wiki/Alphonse_Bertillon

Zavala Juárez Beatriz. (2020) Estrategias para la protección de datos biométricos en archivos públicos en México: Un estudio de caso en el estado de San Luis Potosí. (Tesis de Maestra en Ciencias de la Información Documental). México: Universidad Autónoma de San Luis Potosí, Facultad de Ciencias de la Información.

CUARTA PARTE. RENDICIÓN DE CUENTAS Y FISCALIZACIÓN

La gestión del ciclo presupuestario en México: elementos metodológicos para la construcción de un ideal tipo

GILBERTO TINAJERO DÍAZ
Estudiante del doctorado en Políticas Públicas y Desarrollo en el Centro Universitario de Ciencias Económico Administrativas de la Universidad de Guadalajara, CONACYT.
Correo electrónico: tinajero.gilberto@gmail.com

PARADIGMAS CONTEMPORÁNEOS EN LA ADMINISTRACIÓN PÚBLICA

La manera en que el gobierno se relaciona con el presupuesto público se interpreta en el contexto o paradigma de administración correspondiente al modelo de Estado de contemporáneo. En el siglo XX se observa el surgimiento y consolidación de un modelo de administración burocrático-tradicional, caracterizado los postulados conceptuales y normativos de Max Webber. Este modelo de administración cobra valor en el contexto de la postguerra y es parte estructural del Estado Providencia o Benefactor. El presupuesto es un insumo fundamental para cumplir las tareas del gobierno, ordenadas por el gobierno y administradas por los dispositivos de la administración estatal con base en los principios que rigen a toda la administración pública: orden, disciplina y control.

Frente las insuficiencias administrativas, sociales, pero sobre todo fiscales, puestas de manifiesto a entre la década de los sesenta y de los ochenta del mismo siglo XX, los

Estados hacen un viraje y se confecciona el tipo de gobierno "neoliberal", el cual postula una serie de reformas tendientes al reducir tanto el gasto público como el tamaño burocrático, desincorporar servicios mediante la figura de privatizaciones, la descentralización de servicios en agencias paraestatales, así como la incorporación de técnicas y métodos administrativos provenientes del campo de la administración privada, es así que se configura la el modelo de la "Nueva Gestión Pública".

El presupuesto debe se racionalizado, administrado con máxima eficiencia, se configuran metodologías para buscar el mayor resultado, se transita del presupuesto por programas al presupuesto basado en resultados (PBR), se despliega la metodología del marco lógico para asegurar que la planeación, ejecución y evaluación de las acciones realizadas por los gobiernos y financiadas eminentemente por la hacienda pública sean consistentes y eficientes. También emergen figuras legislativas y plebiscitarias como el presupuesto participativo que buscan dotar de mayor transparencia y participación ciudadana a la configuración presupuestal

Posteriormente surge el paradigma de la Nueva Gobernanza o Gobernanza Pública, la cual centra la discusión en la forma y calidad en que se formulan y adoptan las decisiones de la alta dirección del gobierno, y se muestra mayor interés en maneras colaborativas y de corresponsabilidad, así como de co-creación entre los diferentes actores públicos, privados y civiles, ya no sólo gubernamentales en las decisiones de gobierno.

La unidad de discusión son las capacidades de gobernar, el gobierno del gobierno (Aguilar 2010). La gobernanza implica reconocer y responder efectivamente a las demandas, necesidades, expectativas y potenciales de los actores en torno a proceso de decisión de política y de acción, en la ejecución de programas y políticas públicas.

En la siguiente gráfica se muestran algunos de los elementos distintivos, variables y valores sustantivos de cada uno de los tres paradigmas en la administración pública de los Estados contemporáneos.

Gráfica 1 Evolución de los paradigmas en la administración pública.

Fuente: Elaboración propia, 2021.

La discusión en torno al diseño, calidad y desempeño en cada una de las etapas del ciclo presupuestario debe realizarse en el contexto del paradigma de gobierno en que la administración pública que gestiona el ciclo presupuestario, considerando las características de cada paradigma, como indicadores y valores como atributos de diseño y funcionamiento de la maquinaria burocrática de un gobierno. Esta exposición en forma secuencial hace pensar que cada etapa supera a la anterior y que se crea un orden jurídico y normativo nuevo o renovado, la realidad no es así, ya que lo que sucede es que coexisten rasgos del modelo tradicional, con los que postuló la nueva gestión pública, así como las demandas y expectativas del paradigma de la nueva gobernanza.

PROBLEMÁTICA DEL ESTUDIO

Las organizaciones públicas se encuentran sumergidas en un sofisticado andamiaje normativo y orgánico en el cual se forman interacciones que determina la calidad de su desempeño institucional. Entre los mecanismos de mayor importancia dentro de la administración pública de todo gobierno se encuentra la gestión de los recursos públicos. La manera en que se diseña ejerce y controla el presupuesto público tiene repercusiones sustantivas en la calidad de los servicios públicos que las agencias de gobierno brindan a la ciudadanía. El presupuesto público se constituye como la pieza neurálgica para el buen y correcto funcionamiento de programas y políticas públicas del gobierno en los diferentes órdenes y poderes públicos de los Estados contemporáneos.

El uso y manejo del presupuesto público implica la formación de un marco jurídico amplio y de evolución constante, sin embargo, el diseño legal y las prácticas administrativas en cada país no son resultado de una concepción vernácula de gestión pública, las reformas jurídicas y administrativas no pueden ser entendidos de manera aislada al contexto internacional en que cada país se sitúa. En el caso de América Latina, una fuente importante de reformas proviene de los acuerdos y compromisos adquiridos con organismos de cooperación internacional como el Banco Mundial de Desarrollo, el Banco Interamericano de Desarrollo, el Fondo Monetario Internacional, la Organización para la Cooperación y Desarrollo Económico, entre otros.

Ante fuentes y factores de cambio endógenos y exógenos, el gobierno de un país y sus respectivos órganos legislativos y administrativos nacionales y subnacionales, incorporan, adoptan y dan forma a una plataforma institucional en materia de planeación, programación, ejecución y rendición de cuentas del gasto público.

Para comprender el funcionamiento y calidad del desempeño de la administración pública, de los programas y políticas gubernamentales, es necesario escudriñar el concepto, marco jurídico, forma de operación y maneras de medición el nivel de cada una de las etapas por las que se conduce el presupuesto público con el fin de reconocer su naturaleza, similitudes, diferencias y elementos de vertebración que los hacen funcionar como sistema. Por lo que resulta de vital importancia retomar la definición del "Ciclo Presupuestario".

El ciclo presupuesto se compone en siete etapas que el marco legal en México ha configurado para organizar y conducir el gasto público. Las etapas son las siguientes: planeación, programación, presupuestación, ejercicio y control, evaluación y rendición de cuentas. Cada una de estas etapas cuenta con atributos particulares que ponen de relieve la interconexión entre agencias, agentes, normas, procesos e instrumentos que definen las prácticas efectivas y vigentes en el sector público. Esta concatenación de componentes da forma a uno de los procesos vitales de la política en los gobiernos contemporáneos: el presupuesto. Cualquier tipo de errores, deficiencias y prácticas indebidas en cada una de las etapas afecta a las demás y genera alteraciones que merman en el cumplimiento efectivo del proceso en su conjunto.

Cada una de las etapas del ciclo presupuestario cuenta con una definición operativa, su marco normativo en distintos órdenes de gobierno y alcance de aplicación. No obstante, se requiere una revisión y reflexión acerca del concepto para su valoración semántica, operativa y sobre todo de fortaleza o debilidad en el andamiaje de la administración pública en que se instrumenta.

Existen diversos enfoques para analizar y evaluar los componentes de la administración pública, particularmente en el campo de la gestión pública se cuenta con el enfoque de capacidades institucionales como una metodología para analizar los recursos técnicos, administrativos, humanos y normativos con las que cuentan las organizaciones cuentan para enfrentar sus objetivos en el sector público. Este enfoque cuenta con todo un marco conceptual, tipología, métodos de medición que permiten su aplicación eficaz en los fenómenos, relaciones y desempeño institucional en el sector público.

No obstante, la presente investigación se centra en resolver la siguiente pregunta ¿cómo es posible realizar una valoración conceptual de cada una de las etapas del ciclo presupuestario con el fin de reconstruir su reflexionar su significado? Esta pregunta exige la resolución de otras interrogantes como son las siguientes: ¿Qué se entiende por ciclo presupuestario y cómo se define su gestión? ¿El concepto normativo de cada una de las etapas es consistente con los requerimientos del rigor normativo y operativos de su puesta en práctica? ¿De qué manera es posible identificar y medir la deficiente, insuficiente o la ineficiente operación de cada una de las etapas del ciclo presupuestario? ¿Cómo afectan las fallas de una etapa a las demás y al mismo ciclo presupuestario?

Esta discusión sienta las bases para responder otra pregunta de carácter sustantivo de nuestro sistema administrativo y político ¿Cuáles son los factores que explican el desempeño de los gobiernos en la gestión presupuestaria en México desde el punto de vista de las capacidades institucionales? Sin embargo, la variable de capacidades institucionales no será incorporado en el presente estudio, sino en una agenda académica en el corto plazo.

Es así que el propósito de la presente investigación es explorar una ruta metodológica para reconstruir el concepto de cada una de las etapas del ciclo presupuestario en México.

FUNDAMENTOS TEÓRICOS Y RUTA METODOLÓGICA PARA LA CONSTRUCCIÓN DE UN IDEAL TIPO EN LA GESTIÓN DEL CICLO PRESUPUESTARIO

A partir de Weber, Sánchez de Partida sistematiza una metodología para la formulación de tipologías conceptuales a fin de dar significación a los fenómenos del actuar humano que se manifiestan en la práctica organizacional de la administración pública, con fines de análisis estructural y funcional gubernamental.

Es en este sentido que Hekman (1983) realiza una integración de las fases de construcción de los tipos ideales de Weber, siendo estas: 1) determinación de la categoría de hechos a partir de los cuales se construye el tipo ideal, 2) elección de los periodos históricos y sociedades particulares utilizados como base empírica, 3) elección de una serie de elementos particulares del grupo de hechos seleccionados para la construcción del concepto. Cobra relevancia distinguir estos elementos porque representan los orígenes de la construcción del tipo ideal determinado, el cual puede ser con base a un periodo histórico o sociedad determinada, o de lo contrario puede estar basado en una variedad de casos por lo que en nuestro caso en específico debemos ser atentos con dicha definición.

Un tipo ideal es un modelo y no una hipótesis (Sánchez, 2005), por lo tanto, tienen una esencia propia la cual es necesaria de entender para explicar de una forma clara como se construyen las tipologías ideales. Se pueden distinguir cuatro procedimientos para la elaboración de las tipologías ideales: abstracción simple, revisión histórica, lógica dialéctica y tendencia social.

En este mismo sentido, Weber (1986) establece que un tipo ideal se obtiene mediante el realce unilateral de uno o varios puntos de vista y la reunión de una multitud de fenómenos singulares difusos y discretos que se presentan en mayor medida en unas partes que en otras o que aparecen de manera esporádica, es decir, los tipos ideales se deben utilizar como un punto de partida o referencia en el análisis de las capacidades institucionales, como una conceptualización de estas.

Por lo anterior, Weber (1986) nos explica que es posible establecer tipos ideales desde distintos puntos de vista sobre el mismo fenómenos o situación observada y de un mismo fenómeno podemos esclarecer diferentes tipos ideales, principalmente en la administración pública.

Si bien existen diferentes clases de tipologías ideales (Sánchez, 2005), desde múltiples y simples (que van de varios a un solo tipo ideal), o de acuerdo a la naturaleza de la relación entre los tipos que pueden ser independientes y dialécticas, de segundo orden o primer orden. Para el caso del ciclo presupuestario, es posible inscribir este mecanismo de la administración pública en una tipología múltiple dado que intervienen más de un tipo ideal en cada una de las etapas que componen el ciclo presupuestario.

Lo que Weber (1989), explica es que las capacidades institucionales en la administración pública dependen en gran medida de los tipos ideales definidos como parámetros iniciales pero que cambian o se adaptan conforme se relacionan con otros tipos ideales de la administración.

Por último, se debe considerar los procedimientos que existen para la elaboración de las tipologías ideales que pueden ser desde abstracción simple, es decir, mediante el estudio de algunos casos empíricos; revisión histórica la cual tiene una fase descriptiva de recopilación exhaustiva respecto al concepto a tipificar y una fase analítica sintética de consideración conjunta de los casos estudiados para determinar los indicadores típicos posibles; lógica dialéctica la cual se determina de las ideas opuestas que fijarán la selección de indicadores típicos y guiarán la asignación de valores a estos y el último de los procedimientos tendencia social el cual se determina de la tendencia social que fijará la asignación de valores típicos a los indicadores igualmente seleccionados a partir de dicha fase (Sánchez, 2005). Podemos diferenciar estos diferentes procedimientos en cada una de las etapas del ciclo presupuestario.

Los tipos ideales nos permiten entender y conceptualizar a la hora de hablar, nos permite comparar el idealismo de las capacidades institucionales con la realidad de la administración pública, pero sobre todo formular hipótesis de dicha realidad.

RUTA DE CONSTRUCCIÓN DE UN IDEAL TÍPICO: EL CASO DE LA GESTIÓN DEL CICLO PRESUPUESTARIO EN MÉXICO

El propósito de esta investigación es aplicar los fundamentos teóricos de Max Weber en la sistematización que de él hace Sánchez de Partida, a fin de explorar una metodología para la construcción el *ideal tipo* de la gestión del ciclo presupuestario, para lo cual es necesario recuperar los procedimientos que existen para la elaboración de las tipologías ideales que, de acuerdo con Sánchez (2005:20) pueden ser: a) de abstracción simple, es decir, mediante el estudio de algunos casos empíricos; revisión histórica la cual tiene una fase descriptiva de recopilación exhaustiva respecto al concepto a tipificar y una fase analítica sintética de consideración conjunta de los casos estudiados para determinar los indicadores típicos posibles; lógica dialéctica la cual se determina de las ideas opuestas que fijarán la selección de indicadores típicos y guiarán la asignación de valores a estos y el último de los procedimientos tendencia social el cual se determina de la tendencia social que fijará la asignación de valores típicos a los indicadores igualmente seleccionados a partir de dicha fase (Sánchez, 2005).

Es posible diferenciar estas clases de tipologías ideales en cada una de las etapas del ciclo presupuestario, sin embargo, en cuanto al procedimiento de elaboración de las tipologías ideales se presentan cuatro posibilidades (Sánchez, 2005), las cuales son necesarias de entender y formular un esbozo para la construcción del ideal tipo en las etapas del ciclo. Estos procedimientos son los siguientes:

- Elegir una parcela de la realidad social y construir un tipo ideal de ella.
- Hacer una revisión amplia de casos empíricos respecto a un concepto el cual permite formular una tipología ideal. Resultados posibles: tipologías múltiples o tipología doble de carácter dialéctico
- Razonar un concepto de forma dialéctica, es decir mediante la exaltación de un concepto se puede tipificar idealmente para dos momentos históricos como el pasado y el presente o el presente y el futuro.
- Proyectar hacia el futuro un concepto a partir de una tendencia social. El mejor ejemplo es la burocracia weberiana donde la racionalización de la sociedad es el eje central.

El autor Sánchez de Partoda establece las fases comunes en los cuatro procedimientos de la elaboración de tipologías ideales anteriormente expuestos. En la penúltima fase (tercera) se deben seleccionar las variables o macro variables, son aquellos atributos que le darán forma a nuestros tipos ideales. Una variable se le denomina *indicador típico* si constituye un resumen satisfactorio de una noción más abstracta y amplia. El indicador típico propone un modo de distribución de sus valores o caracteres. Se pueden asociar varios indicadores a un mismo concepto. El criterio para la selección de los indicadores típicos será condicionado por el objetivo de la investigación o análisis.

La última fase (cuarta), consiste en dar *valores típicos* a los indicadores seleccionados, es decir, acentuar unilateralmente determinadas características de un concepto. En esta fase podemos recurrir método de intuición comprehensiva, según este método se deben elegir valores típicos con el criterio de que estos estén relacionados entre sí para que el tipo ideal resultante tenga coherencia interna respecto a dichos valores. En la siguiente tabla se esquematizan los procedimientos y las fases previas y comunes con las cuales se integran:

Tabla 1. Elaboración propia a partir de conceptos tomados de Sánchez 2005

<table>
<tr><th>Procedimiento de elaboración de tipologías ideales</th><th>Fases previas</th><th>Fases comunes</th></tr>
<tr><td>Elección de una parte de la realidad social.

Abstracción simple</td><td>Orientación de valor respecto al concepto que se desea tipificar. Es decir, a que concepto se le dará más importancia y en qué sentido.</td><td rowspan="4">Seleccionar variables o macro variables / indicadores típicos

Dar valores típicos a los indicadores seleccionados</td></tr>
<tr><td>Revisión amplia de casos empíricos respecto a un concepto.

Revisión histórica</td><td>Revisión de las formas que adopta la parte de la realidad social que queremos tipificar en distintas regiones o países y en diferentes momentos históricos.

Es una fase de carácter descriptivo.</td></tr>
<tr><td>Razonar un concepto de forma dialéctica.

Lógica dialéctica</td><td>Depende de nuestro referente de base para la construcción de tipos ideales: concreto o abstracto.

Concreto: se parte de la realidad.

Abstracto: Se eligen oposiciones relevantes para la investigación presentes en el concepto a tipificar ideal y dialécticamente</td></tr>
<tr><td>Proyectar a futuro un concepto a partir de una tendencia social.

Tendencia social</td><td>Se basa en la observación de una tendencia en la sociedad. Tipifica idealmente las organizaciones sociales del futuro respecto a su tiempo y conforma la construcción del tipo ideal de burocracia.</td></tr>
</table>

Con el fin de esquematizar el proceso de elaboración de las tipologías ideales, podemos describir los pasos a seguir en la siguiente gráfica 2.

Gráfica 2 Pasos para la formulación del ideal tipo. Fuente: Elaboración propia a partir de Sánchez Partida 2005

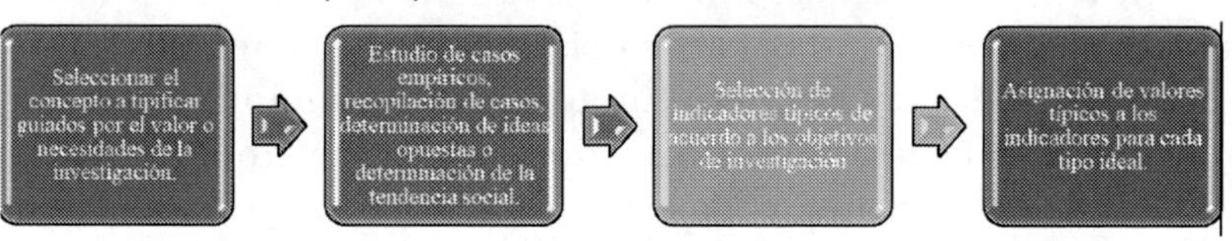

MODELO ANALÍTICO PARA LA FORMULACIÓN DEL IDEAL TIPO DEL CICLO PRESUPUESTARIO

Para el desarrollo de la presente investigación se sigue un modelo elaborado a partir de los postulados de Max Weber recuperados por Sánchez de Partida, el gráfico 3 se explica de la siguiente manera: para cada una de las siete etapas del ciclo presupuestario se identifica su significado administrativo, específicamente el expuesto en el glosario de transparencia presupuestaria[16], se continua con la revisión del marco jurídico general y federal para la república mexicana, particularmente en los ordenamientos normativos que regulan estructuras y procesos económicos, financieros y de responsabilidad en la ejecución del gasto público.

A partir de la referencia conceptual se procede a identificar los indicadores típicos y sus valores típicos, de esta manera se precisan las variables clave del concepto de cada etapa y posteriormente se realiza el razonamiento dialéctico, es decir confrontar pasado con presente, presente con futuro, en este caso el ejercicio se lleva a cabo confrontando los conceptos de cada etapa con los rasgos de los paradigmas weberiano o tradicional, el cual se considera en este ejercicio como el pasado, para el caso del presente se alude al

---

16 Disponible en: https://www.transparenciapresupuestaria.gob.mx/es/PTP/Glosario

paradigma de la nueva gestión pública y para el tiempo futuro se utiliza el paradigma de la nueva gobernanza.

Resultado de este ejercicio, se esboza el concepto del ideal típico de cada de las etapas del ciclo presupuestario.

MODELO ANALÍTICO

Gráfica 3 Modelo analítico para la construcción del ideal tipo en el ciclo presupuestario en México.

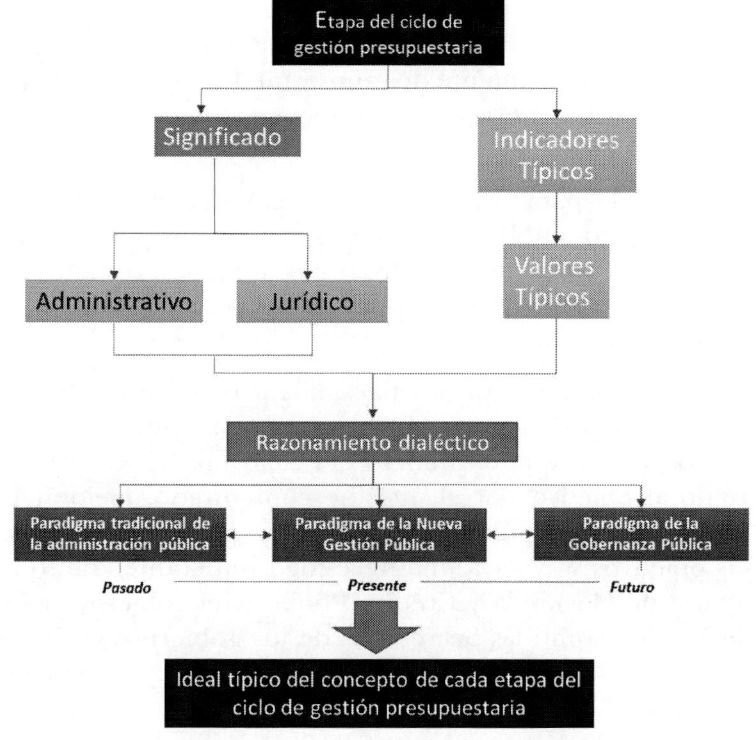

Fuente: Elaboración propia a partir de conceptos de Sánchez (2005) y elementos tomados de la introducción del presente ensayo.

APLICACIÓN DEL MÉTODO ANALÍTICO PARA LA CONSTRUCCIÓN DEL TIPO IDEAL DE LA GESTIÓN DEL CICLO PRESUPUESTARIO EN MÉXICO

En este apartado se presenta un despliegue conceptual descriptivo, normativo, la identificación de instrumentos operativos, los indicadores tipo y el razonamiento dialéctico de cada una de las etapas del ciclo presupuestario.

Entendido como el proceso que organiza y estructura el ejercicio de los recursos públicos, el ciclo presupuestario está compuesto por siete etapas, cada una de ellas con el objetivo de racionalizar la planeación, asignación, ejercicio, evaluación y control de los recursos públicos. A través de este proceso, que dura aproximadamente dos años y medio, los aparatos gubernamentales buscan mejorar la eficiencia y efectividad del ejercicio presupuestal.

Este modelo para la organización, elaboración y ejercicio del presupuesto público se compone de las siguientes siete etapas: 1) Planeación, 2) Programación, 3) Presupuesto, 4) Ejercicio y control, 5) Seguimiento, 6) Evaluación, y 7) Rendición de cuentas.

Como herramienta orientada a la racionalización de un macroproceso gubernamental, es necesario identificar y valorar, la aportación que el modelo del ciclo presupuestario ha realizado al objetivo por el que fue configurado, mejorar el uso de los recursos públicos, es por ello, que medir el logro de sus objetivos se vuelva una necesidad imperante. Tanto la Secretaría de Hacienda y Crédito Público del gobierno federal de México como las Secretarías de los gobiernos estatales utilizan el siguiente modelo del ciclo presupuestario para sus rutinas institucionales.

Gráfico 4. El ciclo presupuestario en México.

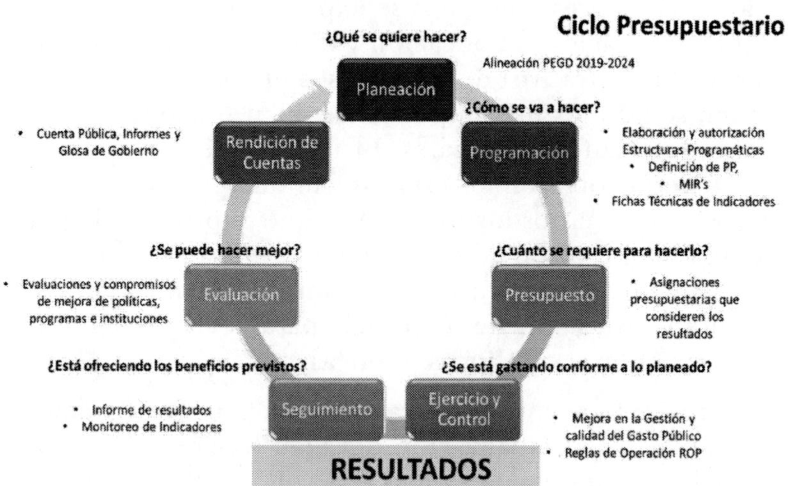

Fuente: Manual de programación y presupuesto 2021 de la Secretaría de la Hacienda Pública de Jalisco

A continuación, se procede al análisis de cada una de las etapas del ciclo.

LA PLANEACIÓN

> Primera etapa del ciclo presupuestario en la que se busca que todas las acciones públicas tengan coherencia y no se desvíen de los grandes objetivos nacionales. Para lograrlo, se realizan procedimientos que garanticen la debida alineación y armonización de los objetivos y metas de cada programa presupuestario con los instrumentos de planeación nacional, como son las metas nacionales plasmadas en el Plan Nacional de Desarrollo (PND) y los programas derivados del mismo (transversales, sectoriales, especiales, institucionales y regionales). (Secretaría de Hacienda, 2016)

Continuando con el análisis descriptivo, es necesario conocer la operatividad de la fase de planeación. En México y las entidades federativas que lo componen esta primera etapa del ciclo presupuestario se expresa fundamentalmente en la elaboración, publicación y difusión (al interior del aparato administrativo) de los diversos instrumentos de planeación, siendo los más importantes: Plan Nacional de Desarrollo, los Planes Sectoriales, Institucionales, tanto en el orden federal como en los estados y municipios. Es a partir de estos instrumentos institucionales que el proceso de planeación tiene su razón de ser, es decir, la etapa en la cual los programas presupuestarios de la administración pública se configuran para servir de referencia para la elaboración de planes, programas y políticas públicas.

El principal mecanismo para la valoración de esta etapa es la evaluación y actualización del Plan Nacional de Desarrollo y los Planes Estatales de Desarrollo. Este proceso de actualización y evaluación ocurre a los 3 años de que inicia la administración. En dicho proceso, se analiza el logro de los objetivos y metas establecidas, además, se valora la necesidad de hacer ajustes en función del contexto social, económico y político.

En México la metodología del marco lógico (MML) se ha convertido en un instrumento fundamental para ser aplicado en el proceso de planeación del sector público. De acuerdo con el glosario de transparencia presupuestaria la MML se define como la:

> Herramienta de planeación estratégica basada en la estructuración y solución de problemas, que permite organizar de manera sistemática y lógica los objetivos de un programa y sus relaciones de causalidad; identificar y definir los factores externos al programa que pueden influir en el cumplimiento de los objetivos; evaluar el avance en la consecución de los objetivos, así como examinar el desempeño del programa en todas sus etapas. La MML facilita el proceso de conceptualización y diseño de programas y permite fortalecer la vinculación de la planeación con la programación.

En la Constitución Política de los Estados Unidos Mexicanos (CPEUM) en su artículo 26 establece que:

> el Estado organizará un sistema de planeación democrática del desarrollo nacional que imprima solidez, dinamismo, competitividad, permanencia y equidad al crecimiento de la economía para la independencia y la democratización política, social y cultural de la nación.
>
> Los fines del proyecto nacional contenidos en la Constitución determinarán los objetivos de la planeación. La planeación será democrática y deliberativa. Mediante los mecanismos de participación que establezca la ley, recogerá las aspiraciones y demandas de la sociedad para incorporarlas al plan y los programas de desarrollo. Habrá un plan nacional de desarrollo al que se sujetarán obligatoriamente los programas de la Administración Pública Federal.

En el mismo ordenamiento se establece que la ley facultará al Ejecutivo para que establezca los procedimientos de participación y consulta popular en el sistema nacional de planeación democrática, y los criterios para la formulación, instrumentación, control y evaluación del plan y los programas de desarrollo. Asimismo, determinará los órganos responsables del proceso de planeación y las bases para que el Ejecutivo Federal coordine mediante convenios con los gobiernos de las entidades federativas e induzca y concierte con los particulares las acciones a realizar para su elaboración y ejecución. El plan nacional de desarrollo considerará la continuidad y adaptaciones necesarias de la política nacional para el desarrollo industrial, con vertientes sectoriales y regionales.

Aunado a lo anterior se retoma lo que la ley de Planeación establece en su artículo 3:

> se entiende por planeación nacional de desarrollo la ordenación racional y sistemática de acciones que, en base al ejercicio de las atribuciones del Ejecutivo Federal en materia de

> regulación y promoción de la actividad económica, social, política, cultural, de protección al ambiente y aprovechamiento racional de los recursos naturales así como de ordenamiento territorial de los asentamientos humanos y desarrollo urbano, tiene como propósito la transformación de la realidad del país, de conformidad con las normas, principios y objetivos que la propia Constitución y la ley establecen.

Mediante la planeación se fijan objetivos, metas, estrategias y prioridades, así como criterios basados en estudios de factibilidad; se asignan los recursos, responsabilidades y tiempos de ejecución, se coordinan acciones y se fijan parámetros para los procesos de evaluación.

Debemos agregar lo expuesto en la Ley General de Contabilidad Gubernamental (LGCG) en su artículo cuarto fracción XXVI establece que la Planeación del desarrollo: el Plan Nacional de Desarrollo, así como los planes de desarrollo de las entidades federativas, de los municipios y de las demarcaciones territoriales del Distrito Federal, conforme resulte aplicable a cada orden de gobierno. Y en el artículo 33 de la misma ley se establece que: La contabilidad gubernamental deberá permitir la expresión fiable de las transacciones en los estados financieros y considerar las mejores prácticas contables nacionales e internacionales en apoyo a las tareas de planeación financiera, control de recursos, análisis y fiscalización.

Por último, debemos señalar que de esta normativa emanan instrumentos de operación tanto federales como estatales tales como el Plan Nacional de Desarrollo y Planes Sectoriales los cuales son el reflejo de las actividades que se desarrollan en dicha etapa.

INDICADORES Y VALORES TÍPICOS

Indicadores típicos	Valores típicos
*Sistematización del diagnóstico situacional para la formación de objetivos, metas y estrategias para el desarrollo que den consistencia a los programas presupuestarios. *Democrática y deliberativa *Componente que se vertebra con mecanismos de la contabilidad gubernamental.	- Racionalización de la información obtenida en los procesos que implica la planeación a fin de ser utilizada para interpretar y materializar el proyecto de nación. - Participación ciudadana como un elemento vital para el sistema de planeación nacional porque éste debe ser democrático. - Insumo para la contabilidad gubernamental. Los programas presupuestarios deben estar concatenados y ser un componente para la gestión financiera.

RAZONAMIENTO DIALÉCTICO

Si se busca expresar un razonamiento dialéctico con el fin de avanzar a la reconstrucción del tipo ideal de la etapa de planeación podemos decir que el modelo tradicional (weberiano) de planificación consideraba como centro y determinante de la acción pública al gobierno, el desarrollo podía planificarse de manera central, el desarrollo podía ser orquestado desde el gobierno federal y, de manera unilateral determinar el alcance, nivel y factores del desarrollo.

Esta suposición de que el gobierno es el factor determinante del desarrollo ha sido desplazada por las ideas de la nueva gobernanza que postulan que el gobierno requiere de la participación de otros actores no gubernamentales. Si bien desde la CPEUM se ha concebido la democratización del sistema de planeación, históricamente ha sido una narrativa de legitimidad discursiva, no una auténtica práctica de relaciones de gobierno-sociedad. La reconstrucción conceptual de la fase de Planeación acentúa la importancia práctica, de la incidencia no sólo de la participación ciudadana, sino de otros actores clave del desarrollo como el sector privado, el académico y por supuesto el sector internacional. La agenda 2030 en una muestra clara de la incidencia exterior en el proceso de planeación.

LA PROGRAMACIÓN

Segunda etapa del ciclo presupuestario en la que se definen los programas presupuestarios que tendrán a cargo las dependencias y entidades, así como los recursos necesarios para cumplir sus objetivos. (Secretaría de Hacienda, 2016)

La operatividad de esta etapa consiste en la elaboración y autorización de las estructuras programáticas, la definición de los programas presupuestarios, la elaboración de las Matrices de Indicadores para Resultados (MIR) y las fichas técnicas de indicadores. Sin embargo, el principal producto de esta etapa es la elaboración y definición de los programas presupuestarios. Estos se definen como la: Categoría que permite organizar, en forma representativa y homogénea, las asignaciones de recursos de los programas federales y del gasto federalizado a cargo de los ejecutores de este, para el cumplimiento de sus objetivos y metas. (Secretaría de Hacienda, 2016)

Esta etapa se ve refleja en los anteproyectos de presupuesto de los gobiernos de los distintos órdenes en México, durante este proceso, encabezado por las Secretarías de Hacienda o su símil, se definen las estructuras programáticas, la elaboración de programas presupuestarios y MIR. Como parte de este proceso de anteproyecto, una tarea común es la valoración en el diseño y coherencia de los programas presupuestarios, con la finalidad de que cumplan con los criterios mínimos requeridos para su implementación y, de esta forma, impulsar una mayor probabilidad de alcanzar los objetivos planteados.

El sustento jurídico de esta etapa se encuentra, por un lado, en el artículo 54 de la LGCG: la información presupuestaria y programática que forme parte de la cuenta pública deberá relacionarse, en lo conducente, con los objetivos y prioridades de la planeación del desarrollo. Asimismo, deberá incluir los resultados de la evaluación del desempeño de los programas federales, de las entidades federativas, municipales y de las demarcaciones territoriales del Distrito Federal, respectivamente, así como los vinculados al ejercicio de los recursos federales que les hayan sido transferidos.

Con el fin de cumplir con esto se deberán utilizar indicadores que permitan determinar el cumplimiento de las metas y objetivos de cada uno de los programas, así como vincular los mismos con la planeación del desarrollo. Adicionalmente se deberá presentar información por dependencia y entidad, de acuerdo con la clasificación establecida en la fracción IV del artículo 46 de esta Ley.

Art. 46 III. Información programática, con la desagregación siguiente:

a) Gasto por categoría programática;

b) Programas y proyectos de inversión, y

c) Indicadores de resultados

La misma LGCG en su artículo 28 fracción II establece que la clasificación funcional y programática, la cual agrupa a las previsiones de gasto con base en las actividades que por disposición legal les corresponden a los ejecutores de gasto y de acuerdo con los resultados que se proponen alcanzar, en términos de funciones, programas, proyectos, actividades, indicadores, objetivos y metas. Permitirá conocer y evaluar la productividad y los resultados del gasto público en cada una de las etapas del proceso presupuestario. Asimismo, se incluirá en el proyecto de Presupuesto de Egresos una clasificación que presente los distintos programas con su respectiva asignación, que conformará el gasto programático, así como el gasto que se considerará gasto no programático, los cuales sumarán el gasto neto total

En el artículo 27 de la misma ley nos indica que la estructura programática facilitará la vinculación de la programación de los ejecutores con el Plan Nacional de Desarrollo y los programas, y deberá incluir indicadores de desempeño con sus correspondientes metas anuales. Deberán diferenciarse los indicadores y metas de la dependencia o entidad de los indicadores y metas de sus unidades responsables. Dichos indicadores de desempeño corresponderán a un índice, medida, cociente o fórmula que permita establecer un parámetro de medición de lo que se pretende lograr en un año expresado en términos de cobertura, eficiencia, impacto económico y social, calidad y equidad. Estos indicadores serán la base para el funcionamiento del Sistema de Evaluación del Desempeño.

Por último en el artículo 42 fracción segunda, específicamente en su tercer párrafo se establece que: al remitir la estructura programática, el Ejecutivo, por conducto de la Secretaría, informará sobre los avances físico y financiero de todos los programas y proyectos que se hayan aprobado en el Presupuesto de Egresos vigente con relación a los objetivos planteados en el Plan Nacional de Desarrollo y los programas, y detallará y justificará las nuevas propuestas, señalando las correspondientes opciones de fuentes de recursos para llevarlas a cabo.

De dicha normativa emanan los instrumentos que permiten la operatividad de esta etapa siendo estos los programas presupuestarios, las MIR, así como las fichas técnicas de indicadores, tanto en la escala federal como locales.

INDICADORES Y VALORES TÍPICOS

Indicadores típicos	Valores típicos
* Organización representativa y homogénea de las asignaciones presupuestarias. *Formulación racional y efectiva de las MIR. *Sistematización de componentes de la acción gubernamental que vinculan recursos financieros (gasto programático y no programático) con estándares de desempeño.	- Isomorfismo contable. - Instrumentación efectiva de la MML para la elaboración de las MIR. - Permite traducir la perspectiva y ambiciones de la planeación en acciones programadas con presupuesto e identificación de las unidades ejecutoras del gasto como instancias responsables de la operación, ejercicio y rendición de cuentas del gasto público.

RAZONAMIENTO DIALÉCTICO

Esta etapa observa condiciones de concatenación entre el modelo tradicional-weberiano y la nueva gestión pública. Por un la establece la importancia y necesidad de ordenar, clasificar y distribuir el recurso público en acciones debidamente planificadas y previstas presupuestariamente, no obstante la legislación ha dotado de orientaciones de estándares de desempeño, principalmente en la construcción de los indicadores resultado del ejercicio de la MML. Un elemento con el cual no observa ninguna articulación es con la asignación presupuestaria de participaciones y asignaciones de la federación hacia las entidades federativas, es decir, la programación parece estar basada en un margen presupuestario de ingresos que reciben las dependencias y entidades de la administración pública, al margen de su nivel desempeño y cumplimiento de objetivos y metas institucionales, es decir, si bien se expresa la importancia de vincular la programación al desempeño, el marco normativo revisado no da elementos de vinculación para incentivar – en premios o castigos- los resultados del ejercicio del gasto. La noción de vinculación con el desempeño es para asegurar seguimiento y evaluación de los objetivos y metas, pero no para aumentar ni disminuir asignaciones ni participaciones presupuestarias. Aquí es donde reside un vacío en la gestión del ciclo presupuestario

PRESUPUESTACIÓN

> Tercera etapa del ciclo presupuestario, que consiste en asignar recursos a las acciones de gobierno, por medio de programas presupuestarios. En dicha etapa se describen la cantidad, la forma de distribución y el destino de los recursos públicos de los tres poderes (Ejecutivo, Legislativo y Judicial), de los organismos autónomos, como el Instituto Federal Electoral y la Comisión Nacional de los Derechos Humanos, así como las transferencias a los gobiernos estatales y municipales[17].

El objeto de esta etapa consiste en asignar recursos a las acciones que llevará a cabo el gobierno (nacional y subnacional) a través de los programas presupuestarios definidos en la etapa previa. El paradigma más observado y de influencia en la estructura hacendaria es el del presupuesto basado en resultados (PbR), sin embargo, cada vez es más constante la presión por diversos sectores y actores del sistema político en incorporar el enfoque de derechos humanos y de género en el diseño presupuestario. Una discusión que ha cobrado relevancia en la agenda política de México es el relacionado con el derecho al mínimo vital y su obligatoria incorporación al proceso presupuestario[18].

---

17 *Ídem.*

18 Para una amplia revisión del marco jurídico y el estado del arte del tema del mínimo vital, se recomienda consultar el documento "*Principio del mínimo vital en Jalisco, implicaciones en los procesos para la planeación y presupuestación: estudio con carácter de recomendación*". La investigación está dirigida a precisar los componentes clave del derecho al mínimo vital a partir de la sistematización de los fundamentos jurídicos establecidos tanto por la Suprema Corte de Justicia de la Nación en México como por la normativa internacional. Con estos componentes, aunados a la aplicación conceptual del enfoque basado en derechos humanos (EBDH), se define una guía de lineamientos desde el ciclo de políticas públicas para la implemen-

El código normativo en el cual se establece la etapa de presupuestación se basa primeramente en la Constitución Política de los Estados Unidos Mexicanos en el artículo 74, fracción cuarta: aprobar anualmente el Presupuesto de Egresos de la Federación, previo examen, discusión y, en su caso, modificación del Proyecto enviado por el Ejecutivo Federal, una vez aprobadas las contribuciones que, a su juicio, deben decretarse para cubrirlo.

Por su parte en la Ley Federal de Presupuesto y Responsabilidad Hacendaria (LFPRH) en el artículo segundo fracción XXXV establece que el Presupuesto de Egresos es: El presupuesto de Egresos de la Federación para el ejercicio fiscal correspondiente, incluyendo el decreto, los anexos y tomos.

Siendo de vital importancia el artículo 24: La programación y presupuestación del gasto público comprende:

I. Las actividades que deberán realizar las dependencias y entidades para dar cumplimiento a los objetivos, políticas, estrategias, prioridades y metas con base en indicadores de desempeño, contenidos en los programas que se derivan del Plan Nacional de Desarrollo y, en su caso, de las directrices que el Ejecutivo Federal expida en tanto se elabore dicho Plan, en los términos de la Ley de Planeación;

---

tación del "principio del mínimo vital" en la planeación del estado de Jalisco, lo cual también se enmarca en las recientes reflexiones sobre los Objetivos de Desarrollo Sostenible (ODS) y la necesidad de una nueva generación de políticas sociales para el desarrollo con enfoque de derechos, que es liderada por la Comisión Económica para América Latina y el Caribe (CEPAL) en la región. Disponible en: http://www.un.org/

II. Las previsiones de gasto público para cubrir los recursos humanos, materiales, financieros y de otra índole, necesarios para el desarrollo de las actividades señaladas en la fracción anterior, y

III. Las actividades y sus respectivas previsiones de gasto público correspondientes a los Poderes Legislativo y Judicial y a los entes autónomos.

Por su parte el artículo 25 de la misma ley determina que la programación y presupuestación anual del gasto público, se realizará con apoyo en los anteproyectos que elaboren las dependencias y entidades para cada ejercicio fiscal, y con base en:

> La evaluación de los avances logrados en el cumplimiento de los objetivos y metas del Plan Nacional de Desarrollo y los programas sectoriales con base en el Sistema de Evaluación del Desempeño, las metas y avances físicos y financieros del ejercicio fiscal anterior y los pretendidos para el ejercicio siguiente.

La LGCG en su artículo cuarto fracción XVIII establece que la información presupuestaria y contable expresada en unidades monetarias, sobre las transacciones que realiza un ente público y los eventos económicos identificables y cuantificables que lo afectan, la cual puede representarse por reportes, informes, estados y notas que expresan su situación financiera, los resultados de su operación y los cambios en su patrimonio.

Todo lo anterior se refleja en la Ley de Ingresos y el Presupuesto de Egresos de la Federación con el respectivo clasificador por objeto del gasto a nivel federal. Por su lado a nivel estatal se cuenta con la Ley de Ingresos, Presupuesto de Egresos de la Federación y su respectivo clasificador por objeto del gasto, así como el tabulador de sueldos para servidores públicos del Estado.

La etapa de presupuestación consiste en la asignación de los recursos a las acciones determinadas en las etapas anteriores es decir en los programas presupuestarios. Esta etapa es el corazón del ciclo presupuestario. Un elemento que se observa en la práctica de la etapa y que poco se encuentra regulada en el marco normativo es el que tiene que ver con la conflictividad del proceso decisorio, principalmente en condiciones de gobierno dividido del sistema político del Estado en cuestión de análisis.

INDICADORES Y VALORES TÍPICOS

Indicadores típicos	Valores típicos
* Asignación recursos de manera racional con los ingresos factibles. Es decir, en equilibrio o en condiciones de déficit presupuestario. *Dinamismo o pereza fiscal por parte de los gobiernos subnacionales. *Mayor o menor grado de conflictividad en el proceso deliberativo y decisorio que implica a su vez la cantidad, forma y destino de las transferencias a los gobiernos estatales y municipales (esto en el caso de PEF). Conocida también como autonomía económica de los gobiernos estatales y municipales.	-Integración del enfoque basado en resultados en el todo el proceso. -Integración del enfoque basado en derechos humanos, que incluye la perspectiva de género y de manera ambiciosa el derecho al mínimo vital. - Deliberación democrática en la cámara de diputados -Incidencia ciudadana a través de la figura de presupuestos participativos. -Nivel de ejercicio y subejercicio presupuestario como resultado de la etapa de ejecución.

RAZONAMIENTO DIALÉCTICO

Esta etapa se ha formado y evolucionado desde el modelo de la administración weberiana, se aprecian rasgos que ha impregnado la nueva gestión pública, principalmente en la acentuada atención de la racionalización de los recursos a fin de maximizar los resultados del ejercicio presupuestario.

Consiste de forma esencial, en la asignación de recursos para los diferentes programas y proyectos públicos. Aunque no se encuentra suficientemente regulado, el grado de conflictividad es un factor variable de acuerdo con las condiciones políticas del gobierno en turno. Las demandas por incorporar el enfoque derechos humanos abren una ventana de oportunidad para dirigir y rediseñar las demás etapas del ciclo presupuestario a fin de armonizar los derechos consagrados de la declaración universal de los derechos humanos y otros ordenamientos de carácter internacional que México ha suscrito a fin de ampliar libertades y garantías ciudadanas, sociales, políticas, económicas y culturales. Si bien la LFPYRH establece que la presupuestación debe realzarse con base en resultados de evaluación y que existe un sistema de evaluación del desempeño, la disposición de evaluación previa a la presupuestación es letra jurídica pero no vigente en las prácticas operativas del ciclo presupuestario, el esquema que ilustra el ciclo no alude a la interrelación entre presupuesto y evaluación. El futuro del presupuesto está en garantizar, con sustentabilidad y disciplina fiscal el enfoque de derechos humanos. En enfoque presupuestario basado en resultados debe ser considerado un insumo o medio para el enfoque de derechos humanos.

EL EJERCICIO Y CONTROL

> Cuarta etapa del ciclo presupuestario en la que las dependencias y entidades de la Administración Pública Federal, entidades federativas, municipios y demarcaciones territoriales de la Ciudad de México ejercen los recursos que les fueron asignados conforme al calendario determinado para ello y para el logro de los objetivos a los que fueron destinados. (Secretaría de Hacienda, 2016)

Es etapa los ejecutores del gasto público ejercen los recursos que les han sido asignados con base en las metas y objetivos establecidos en la MIR.

Para la observancia de esta etapa, el ordenamiento normativo más importante es el artículo 134 de la CPEUM ya que establece que los recursos económicos de que dispongan la Federación, las entidades federativas, los Municipios y las demarcaciones territoriales de la Ciudad de México, se administrarán con eficiencia, eficacia, economía, transparencia y honradez para satisfacer los objetivos a los que estén destinados.

En el artículo 19 de LCGG se establece que el Sistema de Contabilidad deberá generar en tiempo real, estados financieros, de ejecución presupuestaria y otra información que coadyuve a la toma de decisiones, a la transparencia, a la programación con base en resultados, a la evaluación y a la rendición de cuentas. Agregando lo expresado en el artículo 33 el cual determina que la contabilidad gubernamental deberá permitir la expresión fiable de las transacciones en los estados financieros y considerar las mejores prácticas contables nacionales e internacionales en apoyo a las tareas de planeación financiera, control de recursos, análisis y fiscalización.

Sin embargo, se debe considerar el artículo 46 de la misma ley que establece los siguiente: I. Información contable, II Información Presupuestal y III.Programática.

Por último, tenemos la LFRH que nos dice:

> Art.45 Los responsables de la administración en los ejecutores de gasto serán responsables de la administración por resultados; para ello deberán cumplir con oportunidad y eficiencia las metas y objetivos previstos en sus respectivos programas, conforme a lo dispuesto en esta Ley y las demás disposiciones generales aplicables.

Dicha legislación tiene su mecanismo de control de desempeño, tanto a nivel federal como estatal, las auditorías al ejercicio presupuestal, reglas de operación y lineamientos para la instrumentación de programas públicos.

INDICADORES Y VALORES TÍPICOS

Indicadores típicos	Valores típicos
*Los deberes de administración del gasto son: eficiencia, eficacia, economía, transparencia y honradez para satisfacer los objetivos a los que estén destinados. *El ejercicio del gasto debe realizarse mediante un sistema de contabilidad gubernamental el cual debe coadyuvar a la toma de decisiones, a la transparencia, a la programación con base en resultados, a la evaluación y a la rendición de cuentas.	-El valor más importante es la conexión entre montos financieros autorizados, calendario de actividades y cumplimiento de objetivos. -Ejercicio del gasto con apego a los deberes de administración del gasto, integridad pública, balance presupuestario sostenible, manejo sustentable de las finanzas públicas[19].

RAZONAMIENTO DIALÉCTICO

El marco normativo de la etapa hace énfasis en el control y responsabilidad contable, financiera y operativa, la configuración del sistema de contabilidad gubernamental es la expresión de requerimientos de tecnología informativa aplicada para ejercer el gasto con orden los recursos públicos, orientada a cumplimiento de objetivos y

EL SEGUIMIENTO

Esta es la quinta etapa del ciclo presupuestario que busca tener un seguimiento puntual del avance en los objetivos de cada institución pública por medio del Sistema de Evaluación del Desempeño[20].

---

19 Valor elaborado a tomando en cuenta el considerando cuarto de los lineamientos presupuestales para la administración públicas del Estado de Jalisco Disponible en: https://sepbr.jalisco.gob.mx/files/Documentosportal/LINEAMIENTOS%20PRESUPUESTALES%202020.pdf

20 Ídem.

La operación de esta etapa se basa en el seguimiento de las metas y los objetivos programados por las dependencias y entidades públicas.

La LFRH establece en su artículo 2 fracción LI que el Sistema de Evaluación del Desempeño es: el conjunto de elementos metodológicos que permiten realizar una valoración objetiva del desempeño de los programas, bajo los principios de verificación del grado de cumplimiento de metas y objetivos, con base en indicadores estratégicos y de gestión que permitan conocer el impacto social de los programas y de los proyectos.

En el artículo 111 de la misma ley se establece que:

> La Secretaría y la Función Pública, en el ámbito de sus respectivas competencias, verificarán periódicamente, al menos cada bimestre, los resultados de recaudación y de ejecución de los programas y presupuestos de las dependencias y entidades, con base en el sistema de evaluación del desempeño, entre otros, para identificar la eficiencia, economía, eficacia, y la calidad en la Administración Pública Federal y el impacto social del ejercicio del gasto público, así como aplicar las medidas conducentes. Igual obligación y para los mismos fines, tendrán las dependencias, respecto de sus entidades coordinadas. Dicho sistema de evaluación del desempeño a que se refiere el párrafo anterior del presente artículo será obligatorio para los ejecutores de gasto. Dicho sistema incorporará indicadores para evaluar los resultados presentados en los informes bimestrales, desglosados por mes, enfatizando en la calidad de los bienes y servicios públicos, la satisfacción del ciudadano y el cumplimiento de los criterios establecidos en el párrafo segundo del artículo 1 de esta Ley. La Secretaría y la Función Pública emitirán las disposiciones para la aplicación y evaluación de los referidos indicadores en las dependencias y entidades; los Poderes Legislativo y Judicial y los entes autónomos emitirán sus respectivas disposiciones por conducto de sus unidades de administración. Los indicadores del sistema de evaluación del desempeño deberán formar parte del Presupuesto de Egresos e incorporar sus resultados en la Cuenta Pública, explicando en forma detallada las causas de las variaciones y su correspondiente efecto económico. El sistema de evaluación del desempeño deberá incorporar indicadores

> específicos que permitan evaluar la incidencia de los programas presupuestarios en la igualdad entre mujeres y hombres, la erradicación de la violencia de género y de cualquier forma de discriminación de género. Los resultados a los que se refiere este artículo deberán ser considerados para efectos de la programación, presupuestación y ejercicio de los recursos.

Como parte de las acciones establecidas en esta etapa para el seguimiento del cumplimiento de objetivos, se diseñó e implementó el Sistema de Evaluación del Desempeño (SED), que mediante un conjunto de elementos metodológicos evalúa el desempeño de los programas presupuestarios. El principal instrumento evaluado en esta etapa son las MIR, a través de este instrumento es posible identificar el cumplimiento de actividades, la entrega de bienes y servicios, los resultados obtenidos y la contribución, de los programas presupuestarios, a la consecución de un objetivo de desarrollo.

El SED únicamente refleja el avance de los indicadores de manera trimestral, semestral y anual, de esa manera, se tiene un panorama del avance en el cumplimiento de los actividades, componentes, propósito y fin de los programas presupuestarios de la Administración Pública Federal, Estatal y Municipal.

A nivel federal el responsable de la implementación del SED es la Secretaría de Hacienda y Crédito Público, que mediante la plataforma correspondiente da seguimiento al avance los indicadores establecidos en cada uno de los elementos de las MIR.

Los instrumentos que permiten la operatividad de esta etapa a nivel federal son el monitoreo de indicadores el Sistema de Evaluación del Desempeño-Presupuesto basado en Resultados mientras que a nivel estatal (el caso de Jalisco) se cuenta con el Sistema de Monitoreo de acciones y programas públicos (MIDE) y el Sistema de Evaluación del Desempeño-Presupuesto basado en Resultados (SeD-PbR).

Como ya se mencionó, esta etapa se basa como su nombre lo indica su nombre, en el seguimiento puntual del avance de los objetivos de cada dependencia que interviene en el ciclo presupuestario.

INDICADORES Y VALORES TÍPICOS

Indicadores típicos	Valores típicos
* Nivel de cumplimiento de los objetivos y metas y el grado de economía, eficacia y eficiencia de los programas presupuestarios. Expresado en gran medida en los informes que emita el sistema de contabilidad gubernamental.	-Calidad de la administración pública y el impacto social del gasto.

RAZONAMIENTO DIALÉCTICO

La definición administrativa de esta etapa es incorrecta en tanto que incumple una regla básica de construcción de significados que postula que lo definido no debe estar dentro de la definición. Si bien la misma definición administrativa se incluye el sistema de evaluación de resultados como un elemento primordial del seguimiento, en tanto que éste realiza el seguimiento puntual en los avances de las MIR de las unidades ejecutoras del gasto, el SED es ante todo un mecanismo de evaluación, no de seguimiento, los verbos clave en etapa es verificación y monitoreo.

El concepto y las prácticas vigentes se sitúan en el marco del a nueva gestión pública, al perseguir la eficiencia, efectividad y economía en el gasto público, la aplicación de mecanismos de evaluación y el uso de indicadores para el control del gasto y el cumplimiento de metas y objetivos de los programas públicos. Conceptualmente contiene un error al incluir la evaluación del desempeño en una etapa que es eminentemente de control de la aplicación de los recursos y verificación en el cumplimiento de objetivos y metas institucionales, por ello la instrumentación del sistema de contabilidad gubernamental es un imperativo legal y un requerimiento tecnológicos. El futuro del concepto está ligado al cumplimiento de las disposiciones normativas que desde finales de primera década del siglo XXI aún no se cumplen a cabalidad en la república mexicana.

LA EVALUACIÓN

> Es el análisis sistemático y objetivo de intervenciones, principalmente de programas gubernamentales en los ámbitos federal, estatal y municipal, así como de conjuntos de programas o de políticas públicas. El propósito de las evaluaciones a los programas es determinar su pertinencia y el logro de sus objetivos, así como la eficiencia, efectividad, impacto y sostenibilidad de éstos, aportando información confiable y útil sobre los resultados obtenidos, que permita mejorar el proceso de toma de decisiones. Asimismo, las evaluaciones constituyen un elemento del Ciclo Presupuestario, desde el enfoque del Presupuesto basado en Resultados (PbR). Las evaluaciones a programas gubernamentales se rigen por los Lineamientos Generales para la Evaluación de los Programas Federales de la Administración Pública Federal.

La Ley Orgánica del Poder Ejecutivo Federal (LOPEF) establece en el artículo 37 que a la Secretaría de la Función Pública le corresponde el despacho de los siguientes asuntos: Organizar y coordinar el sistema de control interno y la evaluación de la gestión gubernamental y de sus resultados; inspeccionar el ejercicio del gasto público federal y su congruencia con los Presupuestos de Egresos, así como concertar con las dependencias y entidades de la Administración Pública Federal para validar los indicadores para la evaluación de la gestión gubernamental, en los términos de las disposiciones aplicables

La misma LOPE en el artículo 31, relativo a las competencias de la Secretaría de Hacienda y Crédito Público define que le corresponde a la Secretaría: Coordinar la evaluación que permita conocer los resultados de la aplicación de los recursos públicos federales, así como concertar con las dependencias y entidades de la Administración Pública Federal la validación de los indicadores estratégicos, en los términos de las disposiciones aplicables;

La Ley de Fiscalización y Rendición de Cuentas de la Federación (LFFRCF) determina en su artículo 14 que la Fiscalización de la Auditoria Superior de la Federación tiene por objeto "evaluar los resultados de la gestión financiera", verificar el cumplimiento de los objetivos contenidos en los programas y las demás que formen parte de la fiscalización de la Cuenta Pública o de la revisión del cumplimiento de los objetivos de los programas federales.

Específicamente en su artículo 4 fracción XIX y artículo 12 Informe de Avance de Gestión Financiera: el informe que rinden los poderes de la unión y los entes públicos federales de manera consolidada a través del Ejecutivo Federal, a la Cámara sobre los avances físicos y financieros de los programas federales aprobados para el análisis.

Esta etapa se ve reflejada en los siguientes instrumentos:

A nivel federal:

- Programa Anual de Evaluación
- Evaluaciones contratadas por Dependencias y Entidades de la Administración Pública Federal
- Programa Anual de Evaluación
- Evaluaciones contratadas por Dependencias y Entidades de la Administración Pública Federal
- Fiscalización de la Cuenta Pública

A nivel estatal:

- Estrategia Evalúa Jalisco

- Fideicomiso Evalúa Jalisco
- Agendas de mejora

La evaluación consiste en una análisis sistemático y objetivo de los programas gubernamentales. El propósito de las evaluaciones es determinar su pertinencia y el logro de objetivos.

INDICADORES Y VALORES TÍPICOS

Indicadores típicos	Valores típicos
*Cantidad y calidad de la información sistematizada a partir de las intervenciones en programas y políticas de la gestión gubernamental y el ejercicio del gasto público.	- Determinar su pertinencia y el logro de sus objetivos, así como la eficiencia, efectividad, impacto y sostenibilidad de los programas o políticas públicas. - Mejora del proceso de toma de decisiones públicas.

RAZONAMIENTO DIALÉCTICO

En esta etapa se observa la participación de agencias internas y externas al poder ejecutivo para tareas de evaluación, tanto del desempeño de la gestión pública como del ejercicio del gasto. Por su naturaleza la evaluación se liga estrechamente con el control y la rendición de cuentas. Incluso desde la perspectiva de diversos autores la evaluación es un requerimiento para la rendición de cuentas. El ciclo presupuestario ha segmentado las etapas de control, seguimiento, evaluación y rendición de cuentas como etapas separadas, sin embargo, las características de sus funciones y los objetivos de que persiguen mantienen factores comunes y amplias similitudes.

La evaluación es una característica clásica del modelo de administración clásica, se nutre del modelo de la nueva gestión pública y cuenta con amplias potencialidades en la nueva gobernanza. Las tendencias actuales de la evaluación se orientan por una mayor participación de la ciudadanía en tareas de evaluación. Si bien existe una importante cantidad de estudios, índices, diagnósticos, reportes e informes sobre el desempeño de la gestión pública, originadas y desarrolladas tanto en el sector público, social, académico, privado e internacional. No se advierte su uso efectivo en las etapas que el propio ciclo presupuestario establece como obligatorios. Como lo establece el marco jurídico, la evaluación deben llegar al nivel de valorar el impacto social de los recursos públicos aplicados por los gobiernos. La información y los deberes jurídico están dispuestos, el sistema de contabilidad dispone la información necesario para combinar resultados del ejercicio de la gestión pública con la revisión del gasto financiero y la emisión de reportes programáticos y presupuestarios, no obstante se observa un déficit importante en la concreción de este tipo de ejercicio de evaluación que combinen, en el orden de gobierno federal, las atribuciones de las la Secretaría de la Hacienda Pública, la Secretaría de la Función Pública, el CONEVAL y la Auditoría Superior de la Federación.

La última etapa es la de rendición de cuentas:

De acuerdo con el glosario de transparencia presupuestaria, esta etapa consiste en:

> las condiciones institucionales mediante las cuales el ciudadano puede evaluar de manera informada las acciones de los servidores públicos, demandar la responsabilidad en la toma de las decisiones gubernamentales y exigir una sanción en caso de ser necesario. Constituye la última etapa del Ciclo Presupuestario. (Secretaría de Hacienda, 2016)

La rendición de cuentas es tal vez la etapa con mayo ambigüedad conceptual porque a diferencia de las anteriores, no existen un conceso sobre el significado y alcance de la rendición de cuentas. El término es una traducción de lo que en el idioma inglés se conoce como acountability. El cual se integra por dos componentes, enforcement y answearability, es decir, capacidades de justicia y llamar a cuentas a funcionarios por sus decisiones y actos públicos, por el uso o abuso de sus competencias y recursos institucionales. Se ha confundido con la transparencia, pero se debe asocia más con la responsabilidad en el ejercicio del cargo público. El propio glosario de transparencia presupuestaria establece una tipología de rendición de cuentas vertical, horizontal y diagonal.

Los principales actores involucrados en esta etapa son la Auditoría Superior de la Federación, la Secretaría de la Función Pública y las Auditorías Superiores de las Entidades Federativas. Las Auditorías Superiores, ya sea a nivel federal o local, emiten un reporte sobre la revisión de las cuentas públicas, además, cada ejercicio de auditoría contiene un pliego de observaciones que deben ser atendidas por los entes fiscalizados.

La normativa de la etapa de rendición de cuentas tiene como punto central, lo establecido en el artículo 79 de la CPEUM, relativo a las competencias que tiene la Auditoría Superior de Fiscalización, la cual establece que tendrá a su cargo:

> Fiscalizar en forma posterior los ingresos, egresos y deuda; las garantías que, en su caso, otorgue el Gobierno Federal respecto a empréstitos de los Estados y Municipios; el manejo, la custodia y la aplicación de fondos y recursos de los Poderes de la Unión y de los entes públicos federales, así como realizar auditorías sobre el desempeño en el cumplimiento de los objetivos contenidos en los programas federales, a través de los informes que se rendirán en los términos que disponga la Ley.

En la misma LFFRCF en los artículos 59 y 60 donde nos determina que:

> Cualquier persona podrá presentar de manera presencial o a través de medios electrónicos, denuncias (a la Cámara, Comisión o a la ASF) fundadas con documentos y evidencias cuando se presuma el manejo, aplicación o custodia irregular de recursos públicos o su desvío.

En la misma ley, pero en el artículo 110 se establece que:

> la Comisión recibirá peticiones, propuestas, solicitudes y denuncias fundadas y motivadas por la sociedad Civil, podrán ser consideradas por la ASF en el Programa Anual de Auditoría. Dichas propuestas también podrán ser presentadas por el CPC

Artículo 111 de la Ley de Fiscalización y Rendición de Cuentas de la Federación

> la Unidad recibirá por parte de la sociedad (por escrito o medio electrónico) opiniones, solicitudes y denuncias sobre el funcionamiento de la fiscalización de la ASF, a efecto de aportar, participar y contribuir a mejorar el funcionamiento de sus funciones de fiscalización.

Por último, el articulo 38 la Auditoría Superior de la Federación por conducto de la comisión, informará a la Cámara, cada semestre sobre el estado que guarda la solventación de observaciones, el estado que guardan las denuncias penales y los procedimientos de responsabilidad administrativa. Deberá publicarse en la página de internet.

Así como en el artículo 89 fracción XXIX, es atribución de la ASF establecer los mecanismos necesarios para fortalecer la participación ciudadana en la rendición de cuentas de las entidades sujetas a fiscalización.

Los mecanismos que exponen la operatividad de la rendición de cuentas tanto a nivel federal como estatal son los siguientes:

- Fiscalización de la Cuenta Pública
- Pliegos de observaciones resultado de auditorias
- Informe de gobierno
- Glosa del informe de gobierno
- Sistema de responsabilidades administrativas
- Sistema Nacional de Fiscalización
- Sistema Nacional de Transparencia

- Sistema Nacional Anticorrupción

Es en esta etapa en la cual los ciudadanos, mediante condiciones institucionales, pueden evaluar las acciones de los servidores públicos y exigir una sanción en consecuencia del actuar de los agentes que ejercen recursos o cuentas con decisiones públicas.

INDICADORES Y VALORES TÍPICOS

Indicadores típicos	Valores típicos
* Transparencia en el uso de los recursos públicos *Efectivos sistemas de medición del desempeño. *Espíritu de vigilancia ciudadana. * Niveles de justicia e impunidad principalmente en responsabilidades administrativas y delitos de corrupción.	- Integridad en el uso de los recursos públicos. - Responsabilidad en las instituciones y servidores públicos. - Coordinación efectiva entre las instituciones que participan en la política anticorrupción en los diferentes órdenes de gobierno.

RAZONAMIENTO DIALÉCTICO

El concepto de rendición de cuentas es sofisticado, contiene elementos del modelo de administración pública contemporánea

LOS DÉFICITS DE CAPACIDAD INSTITUCIONAL Y SU VINCULACIÓN CON LAS INSUFICIENCIAS EN EL CICLO PRESUPUESTARIO

De acuerdo a Oszlak y Orellana (como se cita en Enzo, 2017, p.p. 130-131) es posible identificar seis déficit de capacidad más frecuentes, derivado de la revisión de las definiciones de la gestión del ciclo presupuestario en la sección anterior del presente estudio, es posible afirmar que en este caso de estudio los déficit más frecuentes y relevantes son: 1. Déficits relacionados con la existencia de normas, leyes y "reglas de juego" que condicionan o impiden la ejecución de tareas; 2. Déficits relacionados con la capacidad financiera y física de las agencias ejecutoras, y 3 Déficits relacionados con las relaciones interinstitucionales.

Los déficits de capacidades estatales desarrollados por Ozlak y Orellana pueden resumirse en cuatro categorías.

Primero, aquellas relacionadas con el *marco normativo* formal e informal que condicionan o impiden el desarrollo de las tareas. En segundo lugar, las características de diseño y *desempeño de las agencias* en las cuáles se miden las capacidades, particularmente se aprecian tres dimensiones o subcategorías, las relacionadas con la estructura organizacional, recursos financieros y recursos físico-materiales de la organización. En tercer lugar, los *recursos humanos* de la organización y finalmente las *relaciones interinstitucionales de la agencia.* Se enlistas a continuación los déficits de capacidad estatal convertidos en expresiones neutrales y asociadas a la agencia en que operan.

CONCLUSIONES

La racionalización del ejercicio presupuestal en México tuvo como resultado lógico su organización en una serie de etapas denominas, en conjunto, ciclo presupuestario, modelo que busca consolidar una serie de prácticas y conductas orientadas a realizar un adecuado ejercicio presupuestal en el país, dicho modelo inició su operación en el Gobierno Federal y se ha extendido por las Entidades Federativas y Municipios del país.

Su puesta en práctica en la Administración Pública necesitó de una serie de ajustes normativos, publicación de leyes, normas, lineamientos, entre otros, así como toda una armonización entre la normatividad federal y las normas locales, que buscaron homologar el ejercicio presupuestal en el país.

El ciclo presupuestario, como modelo y práctica gubernamental de organización, cuenta con un marco normativo y jurídico para su aplicación y observancia, en virtud de ello desde 2009 es el modelo en la Administración Pública Federal y las Administraciones Públicas Locales para la organización y ejercicio del gasto público. La regularización a la práctica ha sido suficiente, amplia y basta, ya que, ha cubierto todos los aspectos necesarios para su aplicación, incluido entre ellos la armonización necesaria para su aplicación en las Entidades Federativas y Municipios.

Sin embargo, las reglas y normas no garantizan organización, es decir, los comportamientos y conductas por parte los servidores públicos, dentro de la Administración pública, responsables de su observancia, vigilancia y seguimiento, no han operado en la misma frecuencia que las acciones de regulación, aspectos que quedan fuera del campo de la regulación. Los esfuerzos de las autoridades responsables se han enfocado en generar las condiciones normativas e institucionales necesarias para su operación, sin embargo, no han fortalecido la actuación de los servidores públicos, lo que ha provocado una aplicación sin el impulso y el conocimiento a plenitud de los responsables.

Mucha regulación y poca organización en su implementación ha dejado al descubierto la debilidad institucional de las normas cuando no se acompañan con el conocimiento y práctica de los responsables de su implementación; el ciclo presupuestario y sus múltiples etapas, muestran una desconexión entre el ideal típico expresado en el marco normativo y, por otro lado, las prácticas y conductas mostradas por las autoridades y servidores públicos.

Referencias bibliográficas

Completa, Enzo (2017). Capacidad estatal: ¿qué tipo de capacidades y para qué tipo de estado? *Revista POSTData: Revista de Reflexión y Análisis Político,* 22(1),111-140

Secretaría de Hacienda y Crédito Público (2016). *Transparencia presupuestaria, observatorio del gasto.* https://www.transparenciapresupuestaria.gob.mx/es/PTP/Glosario

Secretaría de la Hacienda Pública (SHP). (2020). *Manual de programación y presupuesto 2021.* Secretaría de la Hacienda Pública de Jalisco. Recuperado de: https://sepbr.jalisco.gob.mx/files/Documentosportal/Manual_de_Programacion_y_Presupuesto%202021.pdf

Sánchez de Puerta, Fernando. (2005). *Los tipos ideales en la práctica: significados, construcciones, aplicaciones.* Universidad de Córdoba

Normativa consultada

Constitución Política de los Estados Unidos Mexicanos

Ley de Planeación

Ley General de Contabilidad Gubernamental

Ley Orgánica del Poder Ejecutivo Federal

Ley Federal de Presupuesto y Responsabilidad Hacendaria

Ley General de Desarrollo Social

Ley de Fiscalización y Rendición de Cuentas de la Federación

Datos abiertos para el ejercicio de los derechos humanos

MIRYAM GEORGINA ALCALÁ CASILLAS
Profesora en la UMSNH en la Licenciatura en Derecho y en la Maestría en Derecho de la Información (PNPC-CONACyT). Candidata al Sistema Nacional de Investigadores. Correo electrónico: miryam.alcala@umich.mx

INTRODUCCIÓN

Los datos abiertos han cobrado especial relevancia durante los últimos tiempos, puesto que su uso, redistribución y reutilización contribuye con el ejercicio de derechos económicos y sociales; como derechos a la igualdad, libertad e información, todos estos necesarios para el desarrollo colectivo. Además, se encuentra una relación implícita entre los datos abiertos con el acceso a internet para el ejercicio de estos derechos; porque internet es un instrumento básico para acceder a datos abiertos de manera gratuita y libre; contribuye a impulsar el crecimiento económico, fortalecer la competitividad, promover la innovación, incrementar la calidad en la prestación de servicios públicos, permite al sujeto participar en contenidos y servicios digitales, facilitando a la sociedad, conocer y practicar derechos y libertades.

No obstante, en México persisten desigualdades estructurales, tecnológicas y económicas que obstaculizan el acceso con calidad a la red y a los dispositivos tecnológicos, son pocas las políticas públicas encaminadas a la alfabetización digital para todos los grupos sociales, que permitan que el ciudadano conocer cómo beneficiarse de internet y de sus contenidos; circunstancias que provocan que gran parte de la sociedad no aproveche los datos abiertos y por ende no ejerza esos derechos y libertades.

Por lo anterior, el objetivo de este documento es fundamentar la importancia del acceso a los datos abiertos y su consecuente ejercicio de derechos; para lo que fue preciso implementar metodología cualitativa, lo que hizo posible afirmar que, si bien existe un marco jurídico en México que obliga a garantizar el acceso a los datos abiertos, en la realidad, la situación económica, tecnológica, educativa y social, no contribuye al uso y redistribución de ellos.

PANORAMA GENERAL DE LOS DATOS ABIERTOS

En 2013, los líderes del G8[21] firmaron la Carta de Datos Abiertos (*Open Data Charter-ODC*), la cual describía principios básicos sobre cómo los Datos Abiertos pueden respaldar la transparencia, la innovación y la responsabilidad. El mismo año, el Grupo de Trabajo de Datos Abiertos (*Open Government Partnership*-OGP[22]) inició un proceso participativo que involucró a organismos de todo el mundo para integrar principios más inclusivos, representativos y multinacionales. De tal forma, en 2015, en el marco de la *Conferencia Internacional de Datos Abiertos* en Ottawa, representantes de gobiernos, organizaciones de la

[21] Rusia (excluida por la crisis de Crimea), Canadá, Estados Unidos, Francia, Italia, Alemania, Reino Unido y Japón.

[22] Co presidido por el Gobierno de Canadá y la Web Foundation, con participación del Gobierno de México, el Centro Internacional de Investigaciones para el Desarrollo, la Red de Datos Abiertos para el Desarrollo y la Red Omidyar.

sociedad civil[23] e instituciones a nivel mundial propusieron el desarrollo de una *Carta Internacional de Datos Abiertos (International Open Data Charter-IODC).* La IODC (2021) los define como "aquellos datos digitales que son puestos a disposición con características técnicas y jurídicas necesarias para que puedan ser usados, reutilizados y redistribuidos libremente por cualquier persona, en cualquier momento y en cualquier lugar".

Después del lanzamiento oficial de la IODC al margen de la Asamblea General de las Naciones Unidas (AGNU), su adopción tuvo lugar en: Ciudad de México (octubre 2015); en Turquía (noviembre 2015); en Madrid (octubre 2016); y en París (diciembre de 2016). Tras las adopciones de la IODC en todo el mundo, en 2017 se creó un equipo de profesionales de datos abiertos que trabajan para inculcar una cultura de uso de datos abierto y responsable en los gobiernos y sus ciudadanos.

Desde entonces, con más de 100 gobiernos y organizaciones comprometidos con la IODC, las políticas de datos globales han ayudado a cambiar el enfoque hacia la publicación de datos abiertos; lo que ha comenzado a generar beneficios concretos en países de todo el mundo, a resolver algunos de los desafíos políticos actuales más urgentes, crear estados más justos y sociedades más innovadoras. Un ejemplo de ello es que los datos han contribuido con la lucha colectiva contra la pandemia provocada por el virus SARS-COV2, permitiendo administrar los recursos destinados para enfrentar la COVID-19, y diseñar herramientas tecnológicas útiles para realizar acciones en el corto plazo. De acuerdo con el Panorama de las Administraciones Públicas: América Latina y el

---

23 Como la World Wide Web Foundation, Open Data Institute, Open Knowledge Foundation, Center for Internet and Society, Iniciativa Latinoamericana de Datos Abiertos.

Caribe 2020 realizado por la Organización para la Cooperación y Desarrollo Económico y el Banco Interamericano de Desarrollo (2020); señala sobre el desempeño de los datos abiertos públicos, que el 81% de los países en Latinoamérica cuentan con una estrategia de mediano plazo y el 75% tiene un plan de acción nacional, el estudio utiliza el Índice de datos abiertos, útiles y reutilizables que mide los esfuerzos de los gobiernos en permitir y estimular su utilización. El objetivo es medir el nivel de disponibilidad, accesibilidad y apoyo gubernamental para la reutilización de datos. El índice varía de 0 a 1, siendo 0 el puntaje más bajo y 1 el más alto, los resultados muestran que, en promedio, la región obtuvo un puntaje de 0.43: Colombia (0.88), México (0.71), Brasil (0.63), Guatemala (0.54), Argentina (0.53), Paraguay (0.52), República Dominicana (0.46) y Panamá (0.46). Estas cifras muestran que los países de la región han hecho esfuerzos, pero queda trabajo por hacer para mejorar la participación de actores interesados en la calidad e integridad de los datos, y compartir más conjuntos de datos de alto valor y mejorar su accesibilidad. (Molina, 2020)

La IODC es abierta para que todos los gobiernos puedan adoptarla pues reconoce las importantes oportunidades que los datos abiertos ofrecen para el desarrollo inclusivo; ya que, promueve la comparabilidad e interoperabilidad de datos para un mayor impacto social, recomienda la estandarización (por ejemplo, datos y metadatos), fomenta un mayor enfoque en la alfabetización de datos, programas de capacitación y el espíritu empresarial; acoge con satisfacción la adopción por parte de otras organizaciones, como de la sociedad civil o sector privado, no obstante, admite los desafíos globales como la brecha digital.

Los principios de la IODC son: 1. *Datos abiertos por defecto,* generar infraestructura y procesos necesarios para liberarlos constante y automáticamente, los gobiernos deben ser proactivos, actualizar y publicarlos en tiempo real[24]. (Verhulst, 2014) 2. *Oportunos y completos,* publicarlos de forma rápida, ya que son valiosos si siguen siendo relevantes. 3. *Accesibles y utilizables,* legibles, fáciles de encontrar, gratuitos y bajo licencia abierta[25]. 4. *Comparables e interoperables,* con estándares de datos comunes, más conjuntos de datos de calidad más valor potencial se obtendrá 5. P*ara mejorar la gobernanza y participación ciudadana,* para conocer la gestión pública, mejorar los servicios públicos y rendición de cuentas. 6. *Para el desarrollo y la innovación* inclusiva[26], no solo mejorar el desempeño del gobierno, sino permitir a emprendedores tener beneficios lucrativos.

En tal sentido, es obligación de todas las entidades de la Administración Pública, poner a disposición toda la información producida y procesada por el sector público, en los ámbitos social, económico, geográfico, estadístico, educativo, entre otros; además dicha información debe ser accesible para redistribución, reutilización y aprovechamiento de los ciudadanos; porque la reutilización de los datos abiertos se convierte en el objetivo principal de la administración pública, ponerlos en formatos estándar abiertos, de uso libre, sin restricciones, (González, 2014, 98) para que los ciudadanos principalmente, puedan consultar los datos, examinarlos y evaluarlos para crear una nueva información y convertirla en factores de cambio social. (Tapia & Marín, 2018, 508)

---

24 Lo que implica un cambio en cómo opera el gobierno y cómo interactúa con los ciudadanos, la costumbre es que los ciudadanos soliciten la información a los funcionarios.

25 Por ejemplo, las desarrolladas por Creative Commons.

26 Los datos pueden hacer que la agricultura sea más eficiente o pueden usarse para abordar el cambio climático.

CONTEXTO JURÍDICO DE LOS DATOS ABIERTOS EN MÉXICO

La Ley General de Transparencia y Acceso a la Información Pública (2020) establece en su artículo 3 fracción VI, que los datos abiertos "*son aquellos de carácter público que son accesibles en línea y que pueden ser usados, reutilizados y redistribuidos por cualquier interesado*"; señala que los datos deben estar disponibles para todos los usuarios; ser integrales, primarios, legibles, actualizados y con los metadatos necesarios para su interpretación; su acceso debe ser libre, gratuito, oportuno, permanente y sin discriminación; con las versiones históricas relevantes para uso público; además, estar estructurados para ser procesados y descifrados de forma automática por equipos electrónicos; en formatos abiertos con características técnicas y de presentación, que faciliten su uso y almacenamiento, con el único requisito de citar su origen.

Parte fundamental de los datos abiertos son los metadatos, pues facilitan la consulta y comprensión de la información y permiten a los usuarios favorecer la toma de decisiones en el ámbito público, privado y social. Por ello, los datos abiertos se consideran Información de Interés Nacional y son recursos de valor público, que al estar disponibles y mediante su empleo, contribuyen a impulsar el crecimiento económico, la competitividad y la innovación, incrementar la transparencia y rendición de cuentas, a generar mayor eficiencia gubernamental e incrementar la calidad en la prestación de servicios públicos. (INEGI, 2014)

La Constitución Política de los Estados Unidos Mexicanos (CPEUM, 2021) consagra en sus artículos 6 y 7, el derecho al libre acceso a la información, a las nuevas tecnologías de la información y comunicación, así como a los servicios de telecomunicaciones, incluido el de banda ancha e internet; para ello, el Estado debe establecer condiciones de competencia efectiva; pues en tal sentido, prohíbe en su artículo 28 los monopolios, las prácticas monopólicas y cualquier tipo de concentración, ya que, como ha señalado la Comisión Interamericana de Derechos Humanos (2017), el derecho a la información puede verse restringido, al establecer medidas que impidan la comunicación, como las prácticas monopólicas de medios de comunicación y de información; por ello, el mismo artículo 28, fracción IX, establece la promoción de la transparencia bajo principios de gobierno digital y gobierno abierto.

En este tenor, el Décimo Cuarto Transitorio del máximo ordenamiento mexicano, determina que el ejecutivo federal debe ejecutar una política de inclusión digital universal, con objetivos relativos a infraestructura, accesibilidad, conectividad, TIC, habilidades digitales, gobierno digital y datos abiertos. Para su cumplimiento, fija como meta que por lo menos 70% de los hogares en México cuenten con accesos para descarga de información de conformidad con el promedio en los países miembros de la Organización para la Cooperación y el Desarrollo Económicos -el promedio en Corea del Sur es del 99%, Países Bajos e Islandia: 98%, Estados Unidos: 94% y México 77% (OCDE, 2020)-; además reconoce la obligación del Estado de garantizar el acceso a internet de banda ancha en edificios e instalaciones de las dependencias de la Administración Pública Federal así como de las entidades federativas.

Al respecto, es aplicable el artículo 54 de la Ley Federal de Telecomunicaciones y Radiodifusión (2021), que concibe el espectro radioeléctrico como un bien del dominio público, en el cual se deben establecer criterios transparentes, no discriminatorios y proporcionales para la adecuada atribución de frecuencias, otorgamiento de concesiones y supervisión de emisiones radioeléctricas, persiguiendo como objetivos en beneficio de los usuarios: la competencia efectiva en los servicios de telecomunicaciones, la promoción de la cohesión social, regional o territorial y el fomento de la neutralidad tecnológica.

Para este efecto, corresponde a la Secretaría de la Función Pública definir la política de Datos Abiertos de las dependencias y entidades públicas[27]; para ello cuenta con *Datos Abiertos del Gobierno de México*[28] con información federal, estatal y municipal, sobre temas de salud, educación, energía, medio ambiente, economía, infraestructura, desarrollo, finanzas, seguridad, justicia, cultura y turismo. Asimismo, la Unidad de Gobierno Digital[29] debe instrumentar y evaluar la estrategia de Datos Abiertos generados o administrados por o en la Administración Pública; dirigir y coordinar los estudios necesarios en la materia; e impulsar, promover y fortalecer la política de Datos Abiertos.[30]

De la misma forma, compete al Instituto Nacional de Estadística y Geografía (INEGI) regular el Sistema Nacional de Información Estadística y Geográfica, con el propósito de suministrar a la sociedad: Información de Interés Nacional de calidad, pertinente, veraz y oportuna, a efecto de contribuir al desarrollo nacional. Tiene además entre sus funciones establecer las bases para producir, integrar y difundir la información que deberán observar las Unidades del Estado, con estándares nacionales e internacionales. (Ley del Sistema Nacional de Información Estadística y Geográfica, 2014)

---

27 De conformidad con el artículo 37 de la Ley Orgánica de la Administración Pública Federal.

28 Disponible en: https://datos.gob.mx/busca/dataset

29 De acuerdo con el artículo 34, fracciones I, III y IX del Reglamento Interior de la Secretaría de la Función Pública

30 México ha enfocado sus esfuerzos en el marco regulatorio, pero en transparencia presupuestaria cuenta con un observatorio del gasto www.transparenciapresupuestaria.gob.mx; en contrataciones abiertas implementó el estándar de open contracting para publicar datos en todas las etapas del proceso de compras públicas.

Por tanto, si los datos abiertos constituyen información de interés nacional que impulsan el crecimiento económico y desarrollo social y su acceso sólo es posible a través de internet, por ende, internet debe estar disponible para todos (Coalición Dinámica sobre Derechos y Principios en Internet, 2015, 11); para brindar igualdad de condiciones para buscar, usar y aprovechar los datos de manera puntual.

En este sentido, el Consejo de Derechos Humanos de las Naciones Unidas ha pronunciado que el acceso a internet debe ser considerado un derecho básico de todos los seres humanos por lo que exhorta a todos los países a proveer a sus ciudadanos de acceso a la red, a la infraestructura, a la conexión de calidad y a la disponibilidad de servicios y contenidos. En este criterio, Rodríguez reconoce una dualidad en internet: primero, el derecho de acceso del ciudadano y segundo, el deber del estado de garantizarlo. (2012, 445) No obstante respecto a las telecomunicaciones en México, la ONU apunta que el marco normativo no contribuye a generar un espacio plural y accesible para todos los sectores (2013); por su parte la OCDE (2017, 7) establece que existe imprecisión para licitar el espectro radioeléctrico para servicios de internet, en cuanto a plazos, planes de cobertura, de inversión o asignación de precios análogos y equilibrados.

De tal forma, el aprovechamiento de los datos abiertos en México no es posible para todos los sectores de la población, pues internet se localiza primordialmente en algunas regiones, con una conexión de baja calidad y precios elevados, debido a la falta de infraestructura y equipamiento tecnológico, a la poca oferta de servicios en telecomunicaciones, a la insuficiencia de ingresos del ciudadano para absorber los costos de internet; así como al analfabetismo digital e informacional.

LOS DATOS ABIERTOS PARA EL EJERCICIO DE DERECHOS HUMANOS

Crecimiento económico, innovación y competitividad

De acuerdo con el preámbulo de la IODC, el escenario internacional está viviendo una evidente transformación causada por la tecnología, los medios digitales, los datos y la información; porque son elementos con el potencial de promover sociedades más transparentes, responsables, eficientes, receptivas y efectivas. Los datos abiertos facilitan tomar mejores decisiones, desarrollar invenciones e ideas que pueden generar beneficios sociales y mejorar la vida de las personas en todo el mundo; pueden generar y fortalecer nuevos mercados, empresas y empleos; y estos beneficios se pueden reproducir si las organizaciones de la sociedad civil y del sector privado adoptan las prácticas de datos abiertos y comparten sus datos con el público.

El Banco Mundial ha establecido que existen numerosos estudios que confirman no sólo su potencial económico[31] sino también las formas en que pueden contribuir con el crecimiento; y se suman diversos análisis que cuantifican el valor de los datos abiertos en ámbitos de negocio concretos como el potencial que se esconde tras la reutilización de los datos geoespaciales. (The World Bank, 2014) Uno de ellos señala entre sus beneficios, la generación de nuevas compañías que reutilizan información para implementar soluciones a problemas sociales o aquellas antiguas empresas que aprovechan los datos para mejorar sus operaciones.

---

31 Se sitúa, entre los tres y cinco billones de dólares al año en el mundo

La firma *Deloitte* ha descrito los modelos relativos al entorno de los datos abiertos: proveedores de datos; agregadores y organizaciones que recopilan los datos; desarrolladores o empresas que diseñan soluciones basadas en los datos; entidades que los utilizan para mejorar sus productos o servicios; y organizaciones que impulsan la reutilización de los datos. Se pueden incluir además los gobiernos que buscan maximizar los beneficios de la información pública, aquellos que dejan de ser productores de datos, sino que reutilizan sus propios datos para mejorar la gobernanza. (Verhulst, 2014)

Transparencia, rendición de cuentas, eficiencia gubernamental y calidad de servicios públicos

Los datos abiertos tienen el potencial de generar una asignación eficiente, efectiva y transparente de recursos públicos, mejorar la rendición de cuentas y favorecer la evaluación de políticas públicas; (ONU, 2014) además, la apertura de datos públicos está construyendo sociedades más centradas en el ciudadano; y por ello, los gobiernos deben garantizar datos estandarizados en calidad, accesibilidad y en formatos fáciles de usar. En términos de transparencia y rendición de cuentas, la publicación de datos de finanzas, obras públicas, presupuestos, entre otros, contribuyen a transparentar la gestión y a resaltar prácticas de corrupción que de otra manera serían más difíciles de identificar. (Muente-Kunigami & Serale, 2018, 4-7)

Un estudio de la OCDE (2017) reveló que las PyMEs que usan datos abiertos generan entre 500.000 y 25 millones de pesos anuales; por otro lado, un estudio de *Lateral Economics y Omidyar* (2014) sobre los beneficios directos (valor de mercado) e indirectos (impactos sociales y económicos provenientes del uso) demuestra que pueden traer beneficios de entre 700.000 y 950.000 millones de dólares anuales. Para generar beneficios directos en México, surgió una *Labora 32*[32], plataforma destinada a emprendedores que los conecta con empresas e inversionistas mundiales, para iniciar, desarrollar productos o escalar ideas que tengan como modelo de negocio el uso de datos, no obstante, sólo 8 de las PyMEs que participaron a nivel nacional resultaron beneficiadas.

Los datos abiertos logran una mayor eficiencia, innovación y empoderamiento ciudadano; mejoran el flujo de información dentro de los gobiernos y entre ellos, hacen que las decisiones y procesos sean más transparentes; promueven la buena gobernanza y enriquecen el debate público. Permiten seguir el uso de recursos públicos: mostrando cómo y dónde se gastan los fondos públicos y si están usando el dinero público de forma eficaz; mejoran además la gobernanza de los recursos naturales aumentando la concientización sobre el modo en que los países los utilizan, comercializan y administran. (Muente-Kunigami & Serale, 2018, 38-40)

Es preciso puntualizar que los datos gubernamentales incluyen, de modo no limitativo, los datos en poder de los gobiernos nacionales, regionales, locales y municipales, organismos gubernamentales internacionales y otros tipos de instituciones del sector público ampliado; también aplican los datos que crean las organizaciones externas para los gobiernos, y a los datos que benefician de forma significativa al público, y que se relacionan con programas y servicios de gobierno. Los datos abiertos permiten comparar distintos conjuntos de información y cuando los datos se puedan combinar y comparar, se pueden resaltar tendencias sociales, identificar retos, desigualdades o avances en

---

32 Recibió 71 aplicaciones de las que fueron seleccionadas 8 PyMEs, las que lograron incrementar sus ingresos, fomentar el empleo y la formalización laboral y generar alianzas a nivel internacional.

programas o servicios públicos. Los datos abiertos pueden empoderar a los gobiernos, ciudadanos y organizaciones para trabajar hacia mejores resultados para servicios públicos; construir sociedades más prósperas, equitativas, justas y transparentes, con gobiernos que rinden cuentas y colaboran de forma significativa con sus ciudadanos.

INTERNET PARA EL ACCESO A LOS DATOS ABIERTOS Y EL EJERCICIO DEL DERECHO A LA INFORMACIÓN

Internet es un sistema de redes de dispositivos computacionales que se enlazan desde diferentes partes del mundo, se compone de máquinas interconectadas por satélites, fibra óptica o banda ancha; y desde las telecomunicaciones, materializa el proceso de comunicarse a distancia a través de instrumentos electromagnéticos. Este procesamiento de información data de mediados del siglo XX (Craig & Muller, 2007, 309) como producto de investigaciones de *Von Neumann, Alan Turing* y *Leonard Kleinrock,* con este último el Departamento de Defensa de Estados Unidos de América consigue entre 1967 y 1972 la primera conexión electrónica entre dos ordenadores, proyecto denominado: *Advanced Research Project Agency Net* (ARPANET). (McKenzie & McQuillian, 1978, 2)

Para 1972 cerca de cincuenta universidades se conectaron y emergieron redes similares en el mundo; en 1985 se crea el Sistema de Denominación de Dominios (DNS), finalizando en el Protocolo para la Transmisión de Ficheros[33] (FTP) y en 1989

---

33 Software precursor en «discos duros virtuales», permite actuar a servidores como depósitos de archivos con acceso remoto.

el Laboratorio Europeo de Física de Partículas[34] «CERN» inicia el *Protocolo de Transferencia de Hipertexto* (http), cuya especificación permitió el acceso a bases de datos con enlaces que simplificaban la localización de información. Esta definición promovió la aparición de la *World Wide Web* (*www*) como se conoce actualmente a internet (Baratas & Fernández, 1995, 667-675) iniciando su expansión en el ámbito comercial entre 1995 a 1998 (Luján, 2002); en el 2000, más de 300 millones de usuarios estaban conectados; y en 2020 se registraron en promedio 4,949 mil millones de usuarios a nivel mundial (XVII World Telecommunication/ICT Indicators, 2020).

En 2021 el avance de internet continúa a un ritmo irrefrenable, ha aumentado la capacidad y eficiencia en la transferencia de datos en cuestión de segundos; ha facilitado su crecimiento masivo y multipropósito, con varios canales y medios de comunicación, diversas aplicaciones, usuarios, orígenes y destinos. (Peña, 2013, 3) Por su relevancia, la Cumbre Mundial de la Sociedad de la Información -organizada por la Unión Internacional de Telecomunicaciones (UIT)-, condujo a la creación en 2005 al Foro para la Gobernanza de Internet; en donde participan organismos internacionales para discutir el desarrollo de internet y sus interacciones con otros ámbitos, a fin de contribuir a la sostenibilidad, la solidez, la seguridad, la estabilidad y el desarrollo social. (ONU, 2005)

Se puede afirmar que internet es un instrumento tecnológico por donde se transmiten y multiplican los datos, permite el acceso a información original (Crovi, 2006, 5); impulsa el desarrollo de los sectores que conforman la sociedad: población, gobierno, empresas e instituciones; potencia sus actividades

---

[34] *Conseil Européenne pour le Recherche Nucléaire.* Sede en Ginebra, fundado en 1954.

al obtener la información para convertirla en conocimiento y contribuye a transitar hacia la Sociedad de la Información y del Conocimiento.

Por su relevancia, para países como Finlandia el derecho a internet se convirtió en una garantía social constitucional, desde 2010 consiste en el derecho de los ciudadanos para conectarse a banda ancha de un megabyte; y a partir de 2015 a 100 megabytes, aunado a ello, el sistema educativo está obligado a conectar todas las escuelas y librerías públicas. (BBC News, 2009)

En este tenor, diversas declaraciones internacionales (Coalición Dinámica sobre Derechos y Principios en Internet, 2015) contemplan como derechos humanos el acceso a la Sociedad de la Información y el acceso a internet, especialmente a partir de la libertad de información observada por el artículo 19 de la Declaración Universal de los Derechos Humanos; (1948) porque internet se ha convertido en un fenómeno socioeconómico que permite el procesamiento y transmisión de datos casi inmediato; (Desantes, 1994, 15) impacta en el uso de información y en la capacidad de apropiársela para generar cambios sociales, con el acceso a internet se cumplen las funciones que permiten al ciudadano crear opiniones orientadas y participar en el proceso de debate.

En el último siglo, la información electrónica se ha convertido en uno de los factores de actividad comunitaria más importantes para favorecer proyectos de interés común relativos a servicios y contenidos; (Sánchez Carballido, 2008, 61) con internet los sujetos pueden conocer cuestiones que afectan a la comunidad, al contar con datos abiertos y expuestos al debate, postulan la defensa de intereses colectivos.(Desantes, 1994, 74-76) Por tanto, es innegable el valor de internet como instrumento del derecho a la información, pues facilita la participación directa de los ciudadanos con los medios y formas de comunicación, los convierte en "e-ciudadanos" y da lugar a la «ciberdemocracia». (Aller, 2007, 62)

Internet permite relaciones solidarias que contribuyen al progreso, mediante acceso a servicios y contenidos públicos; permite una estructura social y económica equilibrada, provee de lo necesario para el desarrollo de las capacidades humanas, coadyuva con el desarrollo de habilidades y promueve la libertad individual y social. (Bleischwitz, 2011, 38) Internet cumple una función pública, porque implica el ejercicio de derechos como la participación ciudadana, el acceso a la información y a la cultura, siendo imprescindible para las transformaciones que se necesitan para el crecimiento individual y colectivo. Finalmente, si la función primordial de internet radica en la transmisión de la información; la transferencia de los datos es el centro de la acción práctica de internet, por tanto, para el derecho a la información la función principal radica en la transmisión de los datos a través de internet.

CONCLUSIONES

En 2013 se creó la *Carta de Datos Abiertos* con principios básicos sobre cómo pueden respaldar la transparencia, la innovación y la responsabilidad gubernamental; en 2015 se desarrolló la *Carta Internacional de Datos Abiertos,* estableciendo que son aquellos puestos a disposición del público con las características necesarias para que puedan ser usados, reutilizados y redistribuidos libremente por cualquier persona, en cualquier momento y en cualquier lugar. Después del lanzamiento oficial de la Carta, más de 100 gobiernos y organizaciones de todo el mundo están comprometidos con las políticas de datos globales, pero para que esto suceda, los gobiernos deben generar infraestructura y procesos necesarios para liberar los datos de forma constante y automática, deben ser proactivos y publicarlos en tiempo real, de forma rápida gratuita y abierta.

Para garantizar los datos abiertos en México, la Constitución Política establece el derecho a la información, a las TIC, a los servicios de telecomunicaciones y el acceso a internet; prohíbe las prácticas monopólicas de medios de comunicación[35] y exhorta a la transparencia, bajo principios de gobierno digital y gobierno abierto; con una política de inclusión digital universal, con objetivos relativos a infraestructura, accesibilidad, conectividad y habilidades digitales. Por su parte, la Ley Federal de Telecomunicaciones y Radiodifusión concibe que el espectro radioeléctrico es un bien del dominio público, por lo que persigue como objetivos la promoción de la cohesión social y la competencia en los mercados de telecomunicaciones, bajo criterios objetivos, transparentes, no discriminatorios y proporcionales.

Además, la Ley General de Transparencia y Acceso a la Información Pública, señala que los datos abiertos deben ser integrales, legibles, libres, gratuitos, oportunos, permanentes y en formatos que faciliten su uso y almacenamiento. La Ley Orgánica de la Administración Pública Federal, determina que la Secretaría de la Función Pública debe definir la política de Datos Abiertos y la Unidad de Gobierno Digital debe instrumentar y evaluar la estrategia de Datos Abiertos. De la misma forma, Ley del Sistema Nacional de Información Estadística y Geográfica señala que el INEGI debe suministrar a la sociedad, Información de Interés Nacional de calidad, pertinente, veraz y oportuna, para el desarrollo nacional.

Por tanto, si los datos abiertos son información de interés nacional que impulsan el crecimiento y su acceso sólo es posible a través de internet, por ende, internet debe estar

---

35 A pesar de que, por años, han prevalecido prácticas monopólicas en telecomunicaciones y medios de comunicación mexicanos, por citar algunos ejemplos, en televisión: TV Azteca y Televisa, y en telefonía: Telmex y Telcel.

disponible para todos, porque el acceso a internet es un derecho humano básico, por lo que los gobiernos deben proveer a sus ciudadanos de acceso a la red, a la infraestructura, a la conexión de calidad y a la disponibilidad de servicios y contenidos públicos; además de garantizar que los ciudadanos puedan buscar, usar y aprovechar los datos. Porque los datos abiertos tienen el potencial de generar una asignación eficiente, efectiva y transparente de recursos públicos, y pueden lograr mayor innovación y empoderamiento ciudadano, mejorar el flujo de información, y comparar y combinar datos para identificar desafíos o desigualdades sociales.

Internet es un instrumento tecnológico permite el acceso a información que impulsa el desarrollo de la población, gobierno, empresas e instituciones; contribuye a transitar hacia la Sociedad de la Información y del Conocimiento. Por ello, diversas declaraciones internacionales contemplan como derecho humano el acceso a internet, porque a través de él el ciudadano puede crear opiniones orientadas y participar en el proceso de debate, favorecer proyectos de interés común; conocer cuestiones que afectan a la comunidad, participar directamente con los medios y formas de comunicación, permite relaciones solidarias que contribuyen al progreso, mediante acceso a servicios y contenidos públicos; permite una estructura social y económica equilibrada, y promueve la libertad individual y social.

Referencias bibliográficas

Aller, M. (2007). (Ciber) libertad de expresión. Revista Actualidad Económica.

Baratas Díaz, L. A., & Fernández Pérez, J. (1995). "Internet: un recurso imprescindible para historiadores de la ciencia y la tecnología. Boletín de la Sociedad Española de historia de las ciencias, XXXV.

BBC News. (16 de octubre de 2009). La banda ancha "es un derecho humano". BBC News.

Bleischwitz, R. (2011). International resource Politics, New challenges demanding new Governance approaches for a green economy, A landscape of actors and interests for critical resources.

Casnati, G. (2004). Diálogo con los griegos. Estudios sobre Platón, Aristóteles y Plotino. Colihue Universidad.

Castells, M. (2000). La sociedad red, La era de la información: economía sociedad y cultura (Madrid ed.). Alianza.

Ciria Mercé, J. R. (2000). Así funciona... Internet. ¿Cómo Ves? Revista de Divulgación de la Ciencia, UNAM.

Coalición Dinámica sobre Derechos y Principios en Internet. (2015). Carta de Derechos Humanos y Principios en Internet (Túnez ed.). Declaración de Principios de Ginebra y Agenda de Túnez para la Sociedad de la Información.

Comisión Interamericana de Derechos Humanos. (2017). Observaciones Preliminares del Relator Especial de la ONU sobre la Libertad de Expresión y el Relator Especial sobre Libertad de Expresión de la CIDH después de su visita conjunta en México (México ed., Vol. 4 de diciembre). ONU.

Constitución Política de los Estados Unidos Mexicanos (5 de febrero de 1917, y su última reforma publicada el 11 de marzo de 2021 ed.). (2021). Diario Oficial de la Federación. Obtenido de http://www.ordenjuridico.gob.mx/Documentos/Federal/pdf/wo14166.pdf

Convención Americana Sobre Derechos Humanos, artículo 13 (Serie 36 ed., Vol. N° 17955). (1969). Conferencia Especializada Interamericana de la Organización de los Estados Americanos.

Craig, R., & Muller, H. (2007). Theorizing Communication: Readings Across Traditions (L.A. ed.). Sage.

Crovi Druetta, D. M. (2006). ¿Es internet un medio de comunicación? (México ed., Vol. VIII). Revista Digital Universitaria.

Declaración Universal de Derechos Humanos (San Francisco ed.). (1945). Conferencia de las Naciones Unidas sobre Organización Internacional.

Declaración Universal de Derechos Humanos (Resolución 217 A (III) ed.). (1948). Asamblea General de la ONU.

Desantes Guanter, J. M. (1994). Derecho de la Información (Madrid ed., Vol. II). COLEX.

Desantes Guanter, J. M. (1994). Los mensajes informativos. En Derecho a la información (Vol. III). COLEX.

Escobar de la Serna, L. (2004). Derecho de la Información (Madrid ed.). Dykinson.

González, M. (2014). The paradigm of Open Data and Open Government. En Aplicaciones TIC, Tópicos Selectos de Ingeniería (pág. 334). ECORFAN-Bolivia.

Instituto Nacional de Estadística y Geografía. (2014). Norma Técnica para el acceso y publicación de Datos Abiertos de la Información Estadística y Geográfica de Interés Nacional. (4 de diciembre ed.). Diario Oficial de la Federación. Obtenido de http://www.dof.gob.mx/nota_detalle.php?codigo=5374183&fecha=04/12/2014

International Open Data Charter. (s.f.). Open Data Charter. Recuperado el 13 de MAYO de 2021, de ODC: https://opendatacharter.net/who-we-are/

Lateral Economics. (2014). Open for Business: How Open Data Can Help Achieve the G20 Growth Target. A Lateral Economics report. Omidyar Network.

Leiner, B., Cerf, V., & Clark, D. (1992). A Brief History Of Internet. On The Internet.

Ley Federal de Telecomunicaciones y Radiodifusión (11 de enero ed.). (2021). Diario Oficial de la Federación.

Ley General de Transparencia y Acceso a la Información Pública (4 de mayo de 2015 y su última reforma publicada el 13 de agosto 2020 ed.). (2020). Diario Oficial de la Federación. Obtenido de http://www.ordenjuridico.gob.mx/Documentos/Federal/pdf/wo112906.pdf

Livingstone, S., & Helsper, E. (2007). Gradations in digital inclusion: children, young people and the digital divide. New media and Society, IX.

Luján Mora, S. (2002). Programación de aplicaciones web: historia, principios básicos y clientes web. Alicante, Club Universitario.

McKenzie, H., & McQuillian, A. (1978). ARPANET Completion Report (Washington ed.). Information Processing Techniques Office.

Molina, N. D.-E. (octubre de 2020). BID Mejorando vidas. Obtenido de Gobernarte, ideas innovadoras para mejores gobiernos: https://blogs.iadb.org/administracion-publica/es/datos-abiertos-en-gobiernos-de-america-latina-y-el-caribe-como-avanzamos/

Muente-Kunigami, A., & Serale, F. (2018). Los datos abiertos en América Latina y el Caribe. Banco Interamericano de Desarrollo.

Organization for Economic Co-operation and Development. (2017). Análisis de temas estratégicos de la reforma constitucional en materia de telecomunicaciones y radiodifusión; así como sus leyes secundarias (México ed.). The Competitive Intelligence Unit.

Organization for Economic Co-operation and Development. (2017). Development Co-operation Report 2017: Data for Development. OECD Publishing.

Organization for Economic Co-operation and Development. (June de 2020). Fixed and mobile broadband subscriptions per 100 inhabitants. Recuperado el 20 de abril de 2021, de OCDE Better policies for better lives: https://www.oecd.org/sti/broadband/broadband-statistics/

Organización de las Naciones Unidas. (2005). Resolución 56/183 de Túnez. Asamblea General.

Organización de las Naciones Unidas. (2013). Informe de la Organización de las Naciones Unidas sobre la Situación de las y los Defensores de Derechos Humanos en México (30 junio ed.). Oficina del Alto Comisionado de la ONU.

Organización de las Naciones Unidas. (2014). A world that counts: Mobilizing the data revolution for sustainable development. Independent Expert Advisory Group on a Data Revolution for Sustainable Development.

Organización para la Cooperación y el Desarrollo Económico y Banco Interamericano de Desarrollo. (2020). Panorama de las Administraciones Públicas: América Latina y el Caribe 2020. OCDE-BID.

Peña, P. (2013). ¿Cómo funciona Internet? Nodos críticos desde una perspectiva de los derechos. Guía Para Periodistas. ONG Derechos Digitales-Chile.

Rodríguez Pardo, J. (2012). Aspectos iusinformativos de la política europea sobre telecomunicaciones: del pluralismo informativo al pluralismo telecomunicativo. En La Sociedad de la Información en Iberoamérica estudio multidisciplinar. (pág. 564). INFOTEC.

Sánchez Antolín, P., & Paredes Labra, J. (2014). La concreción de las políticas educativas de integración de las TIC Europeas y Españolas en la Comunidad de Madrid. Revista Teoría de la Educación. Educación y Cultura en La Sociedad de la Información.

Sánchez Carballido, J. R. (2008). Perspectivas de la información en Internet: ciberdemocracia, redes sociales y web semántica. ZER, XIII(Bilbao).

Sánchez Navarro, J., & Aranda, D. (2011). Internet como fuente de información para la vida cotidiana de los jóvenes españoles. El profesional de la información, XX.

Secretaría de la Función Pública. (12 de diciembre de 2017). Guía de Implementación de la Política de Datos Abiertos. Recuperado el 18 de abril de 2021, de Diario Oficial de la Federación: http://www.dof.gob.mx/nota_detalle.php?codigo=5507476&fecha=12/12/2017

Tapia López, A., & Marín Palacios, C. (2018). El Open Data de la Publicidad Institucional. Revista General de Información y Documentación, Complutense.

The World Bank. (2014). Open Data for economic growth. Transport & ICT Global Practice.

Verhulst, S. (2014). Datos abiertos para el crecimiento económico: las últimas pruebas. The GovLab Digest.

XVII World Telecommunication/ICT Indicators Symposium. (2020). CT Facts and Figures–The world in 2020, Committed to connecting the world. WTIS-Hiroshima.

Datos abiertos como herramienta para acceder al derecho humano al desarrollo

JESSICA CRISTINA ROMERO MICHEL

Profesora Investigadora de Tiempo Completo de la Facultad de Derecho de la Universidad de Colima. Directora de la Facultad de Derecho y Coordinadora del Doctorado Interinstitucional en Derecho de la región centro occidente de la ANUIES. Perfil Deseable PRODEP y miembro del Sistema Nacional de Investigadores Nivel I de CONACyT. Correo electrónico: jessica_romero@ucol.mx

SALVADOR HERNÁNDEZ PEÑA

Doctor en Derecho, egresado del Doctorado Interinstitucional en Derecho en la Línea de Generación y Aplicación del Conocimiento Derecho por Influencia del Desarrollo la Tecnología y la Innovación, adscrito a la Universidad de Colima. Becario CONACyT. Correo electrónico: lb801117@gmail.com

INTRODUCCIÓN

La evolución del proceso cultural en el acceso de datos y su utilización es cada vez más visible. Por un lado, los datos públicos que son abiertos por los organismos y las administraciones públicas hacen que sea posible mejorar los procesos de gestión, incluso que los servicios públicos sean más eficientes, y por otro, los datos que generan personas y empresas se convierten en una herramienta valiosa y con potencial pues aporta el conocimiento para una mejor comprensión, invención y exploración de un fenómeno, lo que se traduce en una toma de decisiones más informada que impacta en la calidad de vida de las personas.

Datos que se integran a la información que es cada vez mayor y de la que se exige al Estado un marco legal que otorgue certeza en su uso, que no solo sean abiertos y con calidad, sino atendiendo la interoperabilidad[36], las herramientas para que sean publicados con oportunidad[37] y la disponibilidad, pues además de contar con un valor inestimable, estos deben estar al servicio de todas las personas, ya que "la información (...) se ha convertido en una forma de infraestructura con el mismo nivel de importancia que la infraestructura del agua, la electricidad o las carreteras y, en tal sentido, es necesario maximizar el valor público que los datos tienen para la transparencia y la innovación." (Lathrop y Ruma, 2010, p. 54)

Y no solo en materia de transparencia e innovación, pues si tomamos en cuenta, que dicha información contribuye por ejemplo, en el ámbito cultural con datos sobre las obras y bienes culturales; en la ciencia proporcionando datos que se generan por las y los investigadores científicos en todos los campos del conocimiento; servicios públicos como el transporte, arrojando datos en cuanto a rutas, horarios, tráfico; información con datos sobre lugares seguros en las ciudades; los datos en materia de salud, por ejemplo, con la información a los casos asociados a COVID-19 con el propósito de facilitar la información de la

---

36 Muente-Kunigami y Serale (2018) refieren que "Los estándares de publicación para comparar datos entre entidades y países son esenciales para generar impacto. Esto permite replicar el uso de herramientas basadas en datos para solucionar problemas comunes de la región. Estos estándares de apertura deben complementarse con identificadores comunes, de manera de poder generar un registro común. En la práctica, lo anterior implica contar con una API que permita "traducir" la base de datos a la estructura estándar. De esta manera, se facilita la trazabilidad y búsqueda de datos sobre la misma temática en bases de distintas entidades" (p. 30).

37 Para que los datos abiertos sean oportunos, la apertura debe pensarse como un proceso que se inicia desde el momento en el cual se captura la información (Muente-Kunigami y Serale, 2018, p. 28)

pandemia; el medio ambiente con datos relativos al nivel de contaminación, la calidad del aire, del agua en los ríos y mares; o bien, en las finanzas con datos como las cuentas públicas del gobierno, o con la información sobre los mercados financieros; estadísticas con la información que se produce en los censos y los indicadores socioeconómicos; entre muchos otros.

Entonces, esto significa que dicha información se convierte en una herramienta útil para que las personas en lo individual o en lo colectivo al acceder a está pueden utilizarla según sus necesidades y propósitos, permitiéndoles involucrarse y participar en el desarrollo (económico, social, cultural y político) y con ello, poder materializar derechos humanos y libertades fundamentales para mejorar su calidad de vida, tal y como se instituye en la *Declaración sobre el Derecho al Desarrollo* y en el artículo 25 de la *Constitución Política de los Estados Unidos Mexicanos.*

Motivo por el que, el objetivo de este capítulo es describir el cómo los datos abiertos son herramientas valiosas que las personas pueden utilizar para acceder al desarrollo, entendido como un derecho humano que reafirma que todas las personas tienen derecho a un nivel de vida adecuado para su bienestar, esto es, participando de este y beneficiándose de las riquezas y recursos en forma sostenible.

De igual manera, en la construcción de este capítulo haremos una reflexión crítica respecto a la asimilación jurídica y política, toda vez que el Estado mexicano está obligado a promoverlo, respetarlo, protegerlo y garantizarlo como parte de los derechos humanos que buscan mejorar progresivamente, teniendo como sustento epistemológico los elementos de la *Teoría del Desarrollo,* los principios de la Carta Internacional de Datos Abiertos, así como los postulados que promueve el Banco Mundial.

Así, en el primer apartado, analizamos de manera breve los aspectos fundamentales de los datos abiertos, los principios definidos en el *Open Government Working Group,* así como su distinción con el gobierno abierto. Enseguida enunciamos los tipos de datos abiertos como una herramienta valiosa que puede aportar conocimiento que se traduce en una toma de decisiones más informada y describimos su clasificación según su impacto, sus objetivos y su origen.

En el tercer apartado señalamos cuáles son las implicaciones que los datos abiertos tienen en los diferentes ámbitos del desarrollo, destacando nuevamente que son una herramienta útil y valiosa para acceder al derecho al desarrollo, y finalmente compartimos información del cómo los Objetivos de Desarrollo Sostenible tiene un impacto directo en la materialización de los derechos humanos y de qué manera los datos abiertos coadyuvan en el seguimiento y evaluación de la Agenda 2030.

ASPECTOS FUNDAMENTALES DE LOS DATOS ABIERTOS

En la búsqueda por encontrar una definición de *open data* o datos abiertos, podemos afirmar que más allá de un concepto "hay un movimiento de opinión' dirigido a promover la oferta de información que está en Internet en régimen de libre uso" (Galindo, 2014, p. 13). Como lo refieren Nasser y Concha (2012) es una revolución en materia de acceso a la información por parte de las personas, que consiste en poner a su disposición los datos de interés común, para que, en cualquier forma, éstas puedan desarrollar una nueva idea o aplicación que entregue nuevos datos, conocimientos u otros servicios.

En ese mismo sentido, la Organización de las Naciones Unidas (2014) también habla de una revolución cuando hace referencia a los datos abiertos por la gran cantidad de datos que se generan y se almacenan cada día y cuyo procesamiento puede servir como evidencia para la toma de decisiones bien fundamentadas.

De acuerdo con los principios de la *Carta Internacional de Datos Abiertos,* los datos abiertos se refieren a "datos digitales que son puestos a disposición con las características técnicas y jurídicas necesarias para que puedan ser usados, reutilizados y redistribuidos libremente por cualquier persona, en cualquier momento y en cualquier lugar." Así sus ocho principios señalan[38]:

1. Abrir todos los datos públicos.
2. Publicar los datos directamente desde la fuente, con un nivel de granularidad tan detallado como se pueda, sin agregarlos ni modificarlos, sólo *raw data* o datos en bruto.
3. Actualizarlos en los períodos temporales adecuados para preservar su valor.
4. Facilitar su uso proporcionando herramientas de accesibilidad, catalogación, búsqueda y control de la calidad de la información para toda la sociedad. Además, hay que abrir los datos teniendo en cuenta la más amplia gama de propósitos fruto de su reutilización.
5. Facilitar la reutilización automática mediante el uso de formatos de archivo adecuados para este fin.
6. Proporcionarlos a cualquier persona, sin ninguna discriminación ni limitación.
7. Usar formatos no propietarios para que nadie tenga un control exclusivo.

---

[38] Estos principios fueron definidos en el *Open Government Working Group* en diciembre del 2007. Puede consultarse en: https://opengovdata.org/

8. Usar una licencia libre que fomente la reutilización, sin sujeción a derechos de autor que la limiten, o incluso la impidan[39].

En un entendimiento más sintetizado del tema, David Eaves (2009) redujo los principios en lo él señaló como las tres leyes: 1) si no puede ser indexado, no existe; 2) si no está disponible en un formato abierto que pueda ser leído y procesado con éxito por un ordenador, no se motiva a (re)utilizar el dato; y 3) si el marco legal no permite a alguien readaptarlo, no se motiva a utilizarlo.

Entonces datos abiertos, son datos que se encuentran disponibles en Internet para cualquier persona cuya característica es su utilización, reutilización y redistribución con cualquier propósito, cuya apertura, aun cuando se encuentran sujetos a un marco legal, éste debe permitir compartirlos para generar con ellos, por ejemplo, nuevos servicios, o mostrar información relevante que se derive de dichos datos, etc.

En cuanto a su utilización podemos encontrar:

- Licencias o términos de uso libre, que hagan explícita la posibilidad de usar los datos para cualquier cosa, por ejemplo: *Creative Commons Attribution 4.0, Open Government Licence, datos.gob.mx*; etc., y
- Formatos de archivo no propietarios, cuyas especificaciones técnicas están disponibles públicamente y que no suponen un obstáculo o dificultad en su acceso, además de que su aplicación y reproducción no están condicionadas a contraprestación alguna, por ejemplo: .CSV, .JSON. (Dietrich *et. al*, 2009).

---

[39] Excepto en aquellos casos en que se permiten restricciones por razones de seguridad, de privacidad o que estén regulados por una ley específica o por un procedimiento administrativo. Consultado en: http://www.opengovdata.org/home/8principles

En otras palabras, es lo que Muente-Kunigami y Serale (2018) denominan como el democratizar el uso de datos, pues deben publicarse bajo una licencia abierta que permita su uso, reutilización[40] y redistribución. Además, de estar en un formato tal que pueda ser fácilmente procesado y analizado por medio de una computadora (*machine-readable*) independientemente de su tamaño. (p. 16).

DISTINCIÓN ENTRE DATOS ABIERTOS Y GOBIERNO ABIERTO

De acuerdo con las disposiciones que regulan los datos abiertos en México[41], éstos son datos que son generados principalmente por organismos públicos o por las administraciones públicas. De ahí que, suele haber una confusión conceptual con gobierno abierto, ya que son datos de carácter público, mayormente accesibles en formatos estándar en Internet y puestos a disposición por las propias administraciones para las personas o empresas.

Otra diferencia entre estos dos conceptos radica en que no se rigen por los principios de la *Carta Internacional de Datos Abiertos*, sino por los principios de la *Declaración de la Alianza para el Gobierno Abierto*, con el propósito de:

---

40 Sobre licencias y derechos de reutilización véase: https://theodi.org/guides/reusers-guide-open-data-licensing

41 En México el marco legal se integra con: la Ley General de Transparencia y Acceso a la Información Pública Gubernamental, el Decreto por el que se Establece la Regulación en Materia de Datos Abiertos, la Guía de Implementación de la Política de Datos Abiertos, la Norma Técnica para la Publicación de Datos Abiertos de Información Estadística y Geográfica de Interés Nacional, y el Esquema de Interoperabilidad y Datos Abiertos.

1. Aumentar la disponibilidad de información sobre las actividades gubernamentales,
2. Apoyar la participación ciudadana,
3. Aplicar los más altos estándares de integridad profesional en todos nuestros gobiernos, y
4. Aumentar el acceso a las nuevas tecnologías para la apertura y la rendición de cuentas.

Conceptos que, -como lo abordaremos en el siguiente apartado- pertenecen a una categoría de datos, pero pueden entenderse por separados o en conjunto cuando lo que se busca es materializar los objetivos de una política pública. De ahí que los datos abiertos deben ser vistos como una herramienta, y el gobierno abierto como un modelo de gobernanza "que pone al alcance de la sociedad los datos públicos de los que dispone la Administración, en formatos digitales, estandarizados y abiertos, siguiendo una estructura clara que permita su comprensión y reutilización" (Garriga, 2011, p. 299).

Y tal como lo señala la Organización de las Naciones Unidas (2014) con los datos se pretende motivar a quienes son los responsables en la toma de decisiones en los gobiernos, particularmente porque los enormes cambios que esta revolución trae consigo para las personas, está rompiendo con la trayectoria que hasta ahora había llevaba la evolución del denominado gobierno digital, ampliando su alcance más allá de la mera simplificación de trámites y de la mayor transparencia de información y rendición de cuentas.

TIPOS DE DATOS ABIERTOS

Los datos abiertos son una herramienta valiosa que puede aportar el conocimiento necesario para una mejor comprensión, invención y exploración de un fenómeno, lo que se traduce en una toma de decisiones más informada. De ahí que, en función de los posibles usos y aplicaciones que pueden darse a estos, el Banco Mundial (2019) y Alcalde (2014) señalan que pueden ser relativos a una variedad de disciplinas, por mencionar sólo algunas: agricultura, presupuesto y finanzas públicas, educación, energía e industrias extractivas, medio ambiente, información geoespacial, salud, tecnologías de la información y las comunicaciones (TIC), transportes, agua, cultura, ciencia, estadísticas y climatología.

Para Charalabidis, et. al. (2018) los datos abiertos pueden tener un impacto significativo en cuatro áreas clave:

1. Mejorar el gobierno,
2. Empoderar a los ciudadanos,
3. Crear oportunidades, y
4. Resolver problemas.

Asimismo, estos autores clasifican a los datos abiertos de acuerdo con sus objetivos y distinguen tres principales:

a) De gobierno abierto. Toda vez que el gobierno debe ser transparente y responsable, promoviendo el derecho público de acceso a la información. Esto puede considerarse incluso un requisito de un sistema democrático y se refiere a la apertura de datos sobre el funcionamiento del gobierno y su toma de decisiones (McDermott, 2010).

Como un ejemplo de la aplicación de los datos abiertos con este propósito, el Banco Mundial cita a *Civic Commons*[42], una plataforma con un sistema de medición práctico que analiza el impacto de las inversiones en los espacios públicos y en las comunidades circundantes, y permite seguir el progreso a lo largo del tiempo. Su enfoque basado en

---

42 https://civiccommons.us/

datos ofrece un nuevo método para determinar el valor multifacético de la reinversión en activos cívicos.

b) De innovación y mejora de la eficiencia, que busca estimular y promover la innovación en el sector privado, y el fomento del compromiso y la participación de las partes interesadas, como los ciudadanos y las empresas. Este objetivo tiene motivos económicos para fomentar la apertura de datos gubernamentales que pueden ser empleados por el sector empresarial y la sociedad civil para crear valor. Asimismo, el gobierno tiene muchos datos que, cuando se abren, pueden utilizarse para crear nuevas actividades empresariales, para añadir valor a las ofertas de servicios existentes o para la creación de nuevos conocimientos que permitan mejorar los negocios.

La plataforma *DataViva*[43] de Brasil emplea los datos abiertos con este objetivo y cita como sus principales metas la planificación colaborativa, la diversificación de la economía, la competitividad y la transparencia, en busca del fortalecimiento de la cultura del uso de datos y una mejor orientación del desarrollo del país, enfocándose en poner al alcance de las personas visualizaciones interactivas de datos de gobierno abierto sobre el sector formal de la economía, y busca así crear canales de comunicación y cooperación entre los sectores público y privado.

c) De estimulación del compromiso y la participación. Los datos gubernamentales abiertos ofrecen a los gobiernos un nuevo medio para acercar y comunicar sus actividades a los ciudadanos y otras partes interesadas y para abrir el acceso a diversos actores a dar su opinión sobre las actividades gubernamentales y a participar en ellas. Ante la

---

43 http://dataviva.info/en/

emergencia sanitaria derivada del COVID-19, en 2020 fue creada en España la plataforma *Frena la Curva*[44], que emplea datos abiertos gubernamentales y se describe como:

> una plataforma ciudadana donde voluntarios, emprendedores, activistas, organizaciones sociales, *makers* y laboratorios de innovación pública y abierta, cooperan para canalizar y organizar la energía social y la resiliencia cívica frente a la pandemia del Covid-19 (coronavirus) dando una respuesta desde la sociedad civil complementaria a la del gobierno y los servicios públicos esenciales (Frena la Curva, 2020).

Respecto a las fuentes que originan los datos abiertos, pueden identificarse tres grandes originadores de estos:

a) La comunidad científica. El movimiento por la apertura de los datos científicos inició durante los años 50s, pero el auge de las TIC ha reducido de manera significativa los costos y el tiempo necesarios para que los datos sean publicados y obtenidos. Este tipo de datos abiertos se basan en la publicación de resultados de actividades científicas que se ponen a la disposición de cualquier interesado para que pueda analizarlos y reutilizarlos. Una de las metas primordiales de la promoción de los datos abiertos en el ámbito científico es permitir la verificación de las afirmaciones científicas, al permitir que otros científicos comprueben la reproducibilidad de los resultados (Wilkinson et al., 2016).

b) El sector gubernamental. Varios gobiernos de todos los niveles, municipal, estatal y nacional han creado bases de datos abiertos para distribuir la totalidad o parte de los datos que recogen en apoyo de proyectos de colaboración con el sector privado o la sociedad civil.

---

44 https://frenalacurva.net/

c) Las organizaciones no gubernamentales o sin ánimo de lucro. Estas organizaciones ofrecen acceso a sus datos, usualmente bajo la condicionante de que no se atente contra los derechos de privacidad de sus usuarios, miembros o terceros. En contraste con las empresas con ánimo de lucro, estas no buscan monetizar los datos que generan o recolectan.

DATOS ABIERTOS PARA ACCEDER AL DERECHO AL DESARROLLO

Como lo hemos mencionado los datos abiertos, ya sea por su origen, sus objetivos o bien por su impacto, son una herramienta valiosa que puede aportar conocimiento, por ejemplo, como un insumo importante para fomentar la innovación y el emprendedurismo que propicie el crecimiento económico, como una herramienta útil para lograr el compromiso y la participación de diversos actores para dar su opinión sobre las actividades gubernamentales, e incluso, como fuente para lograr una mayor inclusión de grupos vulnerables.

Y aunque es mayor la evidencia de su impacto en materia de gobierno abierto con la transparencia y la rendición de cuentas, comienza a surgir información que nos demuestra que el uso de datos abiertos trasciende sobre la calidad de vida de las personas y sus comunidades. Especialmente si partimos de la premisa *encontrar, usar y compartir* (Dietrich *et. al*, 2009) o acceder, utilizar y compartir (Muente-Kunigami y Serale, 2018, p. 11) y que, los datos abiertos tienen además la como característica de hacer universal el acceso a la información.

Lo que significa que, si las personas gozan de este acceso universal otorgándoles las mismas oportunidades de disponer de la información para utilizarla en la investigación o para crear nuevos productos o servicios aumentando el valor social o, si es el caso, el valor comercial de dicha información, entonces las personas no solo acceden al derecho a la información, sino que están accediendo al desarrollo, entendido como un derecho humano que reafirma que todas las personas tienen derecho a un nivel de vida adecuado para su bienestar, participando del desarrollo y beneficiándose de este en forma sostenible.

Haciendo un paréntesis, es importante destacar que el derecho al desarrollo se encuentra previsto en la *Declaración sobre el Derecho al Desarrollo*[45] y en los compromisos adquiridos en los *Objetivos de Desarrollo Sostenible* (ODS)[46], pero además, está previsto en el primer párrafo del artículo 25 de la *Constitución Política de los Estados Unidos Mexicanos*, obligando al Estado a regularlo como un derecho indispensable para proteger, como lo expresa la norma suprema "la dignidad de las personas", los intereses de la vida, la satisfacción de las necesidades fundamentales y la tutela de una justicia que busca una sociedad menos desigual. (Romero, 2017)

De igual manera, dispone que el Estado debe implementar una serie de estrategias que promuevan las capacidades de las personas en lo individual y en lo colectivo, por lo que parte de esas estrategias se comenzaron a diseñar en México, con la política de apertura que se incluyó en el Plan Nacional de Desarrollo, en febrero del 2015, mediante decreto del titular de ejecutivo con la apertura de datos en las entidades de la Administración Pública Federal a través de la *Coordinación de la*

---

45 Suscrito por el Estado, además, el artículo 1° de la Constitución Política de los Estados Unidos Mexicanos señala que "en los Estados Unidos Mexicanos todas las personas gozarán de los derechos humanos reconocidos en esta Constitución y en los tratados internacionales de los que el Estado Mexicano sea parte, así como de las garantías para su protección".

46 Los analizaremos en el siguiente apartado.

Estrategia Digital Nacional, poniendo a disposición de la sociedad los datos que les permiten generar más información o los productos y servicios con el propósito que más les convenga, es decir, desde las mejoras en los servicios públicos, la creación de oportunidades, o bien la solución de problemas a partir de los datos abiertos que el Estado deja a su disposición.

Estrategia que ha impulsado un nuevo paradigma en el que Estado ya no se encarga de generarlo todo, pues como lo prevé el artículo 25 constitucional, el desarrollo es producto de las acciones colaborativas que involucran a los tres sectores, esto es, el público, el social y el privado, entonces, con el acceso a los datos abiertos las personas junto con las empresas o los distintos agentes, están en condiciones para utilizarlos según sus necesidades y propósitos, permitiéndoles involucrarse y participar en el desarrollo social, económico, cultural y político y con ello, materializar derechos humanos y libertades fundamentales para mejorar su calidad de vida.

Y así lo podemos describir, pues como lo mencionamos al inicio de este apartado, comienza a surgir información que nos demuestra que el uso, reutilización y redistribución de datos abiertos trasciende sobre la calidad de vida de las personas y sus comunidades en los distintos ámbitos del desarrollo. En el desarrollo social, los datos abiertos producen valor de tipo cívico o social, pues cuando se accede a éstos, particularmente a los generados por las administraciones o los organismos públicos, aumenta la transparencia, la lucha contra la corrupción y se promueven valores democráticos.

De igual manera, con los datos abiertos, se hace universal el acceso a la información que proporciona a todas las personas las mismas oportunidades para disponer de ella, evitando la discriminación, además, se lucha contra la opacidad informativa y se erradican los grupos de poder basados en información reservada, "los ciudadanos, las empresas y, en general, cualquier organización pueden acceder cuando quieran y fácilmente a estos datos para informarse o para crear nuevos servicios, y aumentar el valor social y, si es el caso, también el valor comercial de esta información". (Garriga, 2011, p. 299)

Respecto al desarrollo económico, podemos destacar que los datos, repercuten directamente en la economía generando riqueza, principalmente en las empresas y profesionales de la información y sus tecnologías, y no solo esto, de acuerdo con IBM (2016) la nueva fiebre del oro son los datos abiertos, pues cada día se crean 2,5 trillones de bytes de datos que proceden de todas partes "sensores utilizados para recopilar información sobre el clima, mensajes a sitios de medios sociales, fotos y vídeos digitales que compartimos, registros de transacciones de compra o señales de GPS del teléfono móvil".

Además, porque con los datos abiertos se abre un mundo de nuevas posibilidades para generar valor, y a medida que las empresas, los gobiernos y los usuarios utilizan o reutilizan los datos abiertos, surgen nuevos productos o se mejoran servicios con la posibilidad de hacerlos más eficientes o efectivos. (Bonina, 2015, p. 5) Y porque como ya le señalábamos, uno de los objetivos de los datos abiertos, tiene que ver con la innovación y el emprendedurismo en el sector privado, con la intención de propiciar el crecimiento económico y como herramienta útil para lograr el compromiso y la participación de diversos actores, pues accediendo a los datos las personas pueden informarse del aporte del valor comercial que permite la creación de negocios y servicios novedosos basados en dicha información[47].

También como parte del mundo digital en el que nos movemos, toda vez que, es parte de la cultura general que se consuman

---

47 Haremos una explicación más detallada en el siguiente apartado cuando analicemos el ODS 8.

datos principalmente a través de dispositivos móviles e Internet, y no en las bibliotecas como se hacía antes, ya que éstas ya no poseen la exclusiva del valor de la información como agente transformador de conocimiento y cultura (Hernández, 2016, p. 517)

Asimismo, como parte de esta cultura general, podemos destacar los datos que se generan en materia de investigación, lo que implica, además, un reto adicional para el Estado, pues las aportaciones que se generan tienen un impacto en la humanidad especialmente con los descubrimientos en temas como la salud, la educación, el cambio climático, entre otros. Pues con el aprovechamiento de los datos por parte de los científicos se impacta en el desarrollo mismo de sus investigaciones, pudiendo confirmar o refutar resultados, ya sea con el mismo conjunto de datos u otros diferentes. Y que como lo refieren Hossain, Dwivedi y Rana (2016) esto ha llevado a que se incremente la disposición de las personas sobre los datos de investigación y que la transparencia y la reproducibilidad de las investigaciones sean clave para una ciencia abierta y de excelencia.

Finalmente, en el desarrollo político, el impacto que tienen los datos abiertos ha permitido que las personas estén constantemente informadas, pues los datos se han vuelto una herramienta útil y valiosa aportando el conocimiento necesario para una ciudadanía que se vuelve cada vez más exigente y crítica, y que además intenta aumentar los niveles de expresión y participación para mejorar su calidad de vida y con ello fortalecer la democracia. (Naser, et. al., 2016, p. 27)

En términos de gestión pública, por ejemplo, los datos abiertos están ayudando a mejorar la prestación de servicios públicos, facilitando la reducción de costos de operación vía la eliminación de duplicaciones y contribuyendo a una mejor toma de decisiones de política pública. (Bonina, 2015, p. 7)

Como puede observarse, en cada uno de los ámbitos del desarrollo, el uso, la reutilización, la redistribución y la apropiación de los datos abiertos, genera beneficios, que además son producto de la participación y la colaboración de diversidad de actores, no solo del Estado, en donde este es solo una parte importante de su generación.

LA INFORMACIÓN EN LOS OBJETIVOS DE DESARROLLO SOSTENIBLE

Como lo explicamos en el apartado anterior, el derecho al desarrollo se encuentra previsto en los compromisos adquiridos en los *Objetivos de Desarrollo Sostenible* (ODS) que comprenden 17 objetivos globales interconectados y diseñados para ser un "plan para lograr un futuro mejor y más sostenible para todos" (United Nations, 2017). Estos objetivos fueron definidos en 2015 por la Asamblea General de las Naciones Unidas esperando que sean alcanzados para el año 2030[48].

Los ODS tiene un impacto directo en la materialización de todos los derechos humanos cuyo propósito es: 1) Fin de la pobreza, 2) Hambre cero, 3) Salud y bienestar, 4) Educación de calidad, 5) Igualdad de género, 6) Agua limpia y saneamiento, 7) Energía asequible y no contaminante, 8) Trabajo decente y crecimiento económico, 9) Industria, innovación e infraestructura, 10) Reducción de las desigualdades, 11) Ciudades y comunidades sostenibles, 12) Producción y consumo responsables, 13) Acción por el clima, 14) Vida submarina, 15) Vida de ecosistemas terrestres, 16) Paz, justicia e instituciones sólidas, y 17) Alianzas para lograr los objetivos.

---

[48] Los objetivos fueron publicados en la resolución de la ONU conocida como la Agenda 2030 y establecen un marco de desarrollo global que sucede a los Objetivos de Desarrollo del Milenio, finalizados en 2015.

Y así como los datos abiertos tienen un impacto en los diferentes ámbitos del desarrollo, lo mismo sucede tratándose del cumplimiento de los ODS, pues con la generación de estadísticas de calidad puede darse seguimiento a las políticas públicas y a la propia Agenda 2030. Además, con el aprovechamiento de los registros administrativos y otras fuentes de datos no tradicionales, es posible elaborar métricas que superan los paradigmas habituales de medición con el fin de aplicarlas en la formulación y evaluación para evidenciar su cumplimiento. (Naser, *et. al.*, 2016, p. 26)

Asimismo, los datos abiertos son una herramienta efectiva en beneficio de diversos sectores en la implementación de los ODS, pues el informe *Supporting sustainable development with open data* del Open Data Institute (ODI) destacó tres aplicaciones que demuestran cómo los datos abiertos pueden tener un impacto significativo en la agenda. De igual manera, el *Barómetro de Datos Abiertos*, en la tercera edición de su reporte global, resume la relación entre los datos abiertos y las metas de los ODS: "Los datos abiertos son esenciales para crear instituciones responsables y eficaces, y para garantizar el acceso público a la información, ambas metas del ODS 16"

Respecto a esta relación, Smith, Gerry y Truswell (2015) señalan que los datos abiertos pueden

> i) Orientar más eficazmente los apoyos monetarios, mejorando así los programas de desarrollo, ii) Dar un más efectivo seguimiento a los programas de desarrollo e inhibir la corrupción, y iii) Favorecer la innovación, la creación de empleo y el crecimiento económico.

Pues como lo hemos estado describiendo, los datos abiertos pueden contribuir a la elaboración de políticas y programas de desarrollo y diseño de servicios públicos sustentados en datos (Stott, 2014). Lo anterior, en virtud de que los datos abiertos son una valiosa fuente de información para los responsables en la toma de decisiones públicas, pudiendo no solo identificar problemas, sino orientar de mejor manera la aplicación de recursos en la implementación de servicios que atienden las necesidades más fundamentales.

La apertura de datos colabora también a mejorar los canales de retroalimentación ciudadanía-gobierno y crea espacios y oportunidades para que la sociedad civil se involucre con su gobierno en la implementación de los ODS. Igualmente, una mayor disponibilidad de datos abiertos permite tanto a la sociedad civil, empresarios y al ámbito académico acceder a fuentes de información que promuevan y detonen un diálogo más constructivo con el gobierno sobre la mejora de servicios y el seguimiento de la Agenda 2030. (Mainka, Hartmann, Meschede y Stock, 2015)

En este sentido, si los datos relacionados a las necesidades fundamentales y su satisfacción se publican abiertamente y de conformidad con el marco legal, todas las partes interesadas pueden acceder a ellos para reutilizarlos y exigir que se les proporcionen mejores servicios, se hagan cambios de políticas públicas, incluso en temas tan relevantes como la salud, la educación, la gestión del riesgo de catástrofes o el transporte, impactando de este modo en el seguimiento de los ODS 3 "Salud y bienestar", 4 "Educación de calidad", 6 "Agua limpia y saneamiento" y 11 "Ciudades y comunidades sostenibles".

Otro de los ODS que puede beneficiarse significativamente de los datos abiertos es el 2 "Hambre cero", pues la agricultura es un sector específico en el que los datos abiertos pueden tener alto impacto. En la cumbre del G8 de 2012, representantes del Banco Mundial, destacaron que los datos abiertos y el intercambio de conocimientos "pueden ayudar a los agricultores y a los gobiernos de África y de todo el mundo a proteger sus cultivos de las plagas y de las condiciones meteorológicas extremas, a aumentar sus rendimientos, a controlar el suministro de agua y a anticiparse a las temporadas de siembra que cambian con el cambio climático" (The World Bank, 2013). De igual manera, los gobiernos y las ONG o el sector empresarial podrían identificar áreas de oportunidad respecto a este sector y colaborar en la búsqueda de mejoras y soluciones.

Algunos grupos ya están utilizando los datos agrícolas abiertos en análisis y visualizaciones. Por ejemplo, el Sistema de Información del Mercado Agrícola, una plataforma interagencial del G20, que emplea datos abiertos en su análisis y visualizaciones para supervisar los precios del arroz, el trigo, el maíz y la soya en los mercados más importantes. Otro ejemplo del poder de los datos abiertos en auxilio de la agricultura es el Atlas Árabe de Desarrollo Espacial y Seguridad Alimentaria, una iniciativa del Instituto Internacional de Investigación sobre Políticas Alimentarias, que utiliza datos abiertos para mapear la irrigación y degradación de las tierras, el valor de los cultivos y otros datos en toda la región árabe.

Asimismo, la *Global Open Data for Agriculture and Nutrition* (GODAN) es una iniciativa que busca "apoyar los esfuerzos globales para hacer que los datos agrícolas y nutricionales relevantes estén disponibles, sean accesibles y se puedan utilizar sin restricciones en todo el mundo. La iniciativa se centra en la creación de políticas de alto nivel, así como en el apoyo institucional público y privado a los datos abiertos" (GODAN, 2021). Esta iniciativa se puso en marcha en 2013, un año después de la cumbre del G8 de 2012 en la que los líderes del G8 "se comprometieron con la Nueva Alianza para la Seguridad Alimentaria y la Nutrición como la siguiente fase de un compromiso compartido para lograr la seguridad alimentaria mundial" (The White House Office of the Press Secretary, 2012).

Para cerrar este punto, el ODI señala puntualmente que es gracias a los datos abiertos que los agricultores y otras partes interesadas en la cadena de suministro agrícola pueden tomar decisiones más informadas que se traducen en una mejora del rendimiento y la eficiencia cuando tienen libre acceso a información útil sobre agricultura y nutrición (ODI, 2021)

Respecto al seguimiento a los programas de desarrollo y la prevención de corrupción, es evidente que, si no es posible el acceso a datos básicos respecto al desempeño de dichos programas, es difícil hacerse una idea exacta sobre su efectividad y evaluar su impacto. La recolección, procesamiento, visualización y publicación de información de referencia impulsa la transparencia y constituye un punto clave para una distribución de recursos más equitativa y eficiente. La apertura de estos datos proporciona a los gobiernos, a las ONG, y a los ciudadanos herramientas necesarias para supervisar los avances en los proyectos y políticas encaminados al desarrollo, a la vez que promueve la rendición de cuentas e inhibe la corrupción como parte del cumplimiento del ODS 16 "Paz, justicia e instituciones sólidas".

En lo relativo a cómo los datos abiertos pueden favorecer la innovación, la creación de empleo y el crecimiento económico, y consecuentemente contribuir a las metas del ODS 8 "Trabajo decente y crecimiento económico", Davies (2013) señala que uno de los aportes más significativos que pueden hacer los datos abiertos es en el apoyo al espíritu empresarial en todo el mundo, pues tanto las empresas que prestan servicios ricos en datos, como las empresas más tradicionales que utilizan datos para mejorar sus operaciones resultan ser los mayormente beneficiadas.

Deloitte Analytics (2012), en su reporte *Crecimiento abierto: Estimular la demanda de datos abiertos en el Reino Unido,* menciona que los datos abiertos apoyan y soportan diversas actividades y modelos empresariales, entre ellos:

a. Proveedores: organismos del sector público y privado que publican sus datos.

b. Agregadores: recopiladores y agregadores de datos abiertos, y a veces privados.

c. Desarrolladores: los que diseñan, construyen o venden aplicaciones.

d. Enriquecedores: aquellos que utilizan los datos abiertos para mejorar sus productos o servicios.

e. Facilitadores: organizaciones que proporcionan una plataforma o tecnología para los usuarios de datos abiertos.

Por esto, la aparición de nuevas empresas que basan sus actividades en la utilización de datos abiertos demuestra que la innovación basada en estos colabora a la creación de oportunidades de empleo, ya que los datos abiertos benefician al sector privado en dos aspectos: ayudando a las empresas existentes a optimizar su negocio, y proporcionando la "materia prima" para nuevas empresas innovadoras basadas en datos. Asimismo, las empresas ya existentes pueden emplear los datos abiertos para mejorar las operaciones de transporte, la atención sanitaria de los empleados y el uso de la energía, por mencionar sólo algunos ejemplos. De igual manera, mediante la aplicación especializada de datos abiertos pueden crearse plataformas que pongan en contacto a quienes buscan empleo con los empleadores, colaborando así a aumentar los niveles nacionales de empleo en general. (Petrov, Gurin y Manley, 2016).

Smith, Gerry y Truswell (2015) proponen las siguientes formas en que los gobiernos y las ONG en colaboración con la comunidad científica, la sociedad civil y la industria, pueden aplicar los datos abiertos en apoyo a la consecución de los ODS:

1. Alcanzar un consenso mundial en torno a los principios y normas, es decir, ser "abierto por defecto".

2. Integrar los datos abiertos en los acuerdos de financiación, garantizando que se recojan datos pertinentes y de alta calidad para informar sobre los ODS.

3. Crear una asociación mundial para los datos abiertos sostenibles, de modo que los grupos de los sectores público y privado puedan trabajar juntos para crear una oferta y una demanda de datos sostenibles en el mundo en desarrollo.

Es así como, nuevas sinergias y colaboraciones producto del uso de datos abiertos pueden ayudar a crear nuevas oportunidades de crecimiento económico, mejores servicios públicos y formas de mejorar la vida de millones de personas, que es el fin último de los ODS. Mediante la cooperación, el diálogo y la resolución conjunta de problemas, los gobiernos, el sector privado y las personas pueden aprovechar el potencial de los datos abiertos como un poderoso recurso para generar valor social y económico.

CONCLUSIONES

La comunidad internacional se encuentra en un momento crítico en el que los gobiernos, las empresas, el mundo académico y científico, las organizaciones no gubernamentales y cualquier agente interesado, debe aprovechar el acceso a los datos abiertos para poder utilizarlos y compartirlos como parte del impulso y evaluación de la implementación de los ODS, toda vez que como se demostró, los datos abiertos pueden constituirse como una herramienta útil y valiosa para el desarrollo de diversas maneras.

Además, el cumplimiento de las metas de los ODS constituye un enorme reto, más ahora frente a la situación de emergencia económica y sanitaria provocada por el COVID-19, por ello, para encontrar soluciones de tipo multidisciplinar, se requiere de la participación y colaboración de todos los sectores, y no solo del Estado, de ahí la necesidad de abrir los datos con oportunidad a cualquier persona para cualquier propósito.

Pues como se analizó, el aumento en la disponibilidad de datos nos garantiza no solo el acceso a la información, sino el acceso al desarrollo, permitiendo que las personas en lo individual o en lo colectivo se involucren participando en las actividades gubernamentales, y no solo en el tema de la transparencia y la rendición de cuentas, sino involucrándose en la creación de nuevos servicios con los más altos estándares, así como en el aprovechamiento de las nuevas tecnologías para fortalecer la gobernabilidad y la colaboración, dando valor público y social a la información con el fin de avanzar hacia una sociedad más inclusiva e informada.

Referencias bibliográficas

Abbassian, A. (2014). *Quelling Future Panic Over Global Food Security, Australian Institute of International Affairs.* Consultado en:

http://www.internationalaffairs.org.au/australian_outlook/quelling-future-panic-over-global-food-security/

Alcalde, I. (2017). *Open Data: datos, transparencia y conocimiento abierto.* Consultado en: https://ignasialcalde.es/open-data-datos-transparencia-y-conocimiento-abierto/

Banco Mundial. (2021, Mayo 13). *Aspectos fundamentales de los datos abiertos.* The World Bank. Consultado en: http://opendatatoolkit.worldbank.org/es/essentials.html#usos

Charalabidis, Y., Zuiderwijk, A., Alexopoulos, C., Janssen, M., Lampoltshammer, T., Ferro, E. (2018). *The world of open data: Concepts, methods, tools and experiences.* Springer.

Davies, T. (2013) *Open Data Barometer,* 2013 Global Report.

Deloitte Analytics. (2012). *Open growth: Stimulating demand for open data in the UK.* Deloitte.

Dietrich, D; Gray, J; McNamara, T; Poikola, A; Pollock, R; Tait, J; Zijlstra, T. (2009). *¿Qué son los datos abiertos?. Open data handbook.* Consultado en:

http://opendatahandbook.org/guide/es/what-is-open-data

Eaves, D. (2009). *Las tres leyes de los datos abiertos.* Consultado en: https://eaves.ca/2009/11/29/three-laws-of-open-data-international-edition/

Galindo Ayuda, F. (2014). *La regulación de los datos abiertos.* Ibersid 8, p. 13-18. Consultado en: https://ojs.ibersid.eu/index.php/ibersid/article/view/4169/3791

Garriga-Portolá, M. (2011). *¿Datos abiertos? Si, pero de forma sostenible.* Revista El profesional de la información. (mayo-junio) v. 20, No. 3, pp. 298-303. Consultado en: https://revista.profesionaldelainformacion.com/index.php/EPI/article/view/epi.2011.may.08/21204.

Godan Mission. (2021). GODAN. Consultado en: https://www.godan.info/pages/mission

Hernández Pérez, T. (2016). *En la era de la web de los datos: primero datos abiertos, después datos masivos.* Revista El profesional de la información. (julio-agosto) v. 25, No. 4, pp. 517-525. Consultado en:

https://revista.profesionaldelainformacion.com/index.php/EPI/article/view/epi.2016.jul.01/31585

IBM (2016). *What is big data?.* Consultado en: https://www-01.ibm.com/software/data/bigdata/what-is-big-data.html

Lathrop, D. y Ruma. L. (2010). *Open government: Collaboration, transparency, and participation in practice.* Sebastopol, CA: O'Reilly Media.

Mainka, A., Hartmann, S., Meschede, C., & Stock, W. G. (2015). *Open government: Transforming data into Value-Added city services. Citizen's Right to the Digital City,* 199–214. Consultado en: https://doi.org/10.1007/978-981-287-919-6_11

McDermott, P. (2010). *Building open government.* Government Information Quarterly, 27(4), 401–413

Muente-Kunigami, A. y Serale, F. (2018). *Los datos abiertos en América Latina y el Caribe,* Nueva York: BID.

Naciones Unidas (2014). *A world that counts: Mobilising the data revolution for sustainable development.* United Nations.

Nasser, A. y Concha, G. (2012). *Datos abiertos: un nuevo desafío para los gobiernos de la región.* CEPAL. Serie Gestión Pública. Consultado en: http://hdl.handle.net/11362/7331

ODI. (2021). *Knowledge & opinion.* Agriculture and food. Consultado en: https://theodi.org/topic/agriculture-and-food/

Pasquetto, I., Sands, A., Borgman, C. (2015). *Exploring openness in data and science: What is "open," to whom, when, and why?.* Proceedings of the Association for Information Science and Technology, v. 52, n. 1, pp. 1-2. Consultado en: http://dx.doi.org/10.1002/pra2.2015.1450520100141

Petrov, O., Gurin, J., Manley, L. (2016). *Open Data for Sustainable Development.* Connections; 2016-5. World Bank, Washington, DC. World Bank.

Prince, A., Jolias, L. & Brys, C. (2013). *Análisis de la cadena de valor del ecosistema de datos abiertos de la ciudad de buenos aires.* Ponencia presentada en Conferencia Regional de Datos Abiértos para América Latina y el Caribe, Montevideo. Consultado en: https://www.cepal.org/es/discursos/iii-conferencia-regional-de-datos-abiertos-para-america-latina-y-el-caribe

Romero Michel, J.C. (2017). *El derecho humano al desarrollo y su regulación en la Constitución Política de los Estados Unidos Mexicanos.* De Jure, No. 4, año 20, Universidad de Colima: México. Consultado en:

http://dejure.ucol.mx/anteriores.php?letra=E&bsc=titulo&articulo=595&revista=76

Smith, F., Gerry, W., & Truswell, E. (2015). *Supporting sustainable development with open data.* Open Data Institute.

Stott, A. (2014) *Open data for economic growth.* World Bank: Consultado en: https://www.worldbank.org/content/dam/Worldbank/document/Open-Data-for-Economic-Growth.pdf

The White House Office of the Press Secretary. (2012). *Fact sheet: G-8 action on food security and nutrition.* National Archives and Records Administration. Consultado en: https://obamawhitehouse.archives.gov/the-press-office/2012/05/18/fact-sheet-g-8-action-food-security-and-nutrition.

United Nations. (2021). *Objetivos y metas de desarrollo sostenible – desarrollo sostenible.* United Nations. Consultado en: https://www.un.org/sustainabledevelopment/es/objetivos-de-desarrollo-sostenible/.

Wilkinson, M. D., Dumontier, M., Aalbersberg, I. J. J., Appleton, G., Axton, M., Baak, A., Blomberg, N., Boiten, J.-W., da Silva Santos, L. B., Bourne, P. E., Bouwman, J., Brookes, A. J., Clark, T., Crosas, M., Dillo, I., Dumon, O., Edmunds, S., Evelo, C. T., Finkers, R., Mons, B. (2016). The fair guiding principles for scientific data management and stewardship. Scientific Data, 3(1). https://doi.org/10.1038/sdata.2016.18

World Bank. (2013, April 26). *Open data + agriculture can transform how farmers respond to looming crises.* World Bank. Consultado en:

https://www.worldbank.org/en/news/feature/2013/04/26/open-data-can-transform-farmers-response-to-crisis.